Der Kartenprofi

Beim Lesen und Verstehen von Karten hilft der Kartenprofi.
So lese ich eine Karte:

1. Schritt: Eine Karte hat ein bestimmtes Thema.

Der Kartentitel sagt mir bereits einiges über die Karte.
Ich lese den Kartentitel.

Was ist nach dem Kartentitel das Thema der Karte?

2. Schritt: Eine Karte hat eine Legende.

Die Legende hilft mir, die Karte besser zu verstehen.
Ich suche die Legende der Karte und ihre einzelnen Punkte.

Ich lese die Legende:
- Was bedeuten die Farben?
- Was bedeuten die Linien?
- Was bedeuten die Symbole?

3. Schritt: Eine Karte hat einen Maßstab.

Mit dem Maßstab kann ich Entfernungen in der Karte berechnen.

- Ich suche die Maßstabsangabe und notiere den Maßstab der Karte.
- Ich berechne mit dem Maßstab Entfernungen auf der Karte.
- Wie viele Kilometer entsprechen 1 cm auf der Karte?

4. Schritt: Ich habe mir die Karte genau angesehen.

Ich habe die Legende sorgfältig gelesen.

Jetzt kann ich aufschreiben, was die Karte zeigt:
- Was ist auf der Karte zu sehen?
- Was zeigen die einzelnen Punkte der Legende?
- Welche Informationen aus der Karte sind neu für mich?

W0274997

Karte, Heiliges Römisches Reich Deutscher Nation nach 1648

Grenze des Heiligen Römischen Reichs Deutscher Nation 1648

- Österreich
- Spanien
- Bayern
- Kurpfalz
- Brandenburg
- Kursachsen
- geistliche Gebiete
- sonstige Gebiete im Heiligen Römischen Reich
- Gebietsverluste an Schweden
- Gebietsverluste an Frankreich

Europa im Spätmittelalter um 1400

Karte, Schlösser, Klöster und Burgen in Baden-Württemberg

7|8

Menschen | Zeiten | Räume

Geschichte

Differenzierende Ausgabe Baden-Württemberg

Herausgegeben von
Peter Brokemper
Dr. Elisabeth Köster
Dr. Dieter Potente

Erarbeitet von
Peter Brokemper
Dr. Elisabeth Köster
Dr. Dieter Potente

Cornelsen

Inhaltsverzeichnis

Lüderitzstr.
Eggenfeldener St

Ein Rundgang durch das Buch

Liebe Schülerinnen, liebe Schüler,
wir möchten euch kurz die unterschiedlichen Seiten dieses Buches vorstellen.

Auftaktseiten
Jedes Kapitel startet mit einem großen Bild, das einen historischen Schauplatz oder etwas Interessantes zum jeweiligen Thema zeigt. Ihr könnt Eindrücke sammeln und Vorwissen zusammentragen.

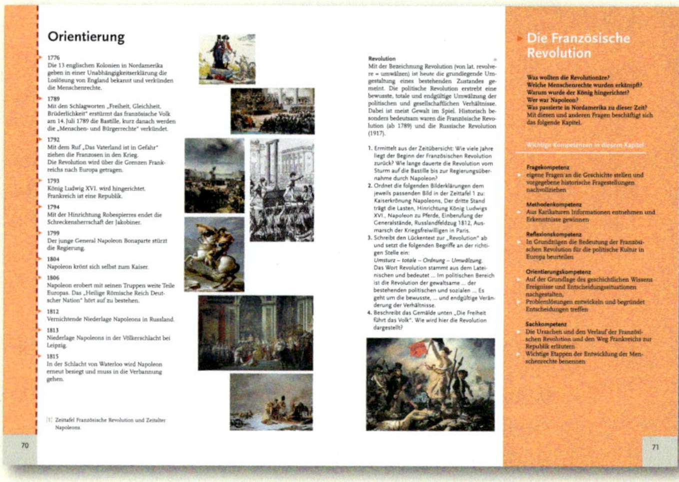

Orientierung
Hier könnt ihr euch einen zeitlichen und räumlichen Überblick verschaffen. Ihr erfahrt außerdem, welche Kompetenzen in dem folgenden Kapitel trainiert werden können.

Methode
Diese Seiten unterstützen euch bei der Informationsbeschaffung. Ihr könnt Schritt für Schritt erlernen, wie ihr aus verschiedenen Quellen Informationen entnehmen, diese verarbeiten und schließlich eure Lernergebnisse präsentieren könnt.

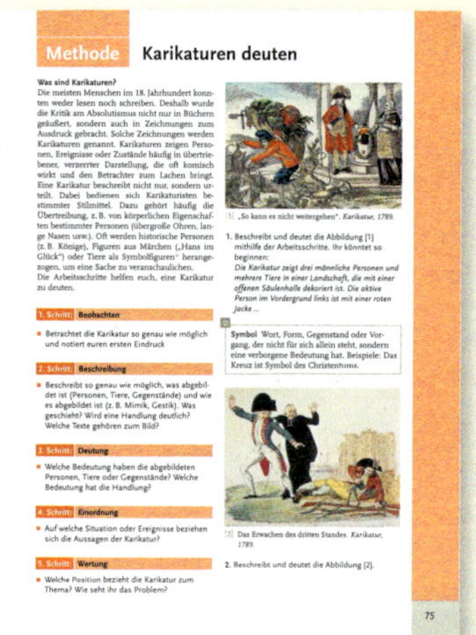

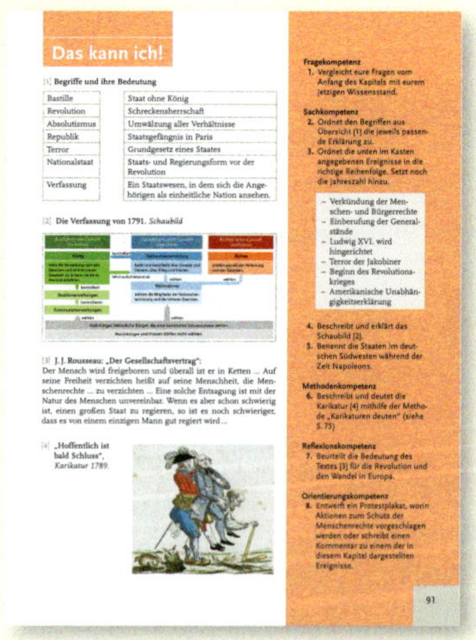

Das kann ich!
Jedes Kapitel endet mit einem „Kompetenz-Check“. Hier könnt ihr euer Wissen und Können testen und die neu erworbenen Kompetenzen anwenden.

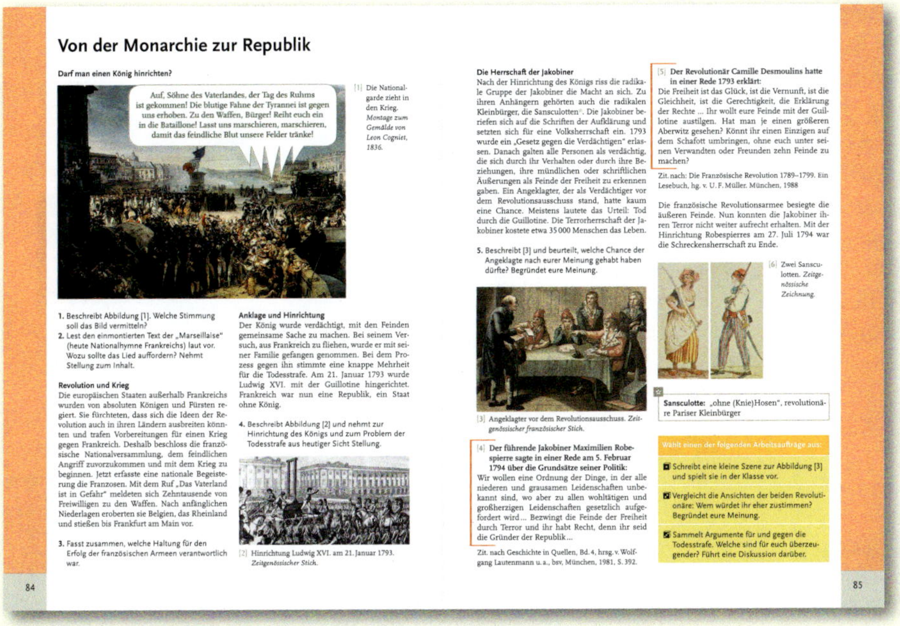

Von der Monarchie zur Republik

Darf man einen König hinrichten?

[1] Die Nationalgarde zieht in den Krieg. *Montage zum Gemälde von Leon Cogniet, 1836.*

1. Beschreibt Abbildung [1]. Welche Stimmung soll das Bild vermitteln?
2. Lest den einmontierten Text der „Marseillaise" (heute Nationalhymne Frankreichs) laut vor. Wozu sollte das Lied auffordern? Nehmt Stellung zum Inhalt.

Revolution und Krieg
Die europäischen Staaten außerhalb Frankreichs wurden von absoluten Königen und Fürsten regiert. Sie fürchteten, dass sich die Ideen der Revolution auch in ihren Ländern ausbreiten könnten und trafen Vorbereitungen für einen Krieg gegen Frankreich. Deshalb beschloss die französische Nationalversammlung, dem feindlichen Angriff zuvorzukommen und mit dem Krieg zu beginnen. Jetzt erfasste eine nationale Begeisterung die Franzosen. Mit dem Ruf „Das Vaterland ist in Gefahr" meldeten sich Zehntausende von Freiwilligen zu den Waffen. Nach anfänglichen Niederlagen eroberten sie Belgien, das Rheinland und stießen bis Frankfurt am Main vor.

3. Fasst zusammen, welche Haltung für den Erfolg der französischen Armeen verantwortlich war.

Anklage und Hinrichtung
Der König wurde verdächtigt, mit den Feinden gemeinsame Sache zu machen. Bei seinem Versuch, aus Frankreich zu fliehen, wurde er mit seiner Familie gefangen genommen. Bei dem Prozess gegen ihn stimmte eine knappe Mehrheit für die Todesstrafe. Am 21. Januar 1793 wurde Ludwig XVI. mit der Guillotine hingerichtet. Frankreich war nun eine Republik, ein Staat ohne König.

4. Beschreibt Abbildung [2] und nehmt zur Hinrichtung des Königs und zum Problem der Todesstrafe aus heutiger Sicht Stellung.

[2] Hinrichtung Ludwig XVI. am 21. Januar 1793. *Zeitgenössischer Stich.*

84

Die Herrschaft der Jakobiner
Nach der Hinrichtung des Königs riss die radikale Gruppe der Jakobiner die Macht an sich. Zu ihren Anhängern gehörten auch die radikalen Kleinbürger, die Sansculotten*. Die Jakobiner beriefen sich auf die Schriften der Aufklärung und setzten sich für eine Volksherrschaft ein. 1793 wurde ein „Gesetz gegen die Verdächtigen" erlassen. Danach galten alle Personen als verdächtig, die sich durch ihr Verhalten oder durch ihre Beziehungen, ihre mündlichen oder schriftlichen Äußerungen als Feinde der Freiheit zu erkennen gaben. Ein Angeklagter, der als Verdächtiger vor dem Revolutionsausschuss stand, hatte kaum eine Chance. Meistens lautete das Urteil: Tod durch die Guillotine. Die Terrorherrschaft der Jakobiner kostete etwa 35 000 Menschen das Leben.

5. Beschreibt [3] und beurteilt, welche Chance der Angeklagte nach eurer Meinung gehabt haben dürfte? Begründet eure Meinung.

[3] Angeklagter vor dem Revolutionsausschuss. *Zeitgenössischer französischer Stich.*

[4] **Der führende Jakobiner Maximilien Robespierre sagte in einer Rede am 5. Februar 1794 über die Grundsätze seiner Politik:**
Wir wollen eine Ordnung der Dinge, in der alle niederen und grausamen Leidenschaften unbekannt sind, wo aber zu allen wohltätigen und großherzigen Leidenschaften gesetzlich aufgefordert wird ... Bezwingt die Feinde der Freiheit durch Terror und ihr habt Recht, denn ihr seid die Gründer der Republik ...

Zit. nach Geschichte in Quellen, Bd. 4, hrsg. v. Wolfgang Lautenmann u. a., bsv, München, 1981, S. 392.

[5] **Der Revolutionär Camille Desmoulins hatte in einer Rede 1793 erklärt:**
Die Freiheit ist das Glück, ist die Vernunft, ist die Gleichheit, ist die Gerechtigkeit, die Erklärung der Rechte ... Ihr wollt eure Feinde mit der Guillotine austilgen. Hat man je einen größeren Aberwitz gesehen? Könnt ihr einen Einzigen auf dem Schafott umbringen, ohne euch unter seinen Verwandten oder Freunden zehn Feinde zu machen?

Zit. nach: Die Französische Revolution 1789–1799. Ein Lesebuch, hg. v. U. F. Müller. München, 1988

Die französische Revolutionsarmee besiegte die äußeren Feinde. Nun konnten die Jakobiner ihren Terror nicht weiter aufrecht erhalten. Mit der Hinrichtung Robespierres am 27. Juli 1794 war die Schreckensherrschaft zu Ende.

[6] Zwei Sansculotten. *Zeitgenössische Zeichnung.*

Sansculotte: „ohne (Knie)Hosen", revolutionäre Pariser Kleinbürger

Wählt einen der folgenden Arbeitsaufträge aus:

- Schreibt eine kleine Szene zur Abbildung [3] und spielt sie in der Klasse vor.
- Vergleicht die Ansichten der beiden Revolutionäre: Wem würdet ihr eher zustimmen? Begründet eure Meinung.
- Sammelt Argumente für und gegen die Todesstrafe. Welche sind für euch überzeugender? Führt eine Diskussion darüber.

85

Themendoppelseiten
Oben auf der linken Seite findet ihr eine Leitfrage, worum es auf dieser Doppelseite geht. Quellentexte (historische Quellen) werden mit einem roten Balken, Materialtexte mit einem grauen Balken gekennzeichnet. Oft kommen in den Texten Begriffe vor, die näher erklärt werden müssen. Diese Begriffe sind mit einem Sternchen versehen und werden in einem Kasten ausführlich erklärt. Auf jeder Inhaltsseite findet ihr Bilder, Schaubilder oder Diagramme. Alle Materialien könnt ihr mithilfe der Aufgaben und Fragen erarbeiten. Mit den Webcodes könnt ihr im Internet weiterarbeiten.

Wählt einen der folgenden Arbeitsaufträge aus:

- Schreibt eine kleine Szene zur Abbildung [3] und spielt sie in der Klasse vor.
- Sammelt Argumente für und gegen die Todesstrafe. Welche sind für euch überzeugender? Führt eine Diskussion darüber.

Differenzierungsangebot: Auf vielen Doppelseiten gibt es einen gelben Kasten mit Wahlaufgaben.
Hier könnt ihr einen Arbeitsauftrag auswählen. Die Aufgaben mit ◘ sind etwas leichter, die Aufgaben mit ◙ etwas schwieriger zu lösen. Außerdem findet ihr noch unter „Was ihr noch tun könnt ..." weiterführende Anregungen, wenn ihr euch mit dem Thema noch zusätzlich beschäftigen wollt. Wie ihr mit den **Wahlseiten** arbeiten könnt, findet ihr auf Seite 6–7.

Sonderseiten:
Fenster zur Welt
Diese Themendoppelseiten bieten einen Einblick in die historischen Ereignisse in einem anderen Land der Welt und ergänzen damit den europäischen Blickwinkel in vergleichender Perspektive. Was passierte gleichzeitig oder kurz vor der Französischen Revolution in Nordamerika? Eine Antwort findet ihr auf diesen Seiten.

Fenster zur Welt: Revolution in Amerika

76 77

Methode Arbeiten mit den Wahlseiten

Welches Einzelthema interessiert euch?
In jedem Kapitel dieses Buches findet ihr **Wahlseiten**. Sie sollen von euch selbstständig bearbeitet werden: allein, mit einem Partner oder in Gruppenarbeit. Aber zunächst ohne Hilfe einer Lehrperson. Die Wahlseiten sind oben mit einem Würfel gekennzeichnet. Wahlseiten mit ⚀ sind etwas leichter, Wahlseiten mit ⚄ etwas schwieriger zu lösen.
Ihr findet auf diesen Seiten unten in dem gelben Balken Tipps für die Erarbeitung und für die Präsentation.

Bei der Arbeit mit den Wahlseiten könnt ihr so vorgehen:

1. Schritt: Thema auswählen

- Blättert die Seiten kurz durch und überlegt, welche Einzelseite euch am meisten interessiert. Wählt diese aus.

2. Schritt: Allein oder mit anderen arbeiten?

- Entscheidet, ob ihr in Gruppen- oder Partnerarbeit zusammenarbeiten wollt oder euch lieber alleine mit der Seite beschäftigt.

3. Schritt: Wichtigste Punkte herausarbeiten

- Betrachtet die Bilder und lest die Texte. Lasst euch von den Arbeitsvorschlägen anregen.
- Klärt offene Fragen, notiert die wichtigsten Inhaltspunkte.
- Notiert einen „Merksatz“ für die Klasse.
- Entscheidet, wie ihr der Klasse die Bilder zeigen wollt (Hinweis auf die Seite, auf der das Bild steht; eigene Zeichnungen; Folien für den Overhead-Projektor usw.).

4. Schritt: Ergebnisse vorstellen

- Entscheidet euch, wie ihr der Klasse eure Ergebnisse präsentieren wollt:
  - ☐ als kleinen Vortrag (Dauer 3–5 Minuten)
  - ☐ als erfundene Zeitungsreportage
  - ☐ als kurzes Theater- oder Rollenspiel
  - ☐ als Wandzeitung usw.

[1] Wahlseiten.

[2] Zwei Schüler lesen. *Foto.*

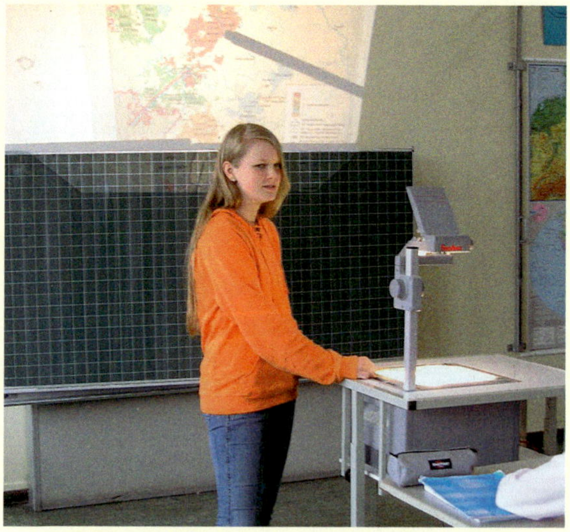
[3] Eine Schülerin präsentiert am Overhead-Projektor ihre Ergebnisse. *Foto.*

Der Textknacker

Die Wahlseiten mit ■ beinhalten Texte, die ihr mit dem Textknacker erschließen könnt. Ihr könnt hier üben, die Schritte anzuwenden. Öffnet dazu die **Umschlagklappe hinten** im Buch. Wendet die Lesestrategie Schritt für Schritt an.

1. Schritt: Vor dem Lesen

Bilder helfen mir, den Text besser zu verstehen.
Die Überschrift sagt mir etwas über den Text.

1 Bilder
2 Die Überschrift

2. Schritt: Das erste Lesen

Die Schlüsselwörter im Text sind wichtig.

3 Schlüsselwörter

3. Schritt: Den Text genau lesen

Erst der ganze Text sagt mir, worum es geht.

4. Schritt: Nach dem Lesen

Ich habe den ganzen Text gelesen.

4 Tipps in der gelben Leiste

Die Aufgaben

So geht ihr mit den verschiedenen Aufgaben um:

Basisaufgaben

Die nummerierten Aufgaben richten sich an alle Schüler.
Mit diesen Aufgaben könnt ihr die Materialien der Doppelseite erschließen.

Zum Beispiel:

1. Beschreibt die Zeichnung [1]. Wie ging Karl der Große gegen die Sachsen vor?
2. Arbeitet aus Text [2] heraus, welche Hauptforderungen die Besiegten erfüllen sollten.
3. Bearbeitet die Quellen [1] und [2] mithilfe der Arbeitsschritte 1 bis 5. Berücksichtigt auch die Informationen über das Verhältnis von Sachsen und Franken.

Wahlaufgaben

Diese Aufgaben sind nach Schwierigkeitsgrad differenziert.

Wählt einen der folgenden Arbeitsaufträge aus:

- ■ leichte Aufgabe
- ■ mittlere Aufgabe
- ■ schwere Aufgabe

Weiterführende Aufgaben

Was ihr noch tun könnt ...

- Das ist ein offenes Angebot an besonders interessierte Schüler, die sich mit dem Thema noch zusätzlich beschäftigen wollen.

Europa im Mittelalter

Leben auf dem Land: das Dorf Grüntal

Im Mittelalter lebte der überwiegende Teil der Menschen auf dem Land – die meisten davon waren Bauern oder Landarbeiter. Sie benötigten Ackerland, um Getreide, Obst und Gemüse anzubauen. Dazu hatten sie zu Beginn oft Wälder abholzen müssen. Die verbliebenen Wälder und Wiesen wurden zur Holzgewinnung und zur Viehzucht genutzt.

1. Beschreibt die Bilder ausführlich und erklärt, was sie über den Alltag der Bauern verraten. Welche Tätigkeiten könnt ihr entdecken?
2. Sammelt Fragen zum Thema: Was wollt ihr über das Leben der Bauern noch erfahren?

Legende:
1 Kirche – **2** Burg des Grundherrn – **3** Allmende (Gemeindewiese) – **4** Sommergetreide – **5** Wintergetreide – **6** Mühle – **7** Fischfang im Fluss (Reusen)– **8** Brache

Schauplatz Die Bauern von Grüntal

[1] Bäuerliche Tätigkeiten. *Illustrationen.*

Schwere Arbeit, hartes Brot

Das Leben der Bauern folgte festen Regeln. Aussaat, Ernte und der Umgang mit dem Vieh orientierten sich an den Jahreszeiten.
Sie bearbeiteten Felder und Gärten, ließen ihre Tiere auf Gemeindewiesen und im Wald weiden. In vielen Fällen waren sie abhängig von den Grundherren und mussten Abgaben und verschiedene Arbeiten (Frondienste) leisten.

1. Beschreibt die Bilder. Welche Tätigkeiten habt ihr erkannt?
2. Erläutert die Begriffe „Allmende" und „Brache" mit eigenen Worten.
3. Führt in Gedanken einen Besucher durch das Bild auf S. 8/9 und erklärt ihm, wie die Dreifelderwirtschaft funktionierte.

[2] Bäuerliche Arbeiten in den 12 Monaten des Jahres. *Buchmalerei aus einer französischen Handschrift, 1460.*

Alle mussten mitarbeiten

Am wichtigsten für die Ernährung der Menschen war der Getreideanbau. Er stand im Mittelpunkt der bäuerlichen Arbeit. Rinder – später auch Pferde – dienten als Zugtiere und lieferten den Dünger für das Feld. Schweine wurden für die Versorgung mit Fleisch gehalten. Die Ernteerträge hingen sehr stark vom Wetter ab. Ein strenger Winter, Hagelschlag, ein verregneter Sommer oder eine Dürre konnten zu einer Missernte führen. Dann wurde die Nahrung knapp.
Oft starben Menschen den Hungertod. Um das Überleben zu sichern, mussten alle in der Bauernfamilie mitarbeiten – auch die Kinder.

Arbeit von klein auf

Lesen und schreiben konnten die Kinder nicht – aber dafür lernten sie, was für das Überleben der Bauernfamilie wichtig war: Schon mit fünf oder sechs Jahren mussten sie kleinere Arbeiten erledigen, zum Beispiel Kühe und Schweine hüten, Holz und Beeren sammeln.
Wenn sie älter waren, mussten sie auf dem Acker helfen. Mit ungefähr zehn Jahren konnten sie schon gut mit den Haustieren und den Ackergeräten umgehen.
Wenn die Eltern nicht mehr so viel arbeiten konnten, traten die Kinder immer mehr an ihre Stelle.

4. Vermutet, welche Arbeiten Kinder auf dem Hof und dem Feld übernehmen konnten.

Wählt einen der folgenden Arbeitsaufträge aus:

⚀ Malt eine Szene aus der Abbildung [2] ab. Erklärt, was auf dem Bild zu sehen ist.

⚁ Notiert Gründe, warum Kinder als Arbeitskraft für die Eltern so wichtig waren. Vergleicht mit eurer Situation heute.

⚂ Gestaltet mithilfe der Materialien dieser Doppelseite eine Präsentation zum Dorfleben im Mittelalter.

Orientierung

Vor 500: Germanen erobern Rom.

500

600

700
Um 750: Einführung der Dreifelderwirtschaft

800
Ab 800: Bauern werden abhängig.

900

1000
Beginn der Städtegründungen

1100
Ab 1100: Rittertum entwickelt sich.

1200
Höhepunkt höfischer Kultur

1300
Ab 1300 Niedergang des Rittertums (Raubritter)
Um 1350: Pest entvölkert Europa.

1400
1492 Entdeckung Amerikas;
Beginn der Neuzeit

1500

[1] Zeittafel Mittelalter.

Tausend Jahre Mittelalter – eine lange Zeit

Am Beginn der Neuzeit (Entdeckung Amerikas) fanden die Gelehrten zwei Zeitabschnitte der Geschichte besonders gut: die Antike (Griechen und Römer) und ihre eigene, gerade neu beginnende Epoche, die sie als neue Zeit empfanden. Alle Jahrhunderte dazwischen nannten sie abwertend einfach „Mittelalter".

Dabei gab es sehr unterschiedliche Abschnitte in den 10 Jahrhunderten:

1. das große Durcheinander der Völkerwanderung,
2. die langsame Entwicklung des christlichen Abendlandes und des Kaisertums,
3. die Ausbreitung der Grundherrschaft,
4. die Zeit der Ritter und Burgen,
5. das Aufblühen der Städte und des Bürgertums,
6. den Übergang vom Mittelalter in die Neuzeit mit der Erfindung des Buchdrucks und den Entdeckungsfahrten.

[2] Kirchenfenster mit der Szene „Christi Geburt". *Foto.*

1. Schaut euch die oben genannten Punkte (1–6) auf dem Zeitstrahl (Seite 12) an. Was habt ihr über die Zeitabschnitten schon gehört? Tauscht euch in der Klasse aus!

Europa im Mittelalter

Wie lebten die Menschen im Mittelalter auf dem Land? („Agrargesellschaft")
Wie war die Gesellschaft im Mittelalter organisiert? (Grundherrschaft, Lehnswesen)
Was unterschied das Leben in der Stadt von dem auf dem Lande?
Weshalb gab es Kreuzzüge und welche Folgen hatten sie?
Auf diese und ähnliche Fragen findet ihr Antworten im folgenden Kapitel.

Wichtige Kompetenzen in diesem Kapitel

Fragekompetenz
- zu geschichtlichen Tatsachen eigene Fragen stellen

Methodenkompetenz
- Primär- und Sekundärtexte unterscheiden

Reflexionskompetenz
- verschiedene Sichtweisen (Perspektiven) zu den Kreuzzügen erkennen und beurteilen

Orientierungskompetenz
- fremde und eigene Kulturen in historischer Zeit vergleichen
- zeitliche und räumliche Orientierungshilfen nutzen

Sachkompetenz
- mittelalterliche Lebenswelten analysieren und mit der Gegenwart vergleichen
- Herrschaft und Gesellschaft mit ihren persönlichen Bindungsverhältnissen (Lehnswesen) beschreiben und bewerten
- die Besonderheiten des Land- und Stadtlebens vergleichen („Stadtluft macht frei" – stimmt das für alle Stadtbewohner?)
- die Bedeutung Jerusalems für Juden, Christen und Muslime beschreiben
- die Ursachen und Folgen der Kreuzzüge analysieren und bewerten

Die Gesellschaftsordnung

Wie kam es zum Lehnswesen?

[1] Belehnung eines Untervasalls durch den Fürsten. *Buchmalerei, 13. Jh.*

Schon während der Völkerwanderungszeit waren adelige Krieger – als Lohn für ihren Einsatz – zu neuem Landbesitz gekommen. Damit gewannen sie auch wichtige neue Rechte als Grundherren, die sie in der Folge heftig verteidigten (zum Beispiel Gerichtshoheit, Recht auf Einkassieren von Abgaben usw.). Der König hatte seinerseits aber ein Interesse daran, die Grundherren nicht zu selbstständig werden zu lassen und sie an sich zu binden. Deshalb „verlieh"(= „Lehen") er ihnen Ländereien, Ämter und bestimmte Rechte (Zölle einzunehmen, Münzen zu prägen usw.). Zusätzlich bot er ihnen Schutz und Hilfe.

1. Beschreibt eine Belehnung mithilfe von Bild [1] und Text [3].

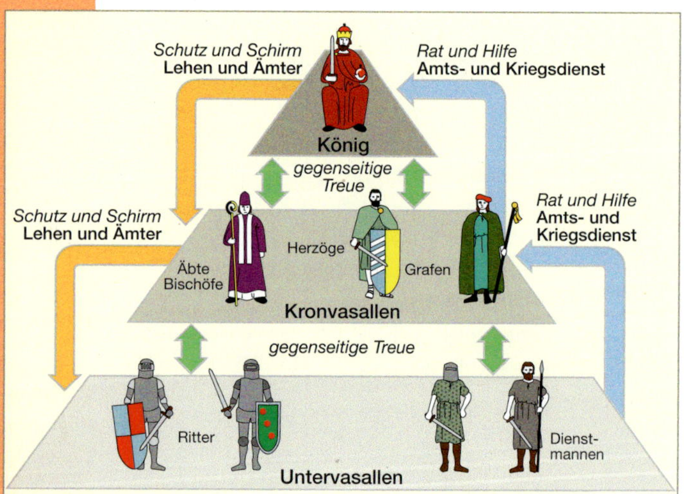

[2] Das Lehnswesen. *Schaubild.*

[3] Der Notar Galbert von Brügge schildert eine Belehnung durch den Grafen von Flandern 1127:

Zuerst: Der Graf fragte den zukünftigen Vasallen, ob er ohne Vorbehalt sein Mann werden wolle, und dieser antwortete: „Ich will es." Alsdann umschloss der Graf die zusammengelegten Hände des anderen mit seinen Händen und sie besiegelten den Bund durch einen Kuss. Zweitens gab der Vasall* mit folgenden Worten seine Treueversprechen: „Ich verspreche bei meiner Treue, von nun an dem Grafen Wilhelm treu zu sein und ihm gegen alle anderen meine Folgschaft unwandelbar zu erhalten, aufrichtig und ohne Trug." Drittens bekräftigte er sein Versprechen durch einen Eid, den er auf die Reliquien der Heiligen leistete.

Zit. nach: Francois L. Ganshof: Was ist das Lehnswesen? Darmstadt (WB) 1961, S. 72 ff.

Vasall
Der Dienende; hier: adeliger Lehnsmann.

Persönliche Bindungen sichern Macht

Das Lehnswesen war ein Mittel zur Machtsicherung. Lehnsgeber und Lehnsnehmer hatten beide die Pflicht zu gegenseitiger Treue und Hilfe. Die „Kronvasallen" erhielten ihr Lehen direkt vom König. Es waren meist Herzöge oder Grafen, aber auch Bischöfe und Äbte. Sie gaben „Unterlehen" an Leute ihres Vertrauens weiter. So entstand eine „Pyramide", an deren Spitze der Kaiser oder König stand. Wenn ein Vasall seinem Lehnsherrn die Treue brach, konnte er sein Lehen verlieren.
Wenn ein Vasall starb, so sollte das Lehen an den Lehnsherrn zurückfallen. Der Lehnsherr konnte dann frei entscheiden, ob und an wen er das Lehen wieder weitergeben wollte.
Diese persönlichen Beziehungen und gegenseitigen Treueversprechen stützten die Gesellschaftsordnung im Mittelalter.

2. Erklärt mithilfe des Schaubildes [2] und den folgenden Informationen, wie das Lehnssystem funktionierte.

Was ist eine Ständegesellschaft?

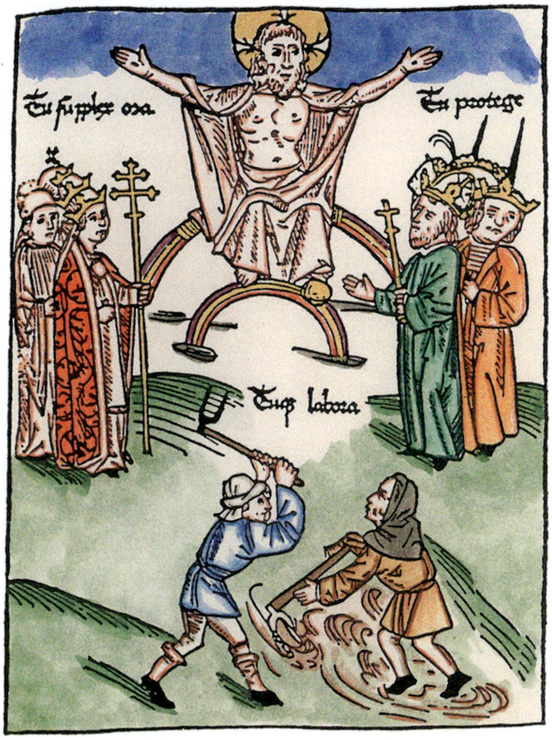

[4] Christus spricht zu den drei Ständen. Links oben: *Tu supplex ora* (= Du sollst demütig beten.) Rechts oben: *Tu protege* (= Du sollst beschützen.) Unten Mitte: *Tu labora* (= Du sollst arbeiten.) *Holzschnitt, 1492.*

„Von Gott gewollt" – die Ständegesellschaft

Im Mittelalter bestimmte die Geburt, zu welchem gesellschaftlichen Stand* man gehörte. Es gab die **Geistlichen** (Bischöfe, Äbte, Priester), die **Adligen** (Fürsten, Herzöge, Ritter) sowie die **Bauern**. Im Laufe der Zeit kamen die Bürger in den entstehenden Städten zum Dritten Stand hinzu. Die Zugehörigkeit zu einem Stand galt als gottgewollt. Sie bestimmte den Zugang zu bestimmten Berufen, Rechten, Pflichten und Bildungsmöglichkeiten. Ein wichtiges Merkmal der Ständegesellschaft ist die große politische und soziale Ungleichheit zwischen den einzelnen Ständen.

3. Deutet die Abbildung [4]. Erklärt die Bedeutung der Anordnung der einzelnen Gruppen.

[5] „Gott will es so" – Der Mönch Berthold von Regensburg predigte um 1260:

...unser Herr hat alles klug geordnet, deshalb hat er auch dem Menschen sein Leben so zugeteilt, wie er es will und nicht wie wir es wollen. Denn mancher wäre gerne ein Graf und muss doch ein Schuster sein; [...] und du wärst gerne Ritter und musst doch Bauer sein und musst uns Getreide und Wein anbauen. Wer sollte für uns den Acker bestellen, wenn ihr alle Herren wärt? Oder wer sollte uns Schuhe machen, wenn du wärst, was du wolltest? Du musst das sein, was Gott will [...]

Zit. nach: Brackert, H./Christ, H./Holzschuh,H. (Hrsg.): Literatur in der Schule, Bd. 1: Mittelalterliche Texte im Unterricht, München, 1976, S. 153 f.

Stand: Bezeichnung für eine gesellschaftliche Gruppe im Mittelalter. In einen Stand wurde man hineingeboren und diese Zugehörigkeit bestimmte die Rechte und die Pflichten des Menschen für sein ganzes Leben.

Klerus: Bezeichnung für Priester, Mönche und Bischöfe. In den Stand der „Geistlichen" konnte man nur durch kirchliche Weihen (meistens aus dem Adelsstand) gelangen.

Reliquien: (lat.: Überrest). Bezeichnung für Gegenstände, die religiös verehrt werden. Oft handelt es sich um Knochen oder einen persönlichen Gegenstand eines verstorbenen Heiligen.

4. Erklärt mithilfe von Bild [4] und Text [5], wie sich die Menschen die „von Gott gewollte Ordnung" vorstellten.

Wählt einen der folgenden Arbeitsaufträge aus:

- Erklärt die „Pyramide des Lehnswesens", erstellt eine einfache Skizze dazu.
- Nennt Vorteile und Nachteile des Lehnswesens und stellt dar, wie dadurch die Macht des Herrschers gesichert wurde.
- Schreibt ein „Drehbuch" für die Belehnungsszene (Bild [1]).

Die Grundherrschaft

Warum wurden die Bauern unfrei?

Zwar bin ich ein freier Bauer, aber ich muss auch viele Lasten dafür tragen: Fast jedes Frühjahr muss ich Kriegsdienst leisten. Geld bekomme ich keines, meine Ausrüstung muss ich auch selber besorgen. Und wenn ich weg bin – wer macht meine Arbeit auf dem Hof? Wir sind schon völlig verarmt. Wenn ich dieses Jahr zu Hause bleibe, muss ich eine wahnsinnig hohe Geldbuße bezahlen ... Ich weiß wirklich nicht mehr ein und aus.

Mach es wie ich: Ich konnte auch nicht mehr! Alles habe ich dem Grafen übertragen und bin mit meiner Familie sein „Höriger" geworden. Mein Eigentum ist zwar weg, aber ich muss auch nicht mehr in den Krieg ziehen.

[1] Zwei Bauern diskutieren: Der freie Bauer Guntram im Gespräch mit dem Hörigen Bernward.

Die Bauern werden unfrei

Die Szene in Bild [1] erklärt, wie die Bauern abhängig wurden. Sie erhielten Land, um es zu bebauen. Als Gegenleistung mussten sie aber viele Abgaben leisten und bestimmte zusätzliche Arbeiten für ihren neuen Herrn verrichten (Frondienste*). Mit der Zeit verloren sie auch immer mehr von ihrer ganz persönlichen Freiheit und waren in allem von ihrem Herrn abhängig („hörig"). Wenn sie z. B. heiraten wollten, brauchten sie die Genehmigung, wenn der Bauer starb, musste das beste Stück Vieh als Sondersteuer gezahlt werden. Sie waren „an die Scholle gebunden" und durften nicht wegziehen.

1. Notiert Vor- und Nachteile der Abhängigkeit.

Die Leibeigenen gehörten zu den Ärmsten der ländlichen Bevölkerung. Sie arbeiteten ohne Lohn für den Grundherrn. Dieser besaß sie wie seine Pferde oder Kühe. Er konnte sie verkaufen oder verjagen – ganz nach seinen Wünschen.

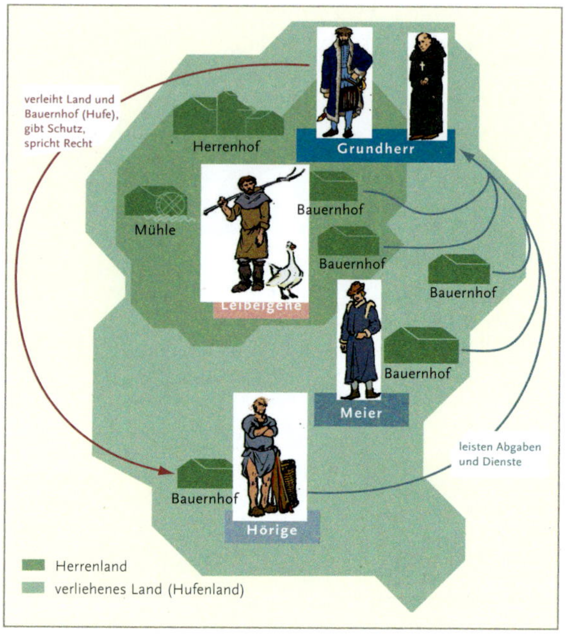

[2] Abhängigkeitsverhältnis zwischen Bauern und Grundherrn. *Schaubild.*

Frondienst
(von *fron* = Herr) Bezeichnung für Arbeiten, die von den Bauern für ihren Grundherrn ohne Entlohnung erbracht werden mussten

Zehnt
Den zehnten Teil an allen geernteten oder hergestellten Produkten und dem Vieh mussten die Bauern an den Grundherrn abgeben.

Wählt einen der folgenden Arbeitsaufträge aus:

- Spielt die Szene mit Bauer Guntram [1] weiter. Guntrams Familie sitzt vor ihrem Haus und überlegt, wie es weitergehen soll.
- Erkundigt euch bei Erwachsenen, welche Steuern man heute zahlen muss.

Adelheid und Widrad haben Probleme ...

Widrad und seine Frau Adelheid haben Kummer: Gestern ist Nachricht von ihrem Grundherrn gekommen, dem Abt des Klosters Alpirsbach. Er erinnert an die fälligen Abgaben.

Widrads Familie „gehört" dem Kloster, genau wie dreißig Bauern aus Grüntal. In normalen Jahren kommen sie ganz gut aus. Sie leben von dem, was ihr Feld, ihr Garten und ihr Stall abwirft. Adelheid ist geschickt im Herstellen von Leinentüchern aus Flachs. Widrad schnitzt abends Löffel aus Holz. So verdienen sie noch etwas nebenher, um kleine Anschaffungen zu machen: ein neues Messer, ein Fass, einen Steinzeugtopf zum Einlegen der Bohnen oder Schuhe aus Leder. Aber in diesem Jahr ist die Ernte ganz schlecht ausgefallen. Wie sollten sie nur alle Abgaben und Fronarbeiten leisten?

[3] In einer Bauernfamilie. *Illustration.*

2. Lest die Urkunde [4] durch und arbeitet heraus, welche Leistungen Widrad für das Kloster erbringen muss. Ihr könnt dazu eine Tabelle anlegen oder die Leistungen bildlich darstellen.

[4] **In der Urkunde des Abtes heißt es:**

Widrad gibt an das Kloster jedes Jahr: 1 Eber, 1 Pfund Garn, 3 Hühner, 18 Eier. Er fährt 5 Wagenladungen von seinem Mist auf unsere Äcker, bringt 5 Bündel Baumrinde für die Beleuchtung und fährt 12 Wagenladungen Holz zum Kloster. Dieses Holz dient im Winter zum Heizen. Ferner liefert Widrad dem Kloster jährlich 50 Latten und 50 Schindeln für Dachreparaturen.

Sein Brot backt Widrad in unserem Backhaus und das Bier braut er in unserem Brauhaus. Hierfür zahlt er an das Kloster eine Gebühr.

Eine Woche in jedem Jahr verrichtet er den Hirtendienst bei unserer Schweineherde im Wald. Er bestellt 3 Morgen Land, das ganze Jahr hindurch, jede Woche 3 Tage. Das bedeutet: Er muss bei der Einzäunung unserer Äcker und Weiden helfen, zur rechten Zeit pflügen, säen und ernten und die Ernte in die Scheune bringen.

Bis zum Dezember, wenn das Getreide gedroschen wird, muss er es zusammen mit anderen Hörigen bewachen, damit es nicht von Brandstiftern angezündet wird. Wachdienst muss ebenfalls geleistet werden, wenn der Herr Abt kommt, um ihn vor nächtlicher Gefahr zu beschützen.

Wenn Widrad 15 Nächte den Wachdienst verrichtet, das Heu geerntet und auf unseren Äckern gepflügt hat, erhält er in einem guten Erntejahr Brot, Bier und Fleisch; in anderen Jahren erhält er nichts. Die Frau Widrads muss leinene Tücher aus reinem Flachs anfertigen, 8 Ellen lang und 2 Ellen breit. Sie fertigt daraus Hosen für die Mönche an ...

Zit. nach: G. Franz: Quellen zur Geschichte des deutschen Bauernstandes im Mittelalter, W. B., Darmstadt 1967, S. 82 ff.

[5] Ideen für Arbeitsauftrag **4**:

Das Leben auf der Burg

[1] Ritterturnier. *Buchmalerei, um 1310.*

[2] Ritter und edle Dame. *Buchmalerei, um 1310.*

[3] Erziehung von adligen Mädchen. *Buchmalerei, um 1310.*

Die Ritter – berittene Krieger

Vor tausend Jahren gab es eine Entwicklung hin zu „berittenen Kriegern“, die zu Pferd kämpften. Ausrüstung der Reiter waren Helm, Kettenhemd und Schienen an Armen und Beinen und als Waffen trugen sie: Lanze, Schwert und Streitkolben. Die Rüstungen wurden im Laufe der Zeit immer aufwändiger, schwerer und teurer.

Frauen und Männer der Ritterfamilien versuchten, nach bestimmten Regeln „ritterlich“ zu leben: Höflichkeit, Selbstbeherrschung, Zuverlässigkeit und Schutz der Schwachen waren ihre Ideale. Im Alltag sah das oft anders aus!
Als im 15. Jahrhundert Feuerwaffen (Kanonen, Gewehre) und Landsknechts-Soldaten aufkamen, ging die Zeit der Ritter zu Ende. Ein weiterer Grund war, dass ihr Landbesitz nicht mehr genug einbrachte. Wirtschaftlich wurden die Ritter von den Handwerkern und Kaufleuten in den Städten überholt.
In Sagen, Comics, Videospielen und Filmen spielen Ritter und edle Damen noch heute eine wichtige Rolle.

1. Teilt den Text in Abschnitte und findet zu den Textabschnitten passende Überschriften.
2. Berichtet, welche Figuren/Helden euch aus heutigen Filmen oder Spielen bekannt sind, die an Menschen aus der Ritterzeit erinnern. (Beispiel: Jedi-Ritter, Highlander ...)

Ritter werden ist gar nicht leicht

Im Alter von sieben Jahren kam ein adliger Junge als Page an den Hof eines Ritters oder Fürsten. Dort wurde er ausgebildet: Er lernte Schwimmen, Reiten, Bogenschießen und noch vieles mehr, was er am Hof brauchte; Tischsitten und Tanzen gehörten auch dazu.
Mit 14 Jahren erhielt er seine erste Waffe.
Von nun an lernte er verschiedene Kampftechniken und begleitete seinen Herrn in den Kampf. Hatte er seine Fähigkeiten bewiesen, wurde er etwa mit 21 Jahren zum Ritter geschlagen. Dies geschah bei einem großen Fest.

3. Beschreibt die Ausbildung eines Ritters.

Die Erziehung der adligen Mädchen

Die Töchter der Ritter waren so ausgebildet, dass sie auf ihr zukünftiges Leben als Ehefrau eines Ritters vorbereitet waren. Sie lernten nützliche Handarbeiten wie Spinnen, Nähen und Sticken. Auch die Aufgaben einer zukünftigen Burgherrin mussten sie beherrschen. Eine Burgherrin hatte sich um die Hauswirtschaft der ganzen Burg zu kümmern.

4. Vergleicht die Erziehung von Jungen und Mädchen auf der Burg.

So sah eine mittelalterliche Burg aus.

[4] Mittelalterliche Burg. *Illustration.*

[5] **„Schöner wohnen" auf der Burg? Ritter Ulrich von Hutten schrieb um 1518 über sein Leben auf der Burg Steckelberg:**

Die Burg selbst, mag sie auf dem Berg oder im Tal liegen, ist nicht gebaut, um schön, sondern um fest zu sein. Sie ist von Wall und Graben umgeben und innen eng. Gleich am Eingang der Burg befinden sich die Stallungen für Vieh und Herden, welche nur zu oft den Ankommenden den Weg versperren. Im Arsenal liegen die dunklen Kammern, angefüllt mit Pech, Schwefel und dem übrigen Zubehör der Waffen und Kriegswerkzeuge.

Überall stinkt es, dazu kommen die Hunde mit ihrem Dreck, eine liebliche Angelegenheit, wie sich denken lässt, und ein feiner Duft.

Reiter kommen und gehen, unter ihnen sind Räuber, Diebe und Banditen. Man hört das Blöken der Schafe, das Brüllen der Rinder, das Hundegebell, das Rufen der Arbeiter auf dem Felde, das Knarren und Rattern von Fuhrwerken und Karren. Ja, wahrhaftig, auch das Heulen der Wölfe wird im Haus vernehmbar, da der Wald so nahe ist. Der ganze Tag, vom frühen Morgen an, bringt Sorge und Plage, beständige Unruhe und dauernden Betrieb ..."

Zit. nach: Borst, Otto: Alltagsleben im Mittelalter, Frankfurt a. M. (Insel) 1965, S. 95

5. Erklärt die einzelnen Bauteile der Burg: Welche Aufgaben hatten sie in Kriegs- und Friedenszeiten?

Wählt einen der folgenden Arbeitsaufträge aus:

- Ritter Kunibert führt durch seine Burg. Plant eine Entdeckungstour durch die Burg. Stellt die einzelnen Stationen vor.
- „Heute war ein tolles Burgfest bei uns". Schreibt einen Tagebucheintrag, wobei ihr über ein Fest mit Ritterturnier berichtet.
- Vergleicht eure Vorstellungen von Seite 18 mit dem Text des Burgvogts und beurteilt das Leben auf der Burg.

WEBCODE: MZ648924-019

Klöster im Mittelalter

Was leisteten Mönche und Nonnen?

[1] Mönche und Nonnen bei der Arbeit. *Illustration.*

Klöster werden zur Keimzelle von Bildung und Kultur

Die Mönche, die als Missionare nach Mitteleuropa gekommen waren, führten das Christentum ein. Sie sammelten Männer und Frauen um sich, die ein besonders religiös bestimmtes Leben führen wollen. Dazu schlossen sie sich zu Ordensgemeinschaften zusammen.

Ins Kloster gingen junge Leute damals nicht nur aus religiösen Gründen. Es war auch ein guter Platz für nachgeborene Söhne und Frauen, die nicht heiraten wollten.

Beten und arbeiten – das sollten die hauptsächlichen Ziele des Klosterlebens sein. Um einen Platz für ihr gemeinsames Leben zu haben, bauten sie Klosteranlagen – oft in abgelegenen Gegenden.

Da sie sich selbst versorgen mussten, entwickelten die Mönche viele besondere Fähigkeiten. Sie stellten benötigte Produkte selbst her und betrieben Landwirtschaft.

Viele Mönche und Nonnen konnten lesen und schreiben, was man von den meisten Menschen dieser Zeit nicht sagen konnte.

Die Klöster tauschten untereinander die besten Ideen und Arbeitstechniken aus. Deshalb lebten hier Experten für viele Fragen. Ihr Wissen konnten sie an die Menschen in ihrer Umgebung weitergeben.

1. Teilt den Text in Sinneinheiten ein und notiert zu jedem Absatz eine passende Überschrift.

[2] Kloster Maulbronn. *Foto.*

„Bete und arbeite!"

Der Benediktiner-Orden stellte für seine Mitglieder diese Regel auf. Die Ordensmitglieder sollten bescheiden leben und neben dem Gebet noch etwas Sinnvolles für die Gemeinschaft tun.

Als einige Klöster reicher wurden und sich nicht mehr an dieses Ideal hielten, bildeten sich Reform- und Bettelorden.

Ältester Orden: Benediktiner,
Reformorden: Cluniazenser, Zisterzienser, Prämonstratenser, Kartäuser
Bettelorden: Franziskaner, Dominikaner, Klarissen, Karmeliter, Augustiner-Eremiten und viele andere mehr

[3] Ordensgemeinschaften im Mittelalter.

2. Arbeitet aus dem Text heraus, welche Bedeutung Klöster im Mittelalter hatten.
3. Findet Gründe, warum die Klöster für die Menschen in den umliegenden Ländereien eine wichtige Rolle spielten.

[4] Bibliothek und Skriptorium. *Illustration.*

[5] Klosterkirche mit Chorgestühl. *Illustration.*

[6] Werkstätten. *Illustration.*

[8] Gasthaus/Herberge. *Illustration.*

[7] Spital und Apotheke. *Illustration.*

[9] Stallungen und Heilpflanzen. *Illustration.*

Klöster im Süden Deutschlands – Vorreiter der Entwicklung

Auch im Süden Deutschlands hatten die Klöster wichtige Aufgaben zu erfüllen. Neben ihrem religiösen Auftrag halfen sie, das Land zu entwickeln. Auch hier war das modernste Wissen der Zeit gebündelt.
Die Mönche und Nonnen waren Fachleute für Landgewinnung, Entwässerung, Landwirtschaft und Bautechnik. Sie hatten medizinische Kenntnisse, entwickelten Medikamente und betrieben Werkstätten. Klosterschulen waren lange Zeit die einzigen Schulen in weitem Umkreis.
In Baden-Württemberg gibt es noch heute viele berühmte Klöster: Maulbronn, Hirsau, Beuron, Stühlingen, St. Blasien, Reichenau, St. Peter, Schöntal, Lorch, Salem, Bebenhausen und viele andere mehr.
Manche werden nicht mehr von Klostergemeinschaften genutzt, sondern dienen heute anderen Zwecken.

4. Erklärt anhand der Illustrationen das Leben in einem mittelalterlichen Kloster und die Bedeutung der einzelnen Bereiche.

Wählt einen der folgenden Arbeitsaufträge aus:

- Notiert Gründe, warum „Beten und Arbeiten" zu den Lebensaufgaben der Nonnen und Mönchen wurden.
- Entwerft einen Flyer, der für den Eintritt in ein Kloster wirbt.
- Entwerft eine Führung durch ein mittelalterliches Kloster anhand der Bilder auf dieser Doppelseite.

Was ihr noch tun könnt ...

- euch über Klöster in eurer Nähe informieren
- recherchieren (im Internet), ob es Orden oder Klöster auch in anderen Religionen gibt

Städte entstehen und wachsen

Kreuzungen von Handelswegen

Hafenbuchten

Ehemalige Römerstädte

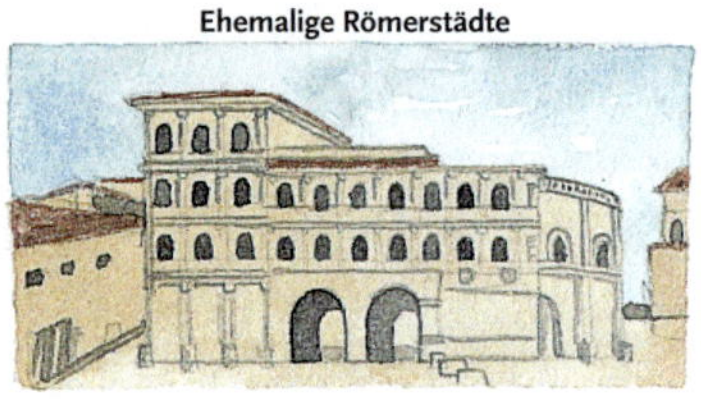

Pfalzen, Burgen und Klöster

Flussübergänge (Furten, Brücken)

[1] Plätze, an denen sich häufig Städte entwickelten. *Illustrationen.*

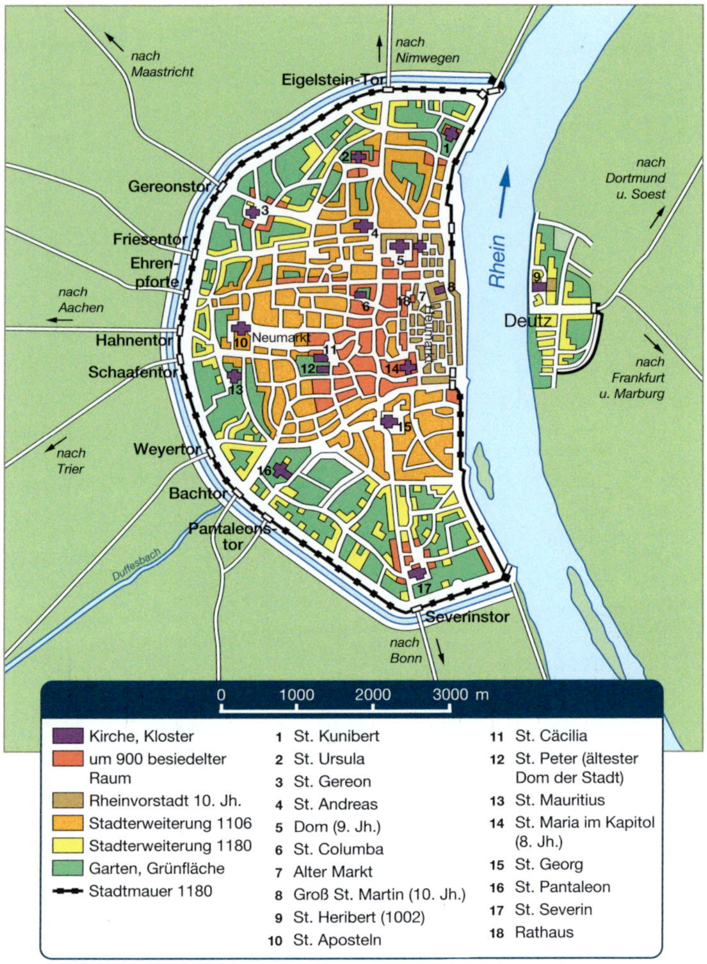

[2] Köln im 12. und 13. Jahrhundert. *Karte.*

1. Stellt anhand der Karte [2] fest, wie sich die ehemalige Römerstadt entwickelt hat (deutet die unterschiedlichen Flächenfarben).

Stadtentwicklung um 1300

Um 1300
- lebten 20 von 100 Menschen in den etwa 3800 Städten in Mitteleuropa,
- waren die meisten Städte Kleinstädte mit 800 bis höchstens 2000 Einwohnern,
- war Köln mit ca. 30000 Einwohnern die größte Stadt Deutschlands.

Städte entstehen und wachsen

Die meisten Menschen lebten im Mittelalter auf dem Land. Hier hielt sich auch der größte Teil der bäuerlichen Bevölkerung, des Adels und der Fürsten auf. Die Städte, die sich nach und nach entwickelten oder neu gegründet wurden, waren dagegen vor allem für Handwerker und Händler ein gefragter Platz.

2. Stellt Vermutungen über die Gründe des Wachstums an.

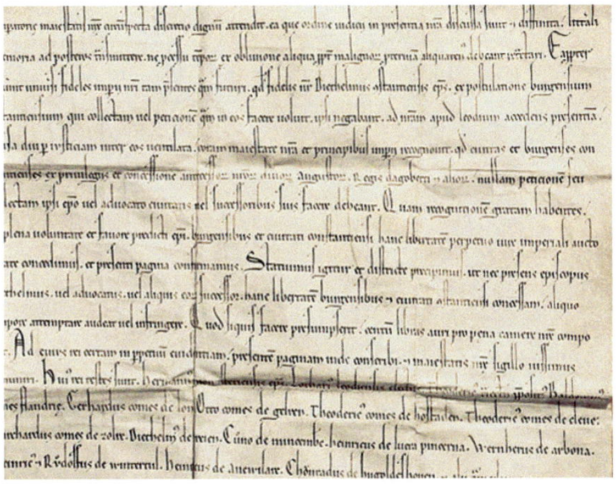

[3] Bestätigung der Freiheit der Stadt Konstanz, 1192.

Stadtgründungen
Viele Grundherren – meistens Grafen, Herzöge oder Bischöfe – gründeten Städte auf dem Land, das sie besaßen. Mit besonderen Rechten versuchten sie, Bürger für eine Ansiedlung zu gewinnen.

[4] **In der Gründungsurkunde der Stadt Freiburg (1120) durch den Herzog von Zähringen hieß es:**
... Ich verspreche allen jenen, die zu meinem Markt kommen, Frieden und Schutz ... Wenn einer meiner Bürger stirbt, soll seine Frau mit seinen Kindern alles besitzen ohne jeden Einspruch, was er hinterlassen hat ... Allen Kaufleuten der Stadt erlasse ich den Zoll. Meinen Bürgern will ich keinen anderen Vogt (zur Ausübung der Stadtherrschaft) geben außer dem, welchen sie selbst gewählt haben ... Jeder, der in diese Stadt kommt, darf sich hier frei niederlassen, wenn er nicht der Leibeigene irgendeines Herrn ist ... Der Herr kann aber seinen Leibeigenen in der Stadt wohnen lassen oder ihn aus der Stadt wegholen lassen ...
Wer aber über Jahr und Tag in der Stadt gewohnt hat, ohne dass irgendein Herr ihn als seinen Leibeigenen gefordert hat, der genießt von da an sicher die Freiheit ...

Zit. nach: Friedrich Keutgen: Urkunden zur städtischen Verfassungsgeschichte. Berlin (Felber) 1901, S. 117.

3. Überlegt, wie ein höriger Bauer auf diese Bekanntmachung reagieren könnte. Notiert eine mögliche Antwort auf diesen Aufruf.

Warum Menschen in die Stadt wollten ...
Junge Menschen berichten, warum sie in die Stadt ziehen wollen.

[5] **Alban (16 Jahre)**

„Ich werde zum Hafenmeister gehen und mich als Lastenträger anheuern lassen. Dort gibt es immer was zu tun. Wenn ich eigenes Geld verdiene, kann ich später eine Familie haben. In meinem Dorf sind alle arm wie die Kirchenmäuse. Und wenn wieder eine schlechte Ernte ist – werden wir hungern! Es tut mir nur leid um meine Freundin. Sie durfte nicht mit und jetzt werden wir beide sehr einsam sein.“

[6] **Roswitha (14 Jahre)**

„Ich bin sehr geschickt. Sicher finde ich Arbeit bei reichen Leuten oder als Helferin in einer Schneiderei. Dann muss ich nicht mehr die schwere Landarbeit verrichten und kann vielleicht in einem schönen Steinhaus wohnen. Auf keinen Fall will ich mich von meinem Grundherrn an einen seiner Knechte verheiraten lassen, wie es meiner Schwester passiert ist ...

Wählt einen der folgenden Arbeitsaufträge aus:

- Spielt folgende Szene: Zwei Grundherren diskutieren, ob sie eine Stadt gründen sollen oder nicht. Was spricht dafür, was dagegen?
- Fertigt mithilfe des Quellentextes ein Werbeplakat an, das der Stadtherr vor den Stadttoren aufhängen lässt, um neue Bürger zu gewinnen. Berücksichtigt, dass die meisten Bürger nicht lesen konnten.
- Erklärt, warum die jungen Leute in die Stadt ziehen wollen und was sie zurücklassen. Wie würdet ihr euch verhalten? Schreibt einen ausgedachten Tagebucheintrag.

Die Stadt im Mittelalter

[1] In einer mittelalterlichen Stadt. *Illustration.*

[2] **So hätte ein Junge einen Markttag in einer mittelalterlichen Stadt erleben können:**

Jakob ist zwölf Jahre alt. Zum ersten Mal begleitet er Vater und Mutter auf den Markt. Sie wollen Obst verkaufen, das in ihrem Bauerngarten gewachsen ist. Nachdem sie leuchtend rote Äpfel und saftige Birnen auf ihrem kleinen Stand appetitlich dekoriert haben, warten die Eltern auf Kunden.

Jakob aber geht auf Entdeckungsreise. Er will sich das Markttreiben genau anschauen. Es gibt nicht nur Lebensmittel auf dem Markt, sondern auch die Produkte der Handwerker: Schuhe, Pelze, bunte Stoffe, Zinnbecher, Holzlöffel und vieles mehr ...

Stadtknechte gehen umher und kontrollieren, ob Gewichte und Maße stimmen und die Kunden nicht betrogen werden. Sie achten auch darauf, dass die Waren frisch sind.

Jakob beobachtet, wie sie schnuppernd prüfen, ob der in hölzernen Wannen von einer Frau angebotene Fisch in Ordnung ist. Plötzlich gibt es Aufregung. Ein Mann wird zur Gerichtslaube gebracht, wo ein Richter unter den Bögen des Rathauses Schnellgericht hält. Er hat seinen Käse falsch gewogen und zu teuer verkauft. Zur Strafe wird er an den Pranger gestellt. Dort ist er dem Gespött der Marktbesucher ausgeliefert.

Es gibt auch einen drehbaren Käfig. Derjenige, der darin eingesperrt wird, kann von jedem, der es will, herumgedreht werden. Am Abend packen die Bauern, die Händler, aber auch die Gaukler und Artisten, die auf dem Markt für Spaß und Unterhaltung gesorgt haben, ihre Siebensachen zusammen. Jakob kauft sich noch ein kleines Vogelpfeifchen. Dann sucht er den Stand seiner Eltern. Er ist müde von dem ganzen Trubel und froh, als sie aufbrechen, um in ihr ruhiges Dorf zurückzukehren.

(Autorentext)

1. Schaut euch Bild [1] an und lest Jakobs Erlebnisse. Beschreibt, wie es auf einem mittelalterlichen Markt zuging, und vergleicht mit heute.

[3] Stadtansicht von Konstanz um 1493. *Zeitgenössische Darstellung.*

1. Versetzt euch in die Lage eines Bauernjungen oder Bauernmädchens. Beschreibt die Eindrücke und Empfindungen beim Anblick der Stadt.

Stadtmauern und Stadttore

Die Bürger gaben viel Geld aus für den Bau der Mauern, denn sie boten ihnen Schutz. Nachts wurden die Stadttore geschlossen, sodass niemand mehr in die Stadt hineinkam und die Bürger vor Räubern und Banditen sicher waren.
Oft wurden die Tore zu repräsentativen Torburgen ausgebaut. Sie zeigten dem ankommenden Fremden den Stolz der Bürger.

Kirchen und Kathedralen

Mächtige Kirchen und Dome waren ein Zeichen der Frömmigkeit der Menschen.
Für den Bau imposanter Kathedralen spendeten sie große Summen, mit denen sie auch für ihr Leben im Jenseits vorsorgen wollten.

Rathaus

Die Stadtbürger konnten sich selbst verwalten und hatten eine eigene Gerichtsbarkeit. So waren sie freier als die Siedlungen, die einem Grundherrn gehörten („Stadtluft macht frei!“).
Als Versammlungshäuser für die Stadtregierung wurden prunkvolle Rathäuser errichtet. Je wohlhabender die Städte waren, desto prachtvoller die Gebäude.
Die imponierenden Bauten sollten aber auch eine Botschaft vermitteln: Hier bestimmen die Bürger selbst über ihre Angelegenheiten.

Markt

Der Marktplatz war ein wichtiger Anziehungspunkt für Bürger und Fremde. Dort konnte man alle möglichen Waren kaufen und verkaufen. Er war auch ein Mittelpunkt, wo man sich traf, Neuigkeiten erfuhr und weitergab. Handel und Handwerk trugen zum Reichtum der Städte bei.

2. Vergleicht die Kennzeichen eures Heimatorts mit denen einer mittelalterlichen Stadt.

3. Notiert, welche Gebäude und Einrichtungen heute für Stadtbewohner wichtig sind.

Wahlt einen der folgenden Arbeitsaufträge aus:

- Schreibt einen Erlebnisbericht eines Bauernkindes, das aus einem Dorf (vgl. S. 8/9) in die Stadt kommt.
- Notiert Vermutungen, warum die Kirche so eine wichtige Stellung in der Stadt einnahm.

Was ihr noch tun könnt ...

- Sucht nach Fotos und Postkarten von städtischen Wahrzeichen und klebt sie auf ein Poster.

WEBCODE: MZ648924-025

Wahlseite

Frei – aber nicht gleich!

1. Informiert euch auf dieser Seite über die Bevölkerung einer mittelalterlichen Stadt.
2. Präsentiert eure Ergebnisse in der Klasse.

Patrizier
Reiche Fernhandelskaufleute und wohlhabende Grundbesitzer bildeten die Oberschicht der Stadtbevölkerung.

Klerus
die Geistlichen

Bürgertum
- Beamte
- Händler
- Handwerker

Unterschicht
- niedere Bedienstete
- Handwerksgesellen
- Knechte, Mägde

„unehrliche Berufe“
Menschen mit bestimmten, „nicht ehrenvollen Berufen“ waren nicht bloß von allen Rechten ausgeschlossen, sie wurden auch von den anderen Stadtbewohnern verachtet: Bader, Henker, Totengräber, Spielleute, Gaukler, Krüppel, Bettler.

Juden
Juden standen unter dem Schutz des Stadtherrn. Dafür mussten sie hohe Steuern zahlen. Sie durften nicht Zunftmitglieder werden und keine öffentlichen Ämter übernehmen. Es kam öfter zu Verfolgungen.

Die Stadtbevölkerung

In der Stadt konnten Menschen, die früher Hörige waren, **ihre Freiheit erlangen**. Doch nicht alle Stadtbewohner hatten das **Bürgerrecht**. Je nach Herkunft und Beruf gehörte jeder einer festgelegten sozialen Schicht an. In diesen **„Stand“** wurde man geboren. Aus dieser festgelegten **Rangordnung** auszubrechen war so gut wie unmöglich. **Kleiderordnungen** sorgten zusätzlich dafür, dass die soziale Gruppe sofort zu erkennen war.

Tipps für die Erarbeitung
Ihr könnt beim Lesen den Textknacker anwenden. Was habt ihr über die Stadtbevölkerung erfahren?

Tipps für die Präsentation
- Die Ständepyramide auf ein großes Plakat abzeichnen und euren Mitschülern erklären.

Wahlseite

Handwerker und Zünfte

1. Informiert euch auf dieser Seite über Handwerker und Zünfte.
2. Präsentiert eure Ergebnisse in der Klasse.

Handwerker schließen sich zusammen
Seit dem 12. Jahrhundert schlossen sich die Handwerker eines Berufszweiges zusammen. Diese hießen auch Gilden, Gaffeln oder Innungen. Es herrschte Zunftzwang, d.h., jeder Handwerksmeister musste einer Zunft angehören, sonst durfte er sein Handwerk in der Stadt nicht ausüben.
Die Zunftmitglieder wohnten häufig in einer Straße oder Gasse zusammen, in der sie ihr Gewerbe ausübten. Manche Straßen haben ihren alten Namen bis heute behalten, z. B. Lederstraße, Schildergasse, Braugasse, Bäckergässchen.
Die Zunftordnung schrieb genau vor, wie viele Lehrlinge ein Meister haben durfte, wie sie ausgebildet wurden und wie ihr Lehrvertrag aussah. Köln war im Mittelalter die einzige Stadt, in der es auch Frauenzünfte gab. Dies waren die Garn- und Seidenmacherinnen.

[1] Herstellung von Leinen. Flachs bündeln, raufen, kämmen und spinnen. Im Hintergrund ein Webstuhl. *Mittelalterliche Buchmalerei.*

[2] Zunftwappen.

[3] Werkstatt. *Buchmalerei, 15. Jh.*

[4] Tuchfärber, ein mittelalterlicher Handwerksberuf. Buchmalerei, *um 1482.*

Tipps für die Erarbeitung
- Erklärt die unterschiedlichen Namen für die Zünfte.
- Geht auch auf die Zunftordnung ein.

Tipps für die Präsentation
- Eine Szene spielen: Drei Meister besprechen, ob ein Geselle als weiterer Meister zugelassen werden soll.
- Zunftwappen für heutige Berufe entwerfen.

Wahlseite Patrizier und Kaufleute

1. Informiert euch auf dieser Seite über Patrizier und Kaufleute.
2. Präsentiert eure Ergebnisse in der Klasse.

Politische Macht
Die Oberschicht einer Stadt bildeten vor allem reiche Kaufleute (Fernhändler). Sie nannten sich stolz Patrizier und stellten eine Art Stadtadel dar. Sie hatten oft viele der wichtigsten Handelsstädte bereist, handelten mit seltenen und kostbaren Luxusprodukten (Stoffe, Pelze, Gold, Silber und Gewürze). Schon durch ihre prachtvolle Kleidung unterschieden sie sich von den übrigen Bürgern.
In vielen Städten trotzten die Patrizier dem Stadtherrn ein Recht nach dem anderen ab. Manchmal half auch Geld, um vom Kaiser oder Landesherrn eine wichtige Sondererlaubnis zu bekommen (Zoll-, Münzrecht usw.). Schließlich trafen die Patrizier die politischen Entscheidungen in ihrer Stadt allein. Sie bildeten die Mehrheit im Rat und stellten die Bürgermeister.

[1] Patrizierfamilie. *Buchmalerei, 15. Jh.*

Kaufleute organisieren den Handel
Die Bewohner der Städte mussten ständig mit Waren versorgt werden. Tag für Tag rollten die Planwagen der Fernhandelskaufleute durch die Tore in die Stadt. Gab es einen Hafen, legten schwer beladene Boote und Schiffe an. Leider waren damals viele Wege unsicher. Zollgrenzen verkleinerten den Gewinn, Raubritter wollten am Wohlstand der Kaufleute teilhaben.

[2] Ein Hansekaufmann. *Gemälde, 16. Jh.*

Die Hanse
Kaufleute hatten sich schon im 12. Jahrhundert zu einem Handelsbund zusammengeschlossen. Die „Hanse“ war für lange Zeit ein wichtiger Kaufmanns- und Städtebund. Gegen die Gefahren auf den Handelsreisen versuchten die Kaufleute sich gegenseitig Schutz und Hilfe zu geben. Wichtige Handelsstädte in Baden-Württemberg waren unter anderen: Ellwangen, Heilbronn, Konstanz, Ravensburg und Schwäbisch Hall.

Tipps für die Erarbeitung
- Erklärt wie die Patrizier mit Stadtherren und dem Kaiser umgingen.
- Geht auf die Kleiderordnung ein.

Tipps für die Präsentation
- Eine Szene spielen: Drei Kaufleute diskutieren, wie sie sich gegen Räuber schützen können.
- Der Stadtherr besucht die Stadt, die Patrizier verlangen mehr Rechte.

Wahlseite Wer regiert die Stadt?

1. Informiert euch auf dieser Seite über den Kampf um die Macht in den Städten.
2. Präsentiert eure Ergebnisse in der Klasse.

Der Rat hatte wichtige Aufgaben

- Die Einhaltung des Stadtrechts überwachen.
- Die Gerichtsbarkeit ausüben. In manchen Städten war der Rat allein zuständig, in anderen bestimmte bei schweren Strafen (Todesstrafe) der Stadtherr mit.
- Den Markt beaufsichtigen.
- Steuern, Zölle und Gebühren festlegen.
- Über die Verwendung der Gelder entscheiden.

Doch es kam zu Spannungen mit den selbstbewusst gewordenen Handwerkern, die zwar hohe Steuern zahlen mussten, aber wenig mitzureden hatten. Sie wollten an der Stadtregierung beteiligt werden und selbst Ämter übernehmen.

[1] „Der Kampf um die Herrschaft" – Eine Schülerprojektgruppe hat einen Konflikt aus dem 14. Jh. nacherzählt:

Gegen 9 Uhr abends brach der Aufstand auf dem Marktplatz unserer Stadt los. Die Wut der dort versammelten Zunftmitglieder richtete sich gegen den Bürgermeister und die Ratsherren, die sich in ihren Häusern eingeschlossen hatten. Schon zu oft hatten die Handwerker ihre Forderungen nach mehr Mitbestimmung bei der Stadtregierung gestellt. Schließlich waren sie wichtige Steuerzahler und wollten mitbestimmen, was in der Stadt geregelt wurde. Aber nie hatte man sie beteiligt. Die aufgebrachten Menschen drangen mit Gewalt in die Häuser der Patrizier ein und zerrten alle, die sie erwischen konnten, heraus auf die Straßen. Unter Geschrei und Gejohle trieben sie sie vor das Rathaus. Die beim Volk am meisten verhassten Patrizier wurden vor die Stadttore geschleppt und dort getötet oder ausgesetzt.

Nach dem Abflauen der Kämpfe teilten die Zunftmeister mit, dass sie sich mit ganzer Kraft für die zukünftige Arbeit im Rat einsetzen würden.

[1] Gerichtsverhandlung vor dem Rat der Stadt Herford. *Buchmalerei, 15. Jh.*

In einigen Städten konnten die Patrizier ihre Vorrechte zunächst bewahren, in anderen Städten hatten die Zünfte Erfolg. In jedem Fall versuchte die Stadtregierung weiterhin, nach außen möglichst unabhängig zu sein und für die Stadt den größtmöglichen Nutzen zu erreichen.

Tipps für die Erarbeitung

- Notiert euch die Aufgaben des Rates.
- Stellt dar. wie im Bericht [1] die Auseinandersetzung verlief.

Tipps für die Präsentation

- Eine Szene spielen: Drei Kaufleute diskutieren, wie sie sich gegen Räuber schützen können.
- Der Stadtherr besucht die Stadt, die Patrizier verlangen mehr Rechte.

Fenster zur Welt Europa und Asien …

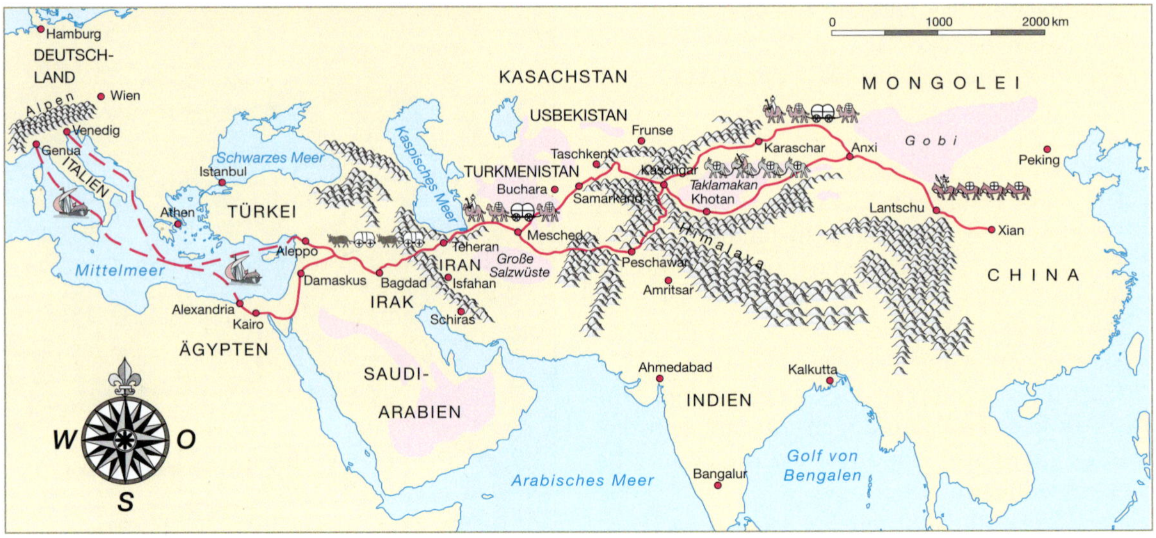

[1] Die Seidenstraße. *Karte.*

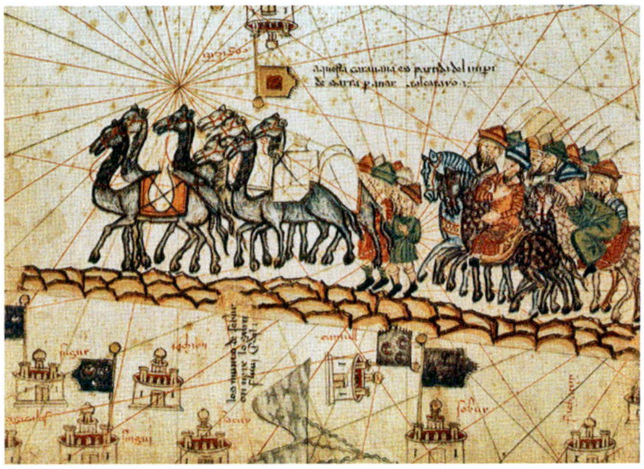

[2] Karawane in der Wüste. *Zeichnung, 15. Jh.*

1. Wertet die Karte aus: Welche Ausgangspunkte im Westen (Europa) sind eingezeichnet? Berechnet die Entfernung zwischen Ausgangs- und Endpunkt (Maßstab).

Wie gelangten Waren und Wissen aus Asien nach Europa?

Seit dem Altertum verbindet die Seidenstraße China, Zentralasien und Persien mit Europa. Diesen Handelsweg darf man sich nicht als nur eine einfache Strecke vorstellen. Es handelt sich vielmehr um ein Straßen- bzw. Wegenetz, das durch Gebiete und Länder führte, die wir heute unter den Namen China, Indien, Pakistan, Afghanistan, Kirgisistan, Tadschikistan, Usbekistan, Turkmenistan, Iran und Türkei kennen. Diese Karawanenstraßen verliefen parallel zueinander, kreuzten sich und verzweigten sich immer wieder.

Reisen auf der Seidenstraße waren alles andere als ein Spaziergang: Das Pamirgebirge und die Taklamakan-Wüste mussten durchquert werden. Und überall konnten Räuber lauern und die Karawanen überfallen. Für einen einzelnen Menschen war es äußerst schwierig, die gesamte Seidenstraße zu bereisen. Deshalb bewegten sich die Händler größtenteils lediglich auf Teilstrecken und gaben die Waren an andere Händler weiter.

Über die Seidenstraße wurden jedoch nicht nur Waren wie Gewürze, Seide, Glas und Porzellan transportiert; mit dem Handel verbreiteten sich auch Religion und Kultur. Das Christentum und der Islam drangen über die Seidenstraße bis in den Fernen Osten vor. Die Kenntnis von Papier, Porzellan und Schwarzpulver kam entlang der Seidenstraße in die arabischen Länder und gelangte von dort später nach Europa.

2. Nennt ein Beispiel für die Weise, wie sich Religion und Kultur verbreitet haben könnten.

Handel im Mittelalter

Dschingis Khan errichtet ein Großreich
Die Mongolen waren ein Nomadenvolk und zogen mit ihren Viehherden in den Steppen nördlich von China umher. Die Mongolen waren gute Reiter und beherrschten schnelle und effektive Kampftechniken. 1190 vereinte Dschingis Khan die mongolischen Stämme und führte sie zum Sieg gegen mehrere benachbarte Völker. Nach der Ernennung zum Großkhan aller Mongolen (1206) begann er mit der Eroberung weiterer Gebiete; im Osten bis an das Japanische Meer und im Westen bis zum Kaspischen Meer.

[3] Dschingis Khan.

„Pax mongolica" – Der mongolische Friede
Die Mongolen unterdrückten jeden Widerstand mit brutaler Gewalt. Auf der anderen Seite beruhigte sich die Lage unter der Herrschaft der Großkhans. Seine Nachfolger bauten später ein umfassendes Post- und Kommunikationssystem im Mongolenreich auf. Die mongolischen Reiche bestanden etwa 100 Jahre und erlaubten den Austausch von Ideen und den Handel zwischen Europa und der islamischen Welt im Westen sowie China und Zentralasien im Osten.

[4] Mongolischer Reiter. *Buchmalerei.*

Plötzlich gab es ein riesiges Gebiet unter einheitlicher Verwaltung, im dem weitgehend Frieden und Sicherheit herrschten. Das nannten die Geschichtswissenschaftler den „mongolischen Frieden". Nun konnten Reisende – ausgestattet mit einem Pass des Herrschers – sicher und ungehindert die Gebiete entlang der Seidenstraße durchqueren. Der heute bekannteste von ihnen war der italienische Kaufmann Marco Polo. Durch seine Berichte erfuhren die Europäer zum ersten Mal Näheres über den Fernen Osten. Vermutlich verbreitete sich aber auf diesem Weg auch die Pest, an der im 14. Jahrhundert in Europa viele Tausend Menschen starben.

[5] **Eroberungen der Mongolen (Auswahl)**

1206–09: Eroberung der Völker Zentralasiens
1240: Eroberung Kiews, Russland wird drei Jahrhunderte tributpflichtig („Tatarenherrschaft")
1241: Mongolen besiegen ein Heer deutscher und polnischer Ritter bei Liegnitz (Legnica); bei Muhi (April 1241) auch das ungarische Heer. Die Mongolen kehren wegen des Todes ihres Khans Ögödei nach Zentralasien zurück.
1256: Mongolen herrschen über das Perserreich („Ilkhane"), Hauptstadt Täbris
1253–79: Eroberung des Chinesischen Reiches durch Kublai Khan. Mongolen werden als Yüan-Dynastie zu Herrschern über China, Hauptstadt Khanbalik (= Peking).

Wählt einen der folgenden Arbeitsaufträge aus:

- Versetzt euch in folgende Situation: Ein Käufer in Venedig beklagt sich über den hohen Preis von Seide. Was konnte der Verkäufer ihm antworten?
- Sucht mithilfe des Atlas die in (5) genannten Gebiete und zeichnet eine Karte des Mongolischen Reiches um 1270.
- Begründet, warum die „Pax mongolica" funktionieren konnte.

Jerusalem damals …

[1] Tempelberg, Klagemauer und Felsendom. *Foto.*

Die Ursprünge des Landes Israel
Über die Ursprünge der israelitisch-jüdischen Geschichte wissen wir aus den Erzählungen der Bibel. Danach gilt Abraham aus Ur im Zweistromland als Stammvater der Israeliten, die als Nomaden umherzogen. Vor etwa 4000 Jahren wurden sie in Kanaan, einem fruchtbaren Land zwischen Jordan und Mittelmeer, sesshaft. König David errichtete um 1000 v. Chr. ein Großreich. Sein Nachfolger Salomon ließ auf dem Berg Zion in Jerusalem den ersten Tempel erbauen. Im Jahr 63 v. Chr. besetzten die Römer Israel, das Land der Juden. Ein Aufstand gegen die römische Fremdherrschaft endete mit der Zerstörung des Tempels und der Vertreibung der Juden (70 n. Chr.). Die Römer nannten das Land nun Palästina.

Heilige Stadt für Juden, Christen und Muslime
Jerusalem ist für das Judentum, das Christentum und den Islam eine heilige Stadt. Das große Bild zeigt vorn eine Mauer, die zu den Überresten des von den Römern im Jahre 70 n. Chr. zerstörten zweiten jüdischen Tempels gehört. Hierher kommen die Juden, um zu beten und die Zerstörung des Tempels zu beklagen. Deshalb wird das Bauwerk „Klagemauer" genannt.
Auf dem Tempelberg erstrahlt die goldene Kuppel des um das Jahr 700 errichteten Felsendoms, einer islamischen Pilgerstätte. Nach der Überlieferung soll der Prophet Mohammed hier in den Himmel aufgestiegen sein, um den Koran zu empfangen. Auf dem Tempelberg versammeln sich die Muslime zum Freitagsgebet.
Nicht weit entfernt davon steht die im Jahr 335 eingeweihte Grabeskirche, eine bedeutende Pilgerstätte des Christentums. Dort, wo sich nach der Überlieferung das Grab des gekreuzigten Jesus Christus befand, errichtete man eine Kirche. Vor allem zu Ostern pilgern Christen aus aller Welt zur Grabeskirche in der Jerusalemer Altstadt.

Jerusalem heute

Über Jerusalem haben im Wechsel verschiedene Mächte geherrscht, die jeweils eine der drei Religionen vertreten haben. Jeder Herrschaftswechsel hat immer wieder die anderen Religionen für einige Zeit zurückgedrängt, aber bis heute sind die drei Religionen vertreten: mit den heiligen Stätten, die von Gläubigen aus aller Welt besucht werden, aber auch mit Einwohnern, die dort ihren ganz normalen Lebensalltag führen.

Zwar haben sich die Religionsgruppen im Lauf der Zeit jeweils in bestimmten Vierteln angesiedelt, aber dennoch gibt es auch alltägliche friedliche Begegnungen oder Konflikte. Eines der größten Probleme ist, dass die Einwohner ihre Probleme nicht einfach untereinander regeln können. Denn immer, wenn dabei eine der Religionsgruppen benachteiligt wird oder auch nur benachteiligt scheint, nehmen die Angehörigen dieser Religionsgruppen in aller Welt daran Anteil und Einfluss. So bleibt die Frage, ob es in Jerusalem friedlich oder konfliktgeladen zugeht eine Frage, an der beinahe die ganze Welt beteiligt ist.

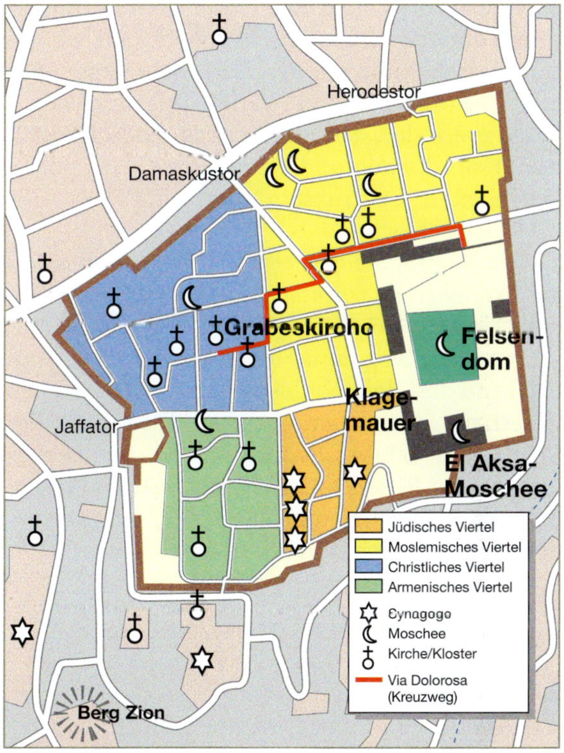

[2] Stadtplan der Altstadt in Jerusalem. *Karte.*

[3] Juden an der Klagemauer. *Foto.*

[4] Christen bei der Prozession am Karfreitag. *Foto.*

[5] Muslima am Felsendom. *Foto.*

1. Fasst die Geschichte Israels in Stichpunkten zusammen.
2. Beschreibt die Altstadt von Jerusalem mithilfe der Karte [2].

Was ihr noch tun könnt ...

- Informiert euch über die heutige politische Situation in Jerusalem und haltet einen Kurzvortrag darüber in der Klasse.

Kreuzzüge: Der Kampf um Jerusalem

Welche Ziele hatten die Kreuzfahrer?

[1] Jerusalem. *Buchmalerei, um 1380.*

Jerusalem – die Heilige Stadt

Jerusalem war und ist drei großen Religionen heilig: den Juden unter anderem wegen des Tempelbergs mit Resten des Tempels Salomons, den Muslimen wegen des Felsendoms, der die Stelle der Himmelfahrt Mohammeds überspannt, und den Christen wegen der Grabeskirche, die das Grab Jesu enthalten soll.
Anhänger dieser Religionen besuchten als Pilger die Stadt, um dort zu beten. Seit dem 7. Jahrhundert stand die Stadt unter muslimischer Herrschaft. Später kam es zu Behinderungen der Pilgerfahrten.
Papst Urban rief im Jahr 1095 dazu auf, Jerusalem aus den Händen der „Ungläubigen“ zu befreien. Als Lohn winkte das Versprechen auf ewige Seligkeit im Himmel. In ganz Europa machten sich Ritter, Bürger, Bauern – ja sogar Kinder – auf den so genannten Kreuzzug.

1. Im Mittelalter gab es keinen Rundfunk und kein Fernsehen: Notiert Vermutungen darüber, wie die Botschaft Urbans in Europa verbreitet wurde.

[2] Der Papst ruft zum Kreuzzug auf. *Holzschnitt, um 1480.*

[3] **Aufruf von Papst Urban, 1095:**
... ihr Volk der Franken, ihr seid ... Gottes geliebtes und auserwähltes Volk ... Aus dem Land Jerusalem und der Stadt Konstantinopel kam schlimme Nachricht und drang schon oft an unser Ohr: ... ein fremdes Volk, ein ganz gottfernes Volk ... hat die Länder der dortigen Christen besetzt, durch Mord, Raub und Brand entvölkert und die Gefangenen teils in sein Land abgeführt, teils elend umgebracht ...
Er lobt dann die Tapferkeit der Christen, erwähnt die Knappheit an fruchtbarem Land in Europa und fährt fort:
... Tretet den Weg zum Heiligen Grab an, nehmt das Land dort dem gottlosen Volk, macht es euch untertan! ... Jerusalem ist der Mittelpunkt der Erde, das fruchtbarste aller Länder, als wäre es ein zweites Paradies ... Schlagt also diesen Weg ein zur Vergebung eurer Sünden; nie verwelkender Ruhm ist euch im Himmelreich gewiss.

Zit. nach: Arno Borst, Lebensformen im Mittelalter. Ullstein, Frankfurt/Berlin 1979, S. 318 ff. bearb.

2. Wertet Text [3] aus.
a) Warum sollte das „Volk der Franken“ in den Orient ziehen?
b) Listet die Argumente Urbans auf.

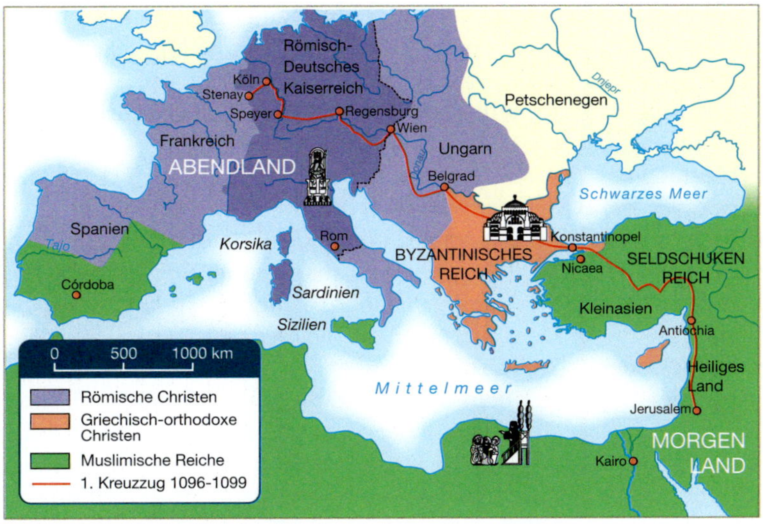

[4] Erster Kreuzzug. *Karte.*

[6] Kämpfe in Jerusalem. *Illustration.*

Ein weiter Weg nach Jerusalem

Der erste Kreuzzug war für alle Beteiligten ein Aufbruch ins Unbekannte. Niemand wusste, wie man ein solches Vorhaben organisieren sollte. Vom Ziel – der Stadt Jerusalem – wusste man nur aus mündlichen Berichten und machte sich vermutlich fantastische Vorstellungen.

3. Untersucht die Karte. Schätzt die Entfernung von Köln bis Jerusalem ab (Maßstab: siehe Legende).

4. Beschreibt mögliche Schwierigkeiten der Kreuzfahrer auf ihrem Weg in den Osten.

[5] **Ein Mönch berichtet über die Kreuzfahrer und ihre Ziele:**

Ihre Absichten waren verschieden. Einige Neugierige zogen los, weil sie neue Gegenden besuchen wollten. Andere zwang die Armut. Weil es bei ihnen zu Hause knapp zuging, kämpften sie, um der Armut abzuhelfen ... Andere wurden von Schulden bedrückt oder wollten die ihren Herren geschuldeten Dienste verlassen oder hatten wegen Verfehlungen Strafen zu erwarten. Nur mit Mühe fand man Wenige, die eine heilige ... Absicht hatten.

Würzburger Annalen 1147, übersetzt v. Verfasser

5. Bewertet die Absichten einiger Kreuzfahrer-Gruppen aus dem Bericht [5].

Blut fließt in der Heiligen Stadt

Vom 11. bis zum 13. Jahrhundert gab es mehrere Kreuzzüge, die ins Heilige Land führten. Die Teilnehmer des Ersten Kreuzzuges hatten sich durch Kleinasien kämpfen müssen. Nach jahrelangem Marsch durch eine lebensfeindliche Umgebung, hohen Verlusten und schrecklichen Anstrengungen erreichte das Heer schließlich im Jahr 1099 Jerusalem.

Bei einer Belagerung gelang es, die Heilige Stadt zu erstürmen. Fast alle Menschen, die sich dort aufhielten, wurden ohne Unterschied umgebracht. Die Kreuzfahrer eigneten sich nun Häuser und Grundstücke an und nahmen das Land in Besitz. Sie gründeten im Heiligen Land und Kleinasien in der Folge eine Reihe von Staaten, in denen sie über Christen, Muslime und Juden herrschten.

6. Beurteilt das Verhalten der Kreuzfahrer.

Wählt einen der folgenden Arbeitsaufträge aus:

- Ein Kreuzfahrer hat seine Familie seit zwei Jahren nicht mehr gesehen. Schreibt einen Brief, in dem er seine Erlebnisse schildert.
- Notiert einen Vorschlag, wie eine Einigung über die heiligen Stätten ohne Krieg und Gewalt aussehen könnte.

Methode Primär- und Sekundärtexte

Geschichtliche Ereignisse werden berichtet und bewertet

In älteren Quellen finden wir oft Berichte über historische Ereignisse. Sie können von **Augenzeugen** stammen oder Berichte vom Hörensagen wiedergeben. Nicht selten sind Berichte auch absichtlich so verfasst, dass sie den Interessen der Auftraggeber dienen. Diese Überlieferungen nennen wir **Primärtexte** oder **historische Quellen**, weil sie „aus erster Hand" sind und meistens direkte, ursprüngliche Berichte enthalten.

Viele Jahre später beziehen sich **Historiker** oder andere **Wissenschaftler** auf diese Berichte und bewerten sie. Immer stellt sich aber die Frage: Wie war es wirklich? Welche Einschätzung ist näher an der Wahrheit? Historiker, Forscher, Journalisten untersuchen und bewerten Quellen.

Diese Texte, die „aus zweiter Hand" sind, nennen wir **Sekundärtexte** oder **Darstellungen**.

Mit den folgenden Schritten könnt ihr Primär- und Sekundärtexte vergleichen.

1. Schritt: Jeden Text einzeln erschließen

- Verfasser, Art des Textes, Datum und Ort, Inhalt (wovon handelt der Text?), Schwerpunkte

2. Schritt: Glaubwürdigkeit prüfen

- Wer ist näher am Geschehen? (Augenzeuge?) Wer berichtet nur aus zweiter Hand oder vom Hörensagen? Wie groß ist der zeitliche Abstand zu dem Ereignis?
- Welche Version kommt der Wahrheit am nächsten? Geht es um Tatsachen oder gibt es auch Bewertungen?

3. Schritt: Aussagen vergleichen

- Stimmen die Aussagen überein? Gibt es Unterschiede, z. B. in der Bewertung?
- Wer berichtet/schreibt mit welcher Absicht?

4. Schritt: Ergebnisse formulieren

- Was habt ihr festgestellt?
- Hilft der Sekundärtext beim Einordnen der Ereignisse? Bleiben Unklarheiten oder offene Fragen, die noch geklärt werden müssen?

1. Vergleicht mit diesen Arbeitsschritten die beiden folgenden Texte [1] und [2]:

[1] **Wilhelm von Tyrus (Erzbischof) schrieb 1170 n. Chr.**

... Alle Feinde ... streckten sie mit der Schärfe des Schwertes nieder. ... Und es lagen überall so viele Erschlagene und solche Haufen abgehauener Köpfe umher, dass man keinen Weg ... mehr finden konnte als über Leichen.

Der übrige Teil des Heeres zerstreute sich in der Stadt, zog diejenigen, die sich ... versteckt hatten, um dem Tod zu entrinnen ..., hervor und stieß sie nieder. Andere gingen in Häuser, wo sie die Familienväter mit Frauen und Kindern ... herausrissen und entweder mit den Schwertern durchbohrten oder von den Dächern herabstürzten ... Es geschah ... nach dem gerechten Urteil Gottes, dass die, welche das Heiligtum des Herrn mit ihren abergläubischen Bräuchen entweiht hatten, es mit ihrem eigenen Blut reinigen mussten.

Guggenbühl, Gottfried; Weiss, Otto: Quellen zur allgemeinen Geschichte, Bd. 2, Zürich 1973, S. 264

[2] **Über die Eroberung von Jerusalem schreiben heutige Autoren:**

Wie aber ist der Blutrausch 900 Jahre später zu erklären? Sicher mit den unsäglichen Strapazen und enormen Verlusten der Christen auf dem Weg nach Jerusalem, wohl auch mit der zähen, wochenlangen Belagerung und mit dem angestauten Hass angesichts des Widerstands, nicht zuletzt aber auch mit religiöser Verblendung und Verirrung, die am Ende in Andersgläubigen nur noch Feinde sehen ließen. Aus ihrem Selbstverständnis heraus hatten die Kreuzritter offenbar keine Schuldgefühle. Sie erachteten ihren Sieg als ein Zeichen der Zustimmung Gottes. Die überaus drastischen Überlieferungen des Geschehens gerade von christlicher Seite machen keinen Hehl aus dem beispiellosen Grauen.

Das Bild der Muslime von der westlichen Christenheit wurde durch das Massaker nachhaltig geprägt, der Ruf der „Franken" war im sprichwörtlichen Sinne ruiniert, sie galten als mordende Banditen.

Knopp, G.; Brauburger, S.; Arens, P.: „Der Heilige Krieg – Mohammed, die Kreuzritter und der 11. September". C. Bertelsmann Verlag 2011, S. 113

[3] Zwei Autoren – zwei Zeiten. W. von Tyrus (1170) und Guido Knopp (2011) *Gemälde, Foto.*

Lösungsbeispiel

Zum Schritt 1:

Die beiden Texte handeln von dem gleichen Ereignis, von der Eroberung Jerusalems. Der Autor von Text [1] ist Wilhelm von Tyrus. Er war Erzbischof um 1170 n. Chr. und er schreibt aus der Sicht der Kreuzfahrer.
Der Autor von Text [2] ist Guido Knopp. Er ist Historiker, Buchautor und war jahrelang Fernsehmoderator der Sendung „History". Er schreibt und bewertet die Ereignisse aus heutiger Sicht.

Zum Schritt 2:

Beide Berichte stammen nicht von Augenzeugen und wurden in einem zeitlichen Abstand verfasst. Trotzdem erscheint der Bericht von Tyrus authentischer, denn das Jahr 1170 liegt zeitlich nah am Geschehen. Gleichzeitig können wir auch feststellen, dass Wilhelm von Tyrus eher subjektiv berichtet und versucht, die Taten der Kreuzritter zu rechtfertigen.
Im Text [2] dagegen werden die damaligen Ereignisse eher objektiv dargestellt und ...

Zum Schritt 3:

Beide Verfasser schildern das grausame Vorgehen der Kreuzritter. Wilhelm von Tyrus macht dabei die damalige christliche Sicht auf die Kreuzzüge deutlich, indem er das Vorgehen als „gerechtes Urteil Gottes" darstellt.
Guido Knopp dagegen weist nicht nur auf die drastische Tötung der Andersgläubigen hin, sondern schildert auch ...

Zum Schritt 4:

Die Eroberung Jerusalems wird in beiden Texten als grausames Ereignis beschrieben, aber die Verfasser betrachten das Ereignis aus verschiedenen Blickwinkeln. Der Sekundärtext von Knopp hilft, die Ereignisse vor 900 Jahren besser einzuordnen und zu verstehen.

2. Wendet die Methodenschritte bei den folgenden Texten an.

[4] **Der arabische Chronist Ibn al-Athir (1160–1233) berichtet:**
... In der Al-Aksa-Moschee ... töteten die Franken mehr als 70 000 Muslime, unter ihnen viele ... Religionsgelehrte ..., die ihr Land verlassen hatten, um in frommer Zurückgezogenheit an diesem heiligen Ort zu leben. Aus dem Felsendom raubten die Franken mehr als vierzig Silberleuchter, ... zwanzig goldene und andere unermessliche Beute. Die Flüchtlinge erreichten Bagdad ... In der Kanzlei des Kalifen gaben sie einen Bericht, der die Augen mit Tränen füllte und die Herzen betrübte ... Wegen des schweren Unglückes, das sie erduldet hatten, brachen sie sogar das Fasten.

Gabrieli, Francesco: Die Kreuzzüge aus arabischer Sicht. Zürich/München (Artemis), 1973

[5] **Ein heutiger Christ aus dem Libanon sieht das so:**
Kreuzzüge sind ein schwarzes Kapitel in der Geschichte der Christenheit. Anstatt das Kreuz als Symbol der Liebe und Aufopferung zu sehen, benutzte man es, um zu töten ... Die Ergebnisse der Kreuzzüge sind bis heute noch zu spüren, allerdings im Osten anders als im Westen.
... Für uns orientalische Christen ist das Zusammenleben mit den Muslimen zerstört. Viele Muslime wollen sich als einzige Opfer der Kreuzzüge sehen ... und für die Muslime im Orient sind die Christen eine Last der Kreuzzüge ... Und das ist für uns eine Katastrophe ... Bei jedem politischen Ereignis erinnern die Muslime die westlichen Bürger an ihre Gräueltaten von damals. Dieses schlechte Gewissen wird uns Christen immer verfolgen.

Ramy Wannous, Beirut In: Stuttgarter Theologische Themen, Band/Vol. IV. 2009

Zusammenleben der Kulturen

Wie lebten die Christen im Orient?

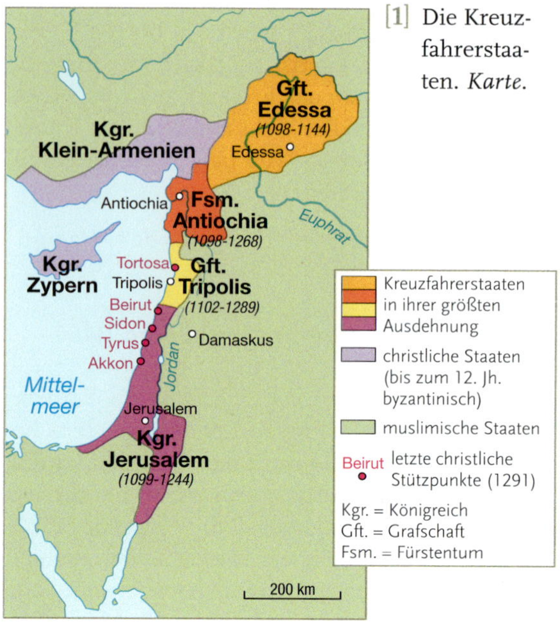

[1] Die Kreuzfahrerstaaten. *Karte.*

Kreuzfahrer aus Europa gründeten Staaten

Viele Kreuzfahrer kehrten nicht nach Hause zurück, sondern blieben auf Dauer in Palästina. Sie gründeten Kreuzfahrerstaaten (siehe Karte 1). Große Burganlagen sollten ihre Herrschaft sichern und gegen muslimische Angriffe Schutz bieten. Diese Kreuzfahrerstaaten existierten von 1098 bis 1289 nach Chr. Etwa 100 000 Europäer wanderten in diese Staaten ein.

Pfeffer, Weihrauch und Rosenöl – die Begegnung von „Abendland" und „Morgenland"

Die Europäer waren reichlich ahnungslos und überheblich in den Orient gezogen. Bald schon lernten sie aber das Staunen: Schöne Stoffe, kostbare Teppiche, interessant schmeckende fremde Gewürze, wohlriechende Parfüms und Rosenwasser, Lautenmusik und Luxusbadeanlagen waren ihnen neu.

Bei den Handwerkern sahen sie Neues über die Herstellung von Süßigkeiten und Gebäck, Lehrreiches über Schmiedekunst und Lederbearbeitung. Die Bauern zeigten ihnen unbekannte Gemüse- und Obstsorten (z. B. Orangen, Aprikosen).

Mathematiker oder Ärzte waren sehr sachkundig und auch über Sternkunde und Geografie wussten die arabischen Gelehrten viel mehr als die Europäer. Die Lebensweise der Menschen im Orient veränderte die Haltung der Kreuzfahrer. Sie nahmen viele Gewohnheiten ihrer neuen Umgebung an.

[2] Ein Christ und ein Muslim spielen Schach. *Buchmalerei, 1252.*

[3] Fulcher von Chartres (1059–1127) nahm am ersten Kreuzzug teil und lebte in Jerusalem. Er schrieb um 1100 in seiner Chronik:

Wir, die wir Abendländer waren, sind Orientalen geworden. Wer als Römer oder Franke kam, der ist hier Bewohner Palästinas geworden. Wer in Reims oder Chartres wohnte, betrachtet sich heute als Bürger von Tyrus oder Antiochia. Wir haben unsere Geburtsorte schon vergessen ... Manche von uns besitzen hier Häuser und Diener ... Ein anderer hat eine Frau von hier geheiratet, die Syrerin oder Muslima ist und die die Gnade der Taufe empfangen hat. Alle sprechen verschiedene Sprachen und es gelingt ihnen dennoch, sich zu verstehen ..., und das gegenseitige Vertrauen nähert die entfernten Kulturen einander an.

Zit. nach: Reinhard Barth, Taschenlexikon Kreuzzüge. Piper, München 1999, S. 169

[4] Wissenschaftler im Gespräch, *Illustration.*

Und wie lebten die Muslime in Europa?

[5] In den Gassen von Cordoba. *Illustration.*

[6] Auf dem Basar, *Illustration.*

Cordoba in Südspanien

Im 8. Jahrhundert hatten islamische Herrscher von Nordafrika kommend große Teile Spaniens überrannt. Das nun Al-Andalus genannte Gebiet wurde ab 756 n. Chr. von Abd-ar-Rahman I., dem „Emir von Cordoba", regiert. Die neuen Herrscher brachten nun den Islam nach Europa. Zeitweise waren sie den anderen Religionen gegenüber tolerant: Als „Kinder Abrahams" konnten Juden und Christen ihrer Religion treu bleiben. Cordoba war von 711 bis 1236 Mittelpunkt des muslimischen Spaniens.

Cordoba war ein Zentrum von Wirtschaft, Gelehrsamkeit und Kunst. Viele Errungenschaften waren hier Alltag, die im übrigen Europa noch unbekannt waren.

Wählt einen der folgenden Arbeitsaufträge aus:

- Versetzt euch in einen nach Europa heimgekehrten Kreuzfahrer. Was hat er alles zu berichten?
- Seht euch die Straßenszene in Cordoba an und entwerft Sprechblasen zu den Personen auf dem Bild. Ihr könnt auch eine Geschichte dazu erfinden.
- Stellt euch vor, ein Bischof aus Europa kommt nach Jerusalem und sieht, wie die ansässigen Christen dort leben. Was könnte er wohl denken? Verfasst einen kritischen Bericht.

WEBCODE: MZ648924-039

Geschichte aktiv

Die folgenden Spiele werden interessanter, wenn ihr zu den einzelnen Themen noch weitere Informationen einholt (Bibliothek, Internet).

Denkt auch daran, euer Portfolio zu führen:
- schöne Ergebnisse in Text und Bild sammeln,
- Lernerfahrungen zum Thema „Leben und Herrschaft im Mittelalter“ notieren

1. Rollenspiele

Zur Grundherrschaft

- Bauern können wegen eines schlechten Sommers ihre Abgaben nicht bezahlen. Sie diskutieren mit dem Grundherrn, wie man verfahren könnte.
- Das Mädchen Irmgardis will einen Bauernsohn aus dem Nachbarort heiraten. Der Grundherr verbietet das.
- Der Ritter Sigibert fürchtet, dass er in seiner Burg angegriffen wird. Er berät mit seinen Leuten, wie man sich schützen könnte.

Zu Konflikten in der mittelalterlichen Stadt

- Wütende Weber halten eine Versammlung ab. Sie wollen die Stadtadeligen vertreiben. Es gibt unterschiedliche Meinungen über das Vorgehen.
- Goldschmiedemeister Wolfram ist richtig sauer. Er soll eine Strafe zahlen, weil er einen nicht erlaubten Pelzkragen an seinem Mantel getragen hat.

2. Projektvorschläge

Spuren in der eigenen Stadt suchen

- Findet heraus, ob es in eurer Stadt oder (in der Nachbarstadt) Spuren des Mittelalters gibt. Prüft den Stadtplan der Innenstadt, erkundet Gebäude, Kirchen usw.
- Wie ist eure Stadt entstanden? Wie hat sie sich entwickelt?
- Gibt es ein Museum in der Nähe, wo man noch alte Geräte, Werkzeuge, Waffen usw. sehen kann?

Wandel in der Landwirtschaft

- Untersucht, wie sich Ackerbau und Viehzucht verändert haben: unterschiedliche Geräte und Maschinen gegenüberstellen usw.

Schreiben in früheren Zeiten

- Findet heraus, welche Materialien bis zum Ende des Mittelalters verwendet wurden. Macht eigene Schreibversuche mit angeschnittenen Federkielen.

Das kann ich!

[1] Die drei Stände. *Illustration.*

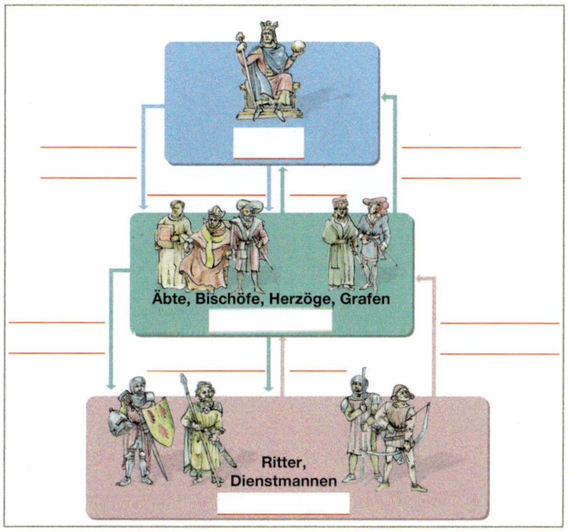

[2] Lehnswesen. *Illustration.*

[3] Muslim und Christ spielen Schach. *Illustration.*

Fragekompetenz

1. Vergleicht eure Fragen vom Anfang des Kapitels mit eurem jetzigen Wissensstand und notiert Dinge, die noch geklärt werden müssen.

Sachkompetenz

2. Erläutert den Aufbau der mittelalterlichen Ständegesellschaft und erklärt anhand von Abb. 1, welche Aufgaben die Stände hatten.
3. Beschreibt das Lehnswesen mithilfe von Abb. 2.
4. Erklärt, wie es zum Aufstieg der Städte kam
   a) an welchen besonderen Stellen entstanden sie?
   b) welche Merkmale machten die mittelalterliche Stadt aus?
5. Beurteilt den Satz „Stadtluft macht frei.“. Für wen galt das – für wen weniger?
6. Erläutert, weshalb es Auseinandersetzungen um die Herrschaft in der Stadt gab (Stadtherr/Patrizier/Zünfte).

Methoden-Kompetenz

7. Erklärt den Unterscheid zwischen Primär- und Sekundärtexten. Was ist eine historische Schrift-Quelle? Was unterscheidet sie von einer heutigen Darstellung über dasselbe Ereignis?

Reflexionskompetenz

8. Stellt die Kreuzzüge mit je einem Satz aus der Sichtweise folgender Personen dar:
   a) frommer christlicher Prediger
   b) abenteuerlustiger Ritter
   c) muslimische Einwohnerin von Jerusalem
   Wie kann es zu den unterschiedlichen Bewertungen kommen?

Orientierungskompetenz

9. Erläutert den Hauptunterschied im Leben der Menschen im Mittelalter im Vergleich zu unserer Gegenwart. Was machte das Leben des mittelalterlichen Menschen aus?
10. Notiert Stichworte zum Kontakt zwischen Menschen in Europa und Asien im Mittelalter. Geht dabei auf die Bedeutung der „Pax mongolica“ ein.

Wende zur Neuzeit

In der Buchdruckwerkstatt
Mit dem Buchdruck gelang Johannes Gutenberg um das Jahr 1450 eine bahnbrechende Erfindung. Sie ermöglichte die Verbreitung von Wissen und Informationen und eröffnete damit der Menschheit neue Horizonte.

1. Beschreibt und kommentiert die Abbildung auf dieser Doppelseite.
2. Notiert eure Fragen zum Thema dieses Kapitels.

Schauplatz In der Buchdruckwerkstatt

[1] Druckerpresse und Setzkasten in Gutenbergs Werkstatt. *Fotos.*

1. Beschreibt Abb. [1].
2. Listet die Arbeitsschritte des Buchdrucks in der richtigen Reihenfolge auf. Dabei hilft euch Abb. [2].

Arbeitsschritte des Buchdrucks
- Papierbogen auflegen
- Flüssiges Blei in Matrize gießen
- Papier und Druckform zusammenpressen
- Lettern zusammensetzen und färben
- Musterletter formen
- Bleilettern werden zu Wörtern zusammengesetzt
- Bogen ist fertig
- Musterletter in weiches Kupfer schlagen

Eine Revolution in Blei

[3] **Ein Arbeiter aus Gutenbergs Werkstatt könnte erzählen:**
Früher schrieb man Bücher nur mit der Hand. Damit das nicht Jahre dauerte, hat man die Seiten auf mehrere Schreiber verteilt.
Meinem Chef, dem Mainzer Goldschmied Johannes Gutenberg (1397–1468), ist eine tolle Erfindung gelungen. Er gießt einzelne Buchstaben aus Metall, die man dann zu Texten zusammensetzen und später wiederverwenden kann. Seine Druckerpresse funktioniert ähnlich wie die Weinpressen unserer Heimat. Das erste von uns hier gedruckte Buch war eine Bibel.

Autorentext

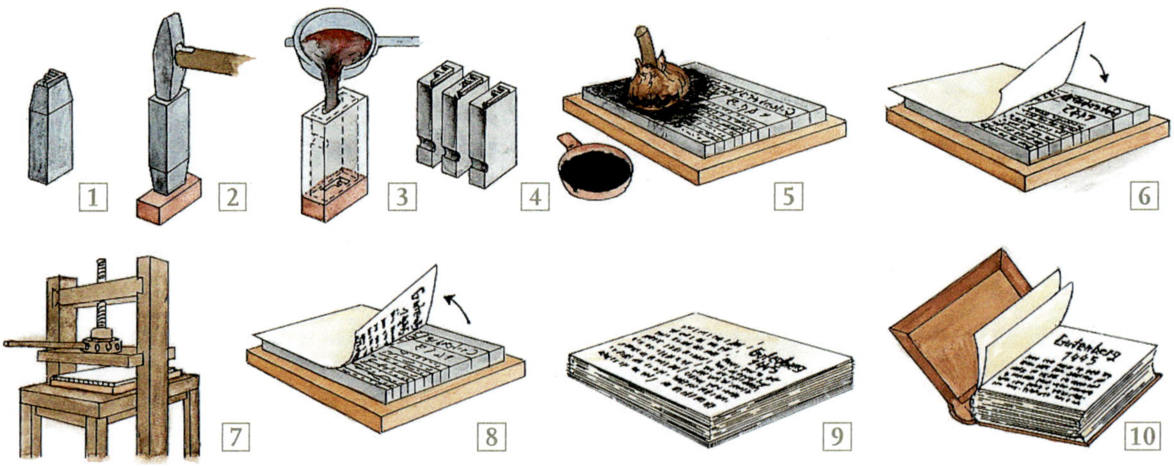

[2] Arbeitsschritte für den Buchdruck. *Illustration.*

Die Druckkunst verbreitete sich schnell in ganz Europa. Bis 1500 gab es bereits mehr als 1000 Druckereien in 250 Städten.

Der Buchdruck und die Folgen

[4] **Dazu meint Claudia R., Medienwissenschaftlerin:**
Die ersten in größerer Anzahl gedruckten Bücher waren Bibeln und religiöse Schriften, doch bald folgten auch andere Inhalte. Immer mehr Menschen lernten nun Lesen. In vielen Städten waren Schulen gegründet worden. Dort lernten die Kinder der Handwerker und Kaufleute gegen Bezahlung Lesen und Schreiben. Auch die Zahl der Universitäten nahm zu. Damit stieg der Bedarf an Büchern schnell an, wodurch wiederum die Preise gesenkt werden konnten. Informationen und Wissen wurden so für immer mehr Menschen zugänglich. Das regte zu weiterem Nachdenken an und führte letztlich zu zahlreichen Erfindungen und Entdeckungen.
Übrigens, wir haben hier in Mainz ein interessantes Gutenbergmuseum. Dort kann man viel über Gutenberg, seine Zeit und über Druckverfahren lernen. Vielleicht schaut ihr einfach mal vorbei!

Autorentext

[5] Gutenbergmuseum in Mainz. *Foto.*

Medien und Meinungsbildung
Neue wissenschaftliche Erkenntnisse verbreiteten sich schnell in Europa. Dadurch wurde das kritische Denken stark gefördert. Auch die Nachrichtenübermittlung profitierte vom Buchdruck. Nach Flugblättern und Sonderdrucken erschienen erste regelmäßig herausgegebene Zeitungen in Straßburg (1608), Wolfenbüttel (1609), Basel (1610) und Berlin (1617).

[6]–[7] Im Gutenbergmuseum in Mainz. *Fotos.*

3. Beschreibt die Bilder 6 und 7.
4. Schildert die Folgen der Erfindung des Buchdrucks.

Wählt einen der folgenden Arbeitsaufträge aus:

- ⚀ Erläutert mithilfe von [2] wie ein Buch in Gutenbergs Werkstatt entstanden ist.
- ⚁ Entwerft den Stichwortzettel für eine Führung durch Gutenbergs Werkstatt.
- ⚂ Spielt eine Diskussionsrunde: „Wird Gutenbergs Erfindung bald überflüssig sein?“

Was ihr noch tun könnt:
- Druckversuche mit Buchstaben aus Styropor oder Kork und Wasserfarben durchführen
- die Lebensgeschichte Gutenbergs erkunden und dazu einen Steckbrief anfertigen

Orientierung – Eine neue Zeit beginnt...

Das Zeitalter der Entdeckungen

Um 1420 bis etwa 1520 kam es zu großen geografischen Entdeckungen. Portugiesische und spanische Seefahrer machten sich auf den Weg und suchten unermüdlich nach neuen Seewegen nach Indien. Dabei wurde fast „zufällig" ein neuer Kontinent entdeckt. Vor dieser Zeit waren in Europa nur die Kontinente Afrika und Asien bekannt.

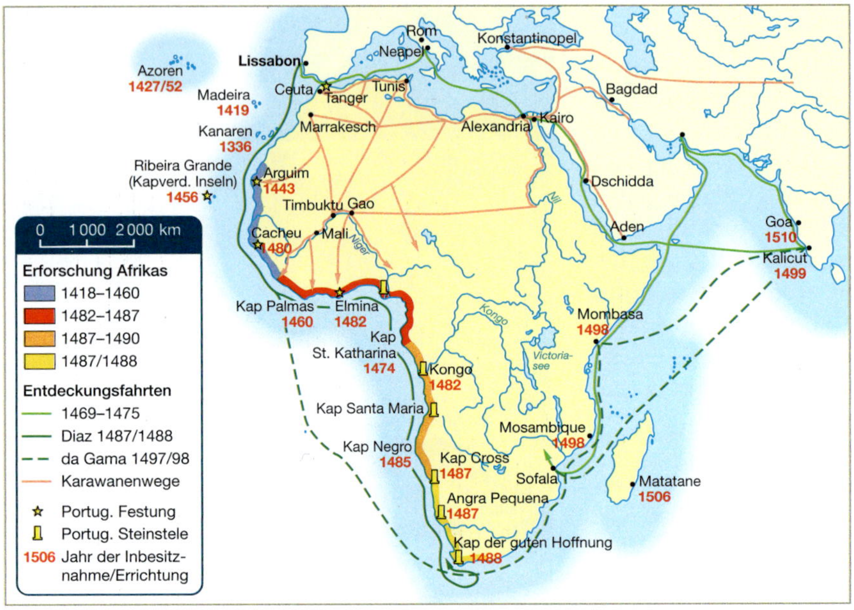

[1] Entdeckungsfahrten von 1418 bis 1498. *Karte.*

Voraussetzungen für die Entdeckungsfahrten

Große Teile der Iberischen Halbinsel waren vom 8. bis 13. Jahrhundert unter arabischer Herrschaft. Christen, Juden und Muslime lebten hier friedlich nebeneinander und tauschten ihr Wissen aus. Vor allem in der Seefahrt kam es so zu bedeutenden Entwicklungen. Arabische Seefahrer brachten Instrumente aus Asien mit, die weiterentwickelt wurden. Portugiesische Schiffsbauer schufen einen neuen Schiffstyp, die Karavelle. Damit waren wichtige Voraussetzungen für Entdeckungsfahrten in unbekannte Gewässer geschaffen.

Suche nach neuen Handelswegen

Im Osten waren inzwischen die muslimischen Osmanen in die heutige Türkei vorgedrungen und konnten 1453 das Fernhandelszentrum Konstantinopel (heute Istanbul) erobern. Die Handelswege in den fernen Osten waren dadurch unterbrochen. Deshalb suchten die Europäer nun verstärkt nach neuen Handelswegen zur See.

Neues Weltbild und neues Denken

Die Zeit des Übergangs vom Mittelalter zur Neuzeit nennt man Renaissance (= Wiedergeburt). Es ist die Zeit etwa zwischen 1400 und 1550. Dabei ging es um die Wiederentdeckung der Kunst und der Denkweise der antiken Welt. Nicht mehr das Jenseits stand im Mittelpunkt aller Überlegungen, sondern die Menschen und ihre Bedürfnisse auf Erden. Zahlreiche Erfindungen und Entdeckungen, vor allem im Bereich der Naturwissenschaften, wurden gemacht und erweiterten den Horizont.

1. Erstellt aus Karte [1] eine Zeittafel der Entdeckungsfahrten von 1418 bis 1498.

- **um 1400**
  Wiederentdeckung der Antike in Wissenschaft, Kunst und Architektur (Renaissance)
- **1425**
  Die Portugiesen beginnen mit der Umsegelung Afrikas, um den Seeweg nach Indien zu finden.
- **1450**
  Erfindung des Buchdrucks mit beweglichen Lettern durch Johannes Gutenberg

- **1453**
  Eroberung Konstantinopels durch die Osmanen
- **1487/88**
  Der Portugiese Bartolomeu Diaz umsegelt die Südspitze Afrikas, d.h. das Kap der Guten Hoffnung.
- **1492**
  Christoph Kolumbus überquert den Atlantischen Ozean nach Westen und entdeckt Amerika.

- **1498**
  Der Portugiese Vasco da Gama entdeckt den Seeweg nach Indien.
- **1517**
  Martin Luther löst durch die Veröffentlichung seiner Thesen die Erneuerung (= Reformation) der Kirche aus.
- **1519–1522**
  Magellan führt im Namen der spanischen Könige die erste Weltumsegelung durch.
- **1519–1533**
  Die Spanier erobern die Reiche der Azteken, Maya und Inka in Südamerika.

[2] Zeitalter der Entdeckungen. *Zeittafel.*

Wende zur Neuzeit

In diesem Kapitel geht es vor allem um folgende Fragen:
Welche Folgen hatte die Erfindung des Buchdrucks?
Wie sah das neue Welt- und Menschenbild im 15. Jahrhundert aus?
Welche Folgen hatte die Ausbreitung des Osmanischen Reiches für Europa?
Was trieb Kolumbus dazu, den Osten im Westen zu suchen?
Wie kam es zu den Eroberungen in Übersee?
Welche Konsequenzen hatte die Kolonisation durch die Europäer für die Einheimischen?
Wie wirkte sich die Reformation politisch aus?

Wichtige Kompetenzen in diesem Kapitel

Fragekompetenz
- einen Fragenkatalog zum Thema aufstellen und die Auswahl begründen

Methodenkompetenz
- die Textquellenarbeit um Tagebuchauswertungen (hier: Kolumbus) erweitern

Reflexionskompetenz
- die Wirkungszusammenhänge historischer Sachverhalte (hier: Veränderungen in der „alten" Welt und Eingriffe in fremde Kulturen) analysieren und begründen
- die Rolle der Medien (hier: Buchdruck) in historischen Prozessen erkennen und beschreiben

Orientierungskompetenz
- aktuelle Probleme auf ihre historischen Wurzeln zurückführen (hier: Kolonialismus) und mögliche Konsequenzen für Gegenwart und Zukunft bedenken

Sachkompetenz
- Umbrüche benennen und in ihrer Bedeutung beurteilen (hier: neue Welten, neue Horizonte; Reformation)
- historische Sachverhalte in Zusammenhängen strukturiert darstellen und dabei Fachbegriffe verwenden

Neues Denken in einer neuen Zeit

[1] Statuen des David von Michelangelo (l., aus dem Jahr 1504; Kopie) und des Herkules von Bandinelli (r.; von 1534). Florenz, *Foto, 2009.*
Die Künstler haben den menschlichen Körper studiert und waren bemüht, ein genaues Abbild des Menschen zu schaffen.

1. Betrachtet die Statuen und notiert, was ein Reiseführer den Touristen sagen könnte.

Der Mensch im Mittelpunkt

Die Künstler dieser neuen Zeit, der Renaissance, suchten ihre Vorbilder in der Antike. Maler und Bildhauer stellten jetzt auch Menschen und Situationen dar, die keinen religiösen Hintergrund mehr hatten.
In Europa waren die Menschen des Mittelalters fest in den christlichen Glauben eingebunden. Das gesamte Leben war auf das Jenseits ausgerichtet. Man glaubte, dass die Welt von Gott geschaffen wurde und weiterhin gelenkt wird, sodass die Menschen nichts verändern dürfen.
Im 15. Jahrhundert wandelte sich diese Sichtweise: Der Mensch muss lernen und neue Erkenntnisse hervorbringen. Er soll an sein eigenes Wohl denken und an das seiner Mitmenschen. Das alte Wissen sollte durch Beobachtungen und Experimente überprüft werden.

2. Nennt den Unterschied zwischen der alten und neuen Denkweise.

Das neue Weltbild

Nikolaus Kopernikus (1473–1543), ein Priester aus Thorn, beobachtete jahrelang den Umlauf der Planeten. Er entdeckte dabei, dass sich die Erde um die Sonne dreht. Damit war klar, dass nicht die Erde mit der Menschheit der Mittelpunkt der Welt sein konnte. Diese Erkenntnis wurde zunächst einmal von der Kirche unterdrückt.
Jahre später führte Galileo Galilei (1564–1642), ein italienischer Mathematiker und Physiker, die Arbeit des Kopernikus weiter. Er bestätigte, dass sich die Planeten um die Sonne drehen.
1633 wurde Galilei deswegen von einem Kirchengericht in Rom gezwungen zu schwören, dass seine Erkenntnisse falsch seien.
Erst Papst Johannes Paul II entschuldigte sich für das Vorgehen gegen Galilei, der das Weltbild der Kirche 350 Jahre zuvor umgestürzt hatte.

3. Vermutet, warum die Kirche damals das neue Weltbild bekämpfte.

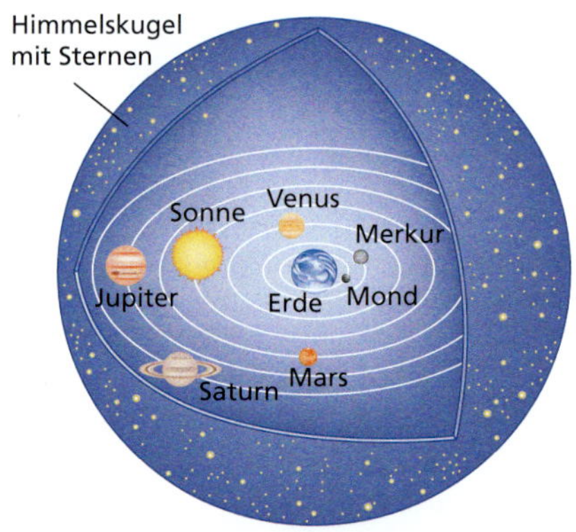

[2] Bewegung der Planeten nach der mittelalterlichen Vorstellung. *Illustration.*

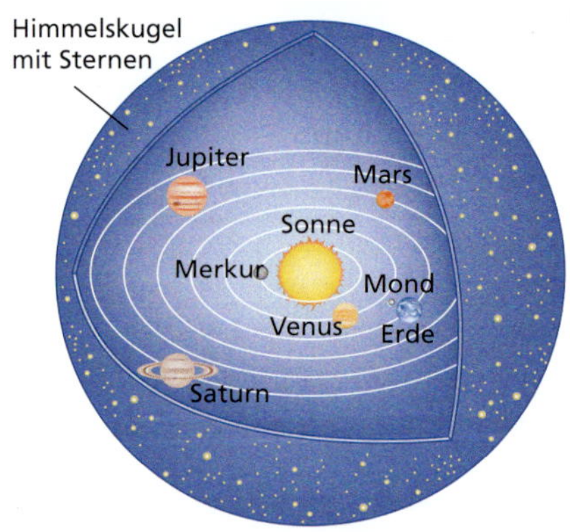

[3] Bewegung der Planeten nach der Berechnung des Kopernikus. *Illustration.*

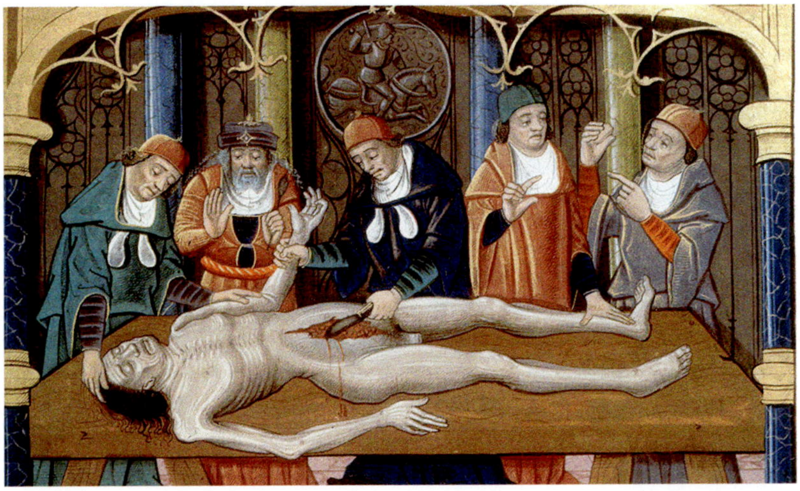

[4] Sezierung. Obwohl es die Kirche verboten hatte, untersuchten Ärzte Leichen. Sie wollten dadurch Erkenntnisse über den menschlichen Körper gewinnen. *Französische Buchmalerei, 15. Jh.*

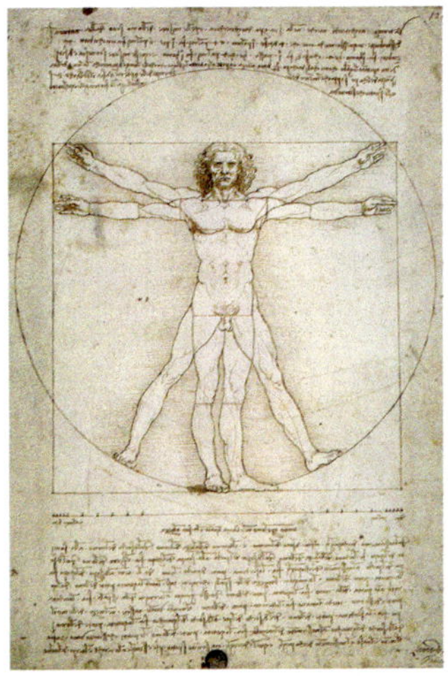

[5] Der vitruvianische Mensch von Leonardo da Vinci. *Zeichnung, 1490.*

4. Beschreibt und kommentiert Bild [4].
5. Betrachtet die Zeichnung [5] und bescheibt, wie sie auf euch wirkt.

Neuerungen in Kunst und Forschung

Einer der berühmtesten Künstler und Forscher der Zeit um 1500 war Leonardo da Vinci. Er wurde am 15. April 1452 in einem Bauernhaus bei Vinci in der Nähe von Florenz geboren. Leonardo besuchte die wenigen Klassen der Dorfschule und lernte nur mit Mühe Lesen, Schreiben und Rechnen.
Als 17-Jähriger trat er in Florenz in die Lehre eines bekannten Bildhauers und Malers. 1482 holte ihn der Herzog Ludovico Sforza an seinen Hof in Mailand. Um diese Zeit entstanden viele Kunstwerke von ihm.

[6] Leonardo da Vincis Entwurf einer Luftschraube. *Modell.*

Vielseitige Interessen

Neben seiner künstlerischen Arbeit beschäftigte sich Leonardo mit Forschungen und Erfindungen in Anatomie, Optik und Mechanik. Trotz der strengen Verbote durch die Kirche soll er Leichen untersucht haben, um den Körperbau zu studieren. In Tausenden von Skizzen und Notizen finden sich Apparate und Maschinen, die seiner Zeit weit voraus waren. Sie ebneten vielen späteren Erfindungen den Weg. Leonardo da Vinci starb 1514 in Frankreich, wo er am Hof des französischen Königs gearbeitet hatte.

Wählt einen der folgenden Arbeitsaufträge aus:

- Zeichnet das alte und neue Weltbild [2/3] auf ein Blatt für die Klassenwand.
- Schreibt Leonardo da Vincis Lebenslauf.
- Entwerft einen Werbeprospekt für da Vincis Luftschraube.

Was ihr noch tun könnt ...

- Abbildungen von Gebäuden der Renaissance suchen und mit denen aus dem Mittelalter vergleichen
- Näheres zu Kopernikus und Galilei recherchieren

Fenster zur Welt

Das Osmanische Reich

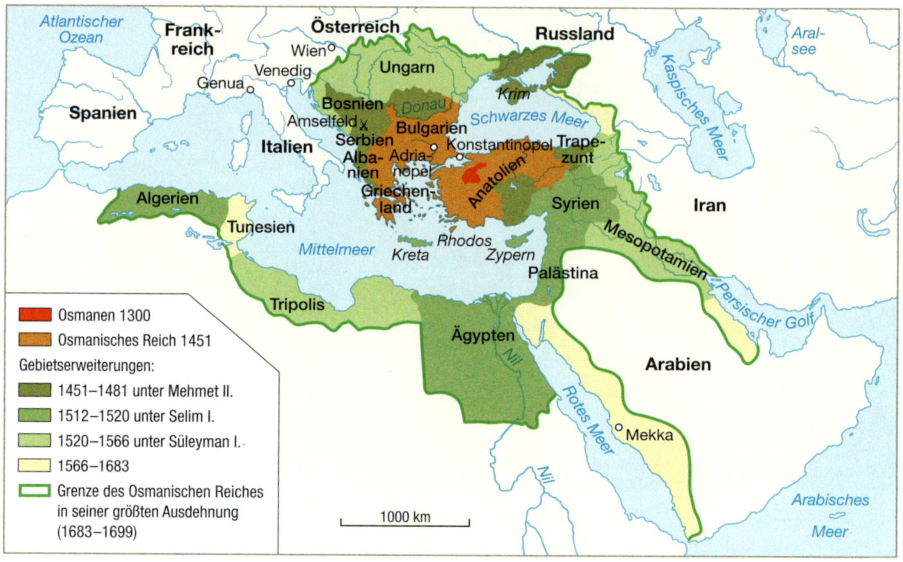

[1] Das Osmanische Reich um 1600. *Karte.*

[2] Osman I. 1258–1324. *Gemälde.*

Machtwechsel im Osten

Die Türken kamen ursprünglich aus dem mittelasiatischen Raum. Sie siedelten sich auf der Flucht vor den Mongolen im Osten der heutigen Türkei an. Damit wurden sie Nachbarn des Oströmischen Kaiserreichs. Sie nahmen durch arabischen Einfluss die Religion des Islam an. Einer ihrer Stammesführer war Osman I. Unter seiner Herrschaft entstand aus einem kleinen Fürstentum ein bedeutendes Reich. Es wurde ihm zu Ehren das Osmanische Reich genannt. Schnell eroberten die Osmanen große Teile des Oströmischen Kaiserreichs. Mehrmals griffen sie die Hauptstadt Konstantinopel an. Nach einer langen Belagerung der gut mit Mauern gesicherten Stadt gelang 1453 die Eroberung. Damit war das Ende auch für die östliche Hälfte des Römerreiches gekommen. Seit dieser Zeit heißt die Stadt am Bosporus Istanbul.
Im Laufe der Zeit eroberten die Osmanen weitere Gebiete, bis sie 1683 sogar vor Wien standen. Die Eroberung missglückte. Damit begann ein langer Niedergang mit Machtverlust. Der letzte Sultan verließ 1922 das Land und die moderne Türkei entstand in den heutigen Grenzen.

[3] Belagerung von Konstantinopel durch die Türken. *Buchmalerei, um 1455.*

1. Gebt einen kurzen Überblick über die Entwicklung des Osmanischen Reiches.
2. Stellt fest, welche heutigen Staaten zum ehemaligen Osmanischen Reich gehörten.
3. Beschreibt und kommentiert Abb. [3].

[4] Luxuswaren aus Asien. *Fotos.*

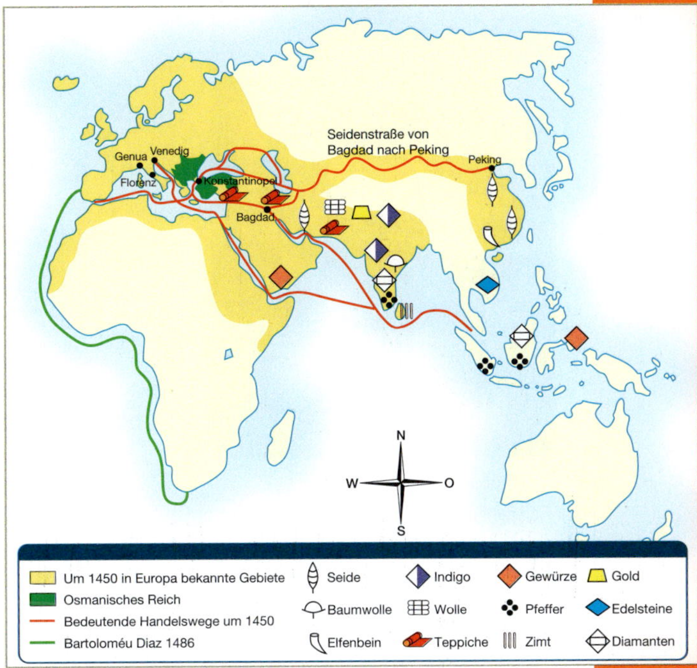

[5] Fernhandelswege um 1450. *Karte.*

Kulturaustausch

Begehrte Güter aus dem Osmanischen Reich waren für die Europäer Gewürze, edle Stoffe und kunstvoll verzierte Waffen. Auch der Kaffe, heute für uns eine Selbstverständlichkeit, kam aus dem Osmanischen Reich. Ab 1645 gab es in Westeuropa die ersten öffentlichen Kaffeehäuser. Aber auch die abendländische Kultur hatte Einfluss auf den Orient. Französische Bücher wurden ins Türkische übersetzt und europäische Musik wurde bei Festen gespielt.

4. Notiert Stichworte zum Austausch mit dem Osmanischen Reich.

Die Folgen der Ausdehnung für Europa

Nachdem die Osmanen im Jahre 1453 das damalige Fernhandelszentrum Konstantinopel eroberten, wurde der Handel mit dem Fernen Osten erheblich gestört.
Einer der wichtigsten Handelswege war damals die Seidenstraße. Sie bestand aus einem System von Karawanenwegen. Dadurch wurde China über Zentralasien mit dem Mittelmeer und dem Schwarzen Meer verbunden. Auf diesem Wege wurden Luxusgüter transportiert, wie z. B. Seide, Gold, Silber, Eisen Porzellan und Gewürze.
Die europäischen Händler aus Genua oder Venedig reisten nicht selber über die Seidenstraße nach Asien. Sie kauften ihre Waren von Zwischenhändlern in Konstantinopel.
Seit der Eroberung bestimmten die Herrscher des Osmanischen Reiches die Preise. Sie setzten sie jeweils so hoch wie möglich. Deshalb suchten die Europäer nun verstärkt nach neuen Handelswegen, vor allem über die Meere.

5. Verfolgt in Karte [5] den Handelsweg für Pfeffer und benennt die heutigen Staaten, durch die der Weg damals führte.

Wählt einen der folgenden Arbeitsaufträge aus:

- Ordnet den Nummern der Luxuswaren [4] die richtigen Namen zu: Nelken – Porzellan – Zimt – Seide – Muskatnuss – schwarzer Pfeffer.
- Erstellt einen Steckbrief über das Osmanische Reich. Notiert wesentliche Stichpunkte.
- Schreibt und/oder spielt einen kleinen Dialog zwischen zwei Kaufleuten, die sich um 1470 über die neue politische Situation und ihre Folgen für die Geschäfte unterhalten.

Den Osten im Westen suchen

[1] Christoph Kolumbus.
Gemälde Sebastiano del Piombo, 1519.

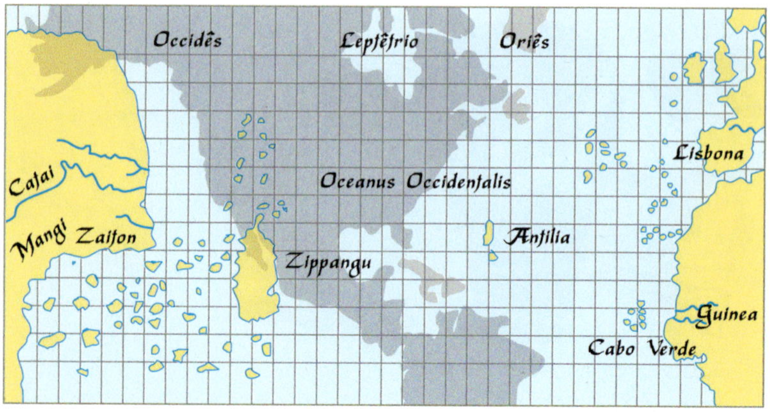

[3] Rekonstruktion der Karte des Paolo Toscanelli. Die dunkel getönte Fläche gehört nicht zu Toscanellis Karte. Sie zeigt bereits den amerikanischen Kontinent. Es bedeuten: Lisbona = Lissabon, Cabo Verde = Kap Verde, Antilla = Antillen, Oceanus Occidentalis = Atlantischer Ozean, Zippangu = Japan, Mangi = Indien.

Ein Mann namens Kolumbus
Kolumbus wurde um 1451 in Genua (Italien) geboren. Ab dem 14. Lebensjahr fuhr er auf Handelsschiffen zur See. Eine Zeitlang lebte er in Portugal. Während dieser Zeit las er Bücher über Astronomie, Kartografie und Navigation. Er erfuhr von der Seekarte des Paolo Toscanelli, eines Gelehrten aus Genua. Der hatte behauptet, man könne den Atlantischen Ozean westwärts überqueren, um dann nach Indien zu gelangen.

[2] **Auszug aus Toscanellis Aufzeichnungen:**
... Wenngleich ich überzeugt bin, dass man dies (den kürzesten Weg nach Indien) auf einem Globus zeigen sollte, so will ich dennoch ... den Weg auf einer Karte erläutern, die einer Seekarte ähnelt ... Auf ihr ist der ganze Westen der bewohnten Welt von Irland bis nach Guinea eingetragen, nebst allen Inseln, auf die man unterwegs trifft. Ihnen gegenüber im Westen ist der Anfang von Indien mit den Inseln und Orten gezeichnet ...

Zit. nach Andreas Venzke, Christoph Kolumbus, Reinbek bei Hamburg (Rowohlt) 1992, S. 32

1. Macht euch mit der Karte [3] vertraut. Vergleicht mit einer Atlaskarte.
2. Lest Toscanellis Text [2] und erläutert seine Vorstellungen von der Welt mithilfe der Karte [3].

Der Plan
Bestärkt durch Toscanellis Karte trug Kolumbus dem portugiesischen König seine Idee vor: Er wollte den Atlantik in Richtung Westen überqueren, um nach Indien zu gelangen. Doch der König lehnte ab.
Daraufhin verließ Kolumbus Portugal und ging nach Spanien. Im Jahre 1486 unterbreitete er seine Idee dem dortigen Königspaar. Erst 1492 bekam er die Erlaubnis und die nötigen Gelder für seine Entdeckungsfahrt.

3. Notiert Argumente, die Kolumbus seinen Geldgebern hätte vortragen können.

Aufbruch
Am 3. August 1492 verließ Kolumbus mit den drei Schiffen Santa Maria, Pinta und Nina und mit 100 Mann Besatzung den spanischen Hafen von Palos.
Am 6. August brach das Steuerruder der Pinta. Die kleine Flotte lief die Kanarischen Inseln an, wo ein neues Ruderblatt angefertigt werden musste. Erst einen Monat später, am 6. September, konnten die drei Schiffe weiterfahren. Die Fahrt ging ständig nach Westen. Wochenlang war keine Küste mehr zu sehen.

[4] Das bekam Europa von Amerika geschenkt: Ananas, Süßkartoffeln, Mais, Kakao und Chili. *Fotos.*

[5] Das Schiff Santa Maria von Kolumbus. *Gemälde um 1878*

[6] Kolumbus wird nach seiner Rückkehr vom spanischen Königspaar empfangen. *Kolorierte Lithografie, 1860.*

In die Neue Welt und zurück

Am 12. Oktober 1492 kam endlich Land in Sicht. Es waren Inseln in Mittelamerika. Kolumbus und seine Mannschaft hatten mehrmals Gelegenheit, die Bewohner der Inseln zu treffen und ihre Gewohnheiten kennen zu lernen. Auch wurden Geschenke ausgetauscht.

Am 15. März 1493 kehrte Kolumbus mit zwei Schiffen zurück nach Palos. Er wurde zum Vizekönig der Inseln ernannt. Zu dieser Zeit ahnte niemand, dass es sich um eine neu entdeckte Welt handelt. Bald erhielt Kolumbus den Auftrag zu einer weiteren Reise.

4. Nennt aus heutiger Sicht die Folgen der Entdeckung Amerikas.

Das Bordbuch

Kolumbus hielt die Überquerung des Atlantischen Ozeans in Richtung Westen und die Entdeckung Amerikas in einem so genannten Bordbuch genau fest. Ihr könnt es euch wie ein Tagebuch vorstellen. Allerdings verfasste es Kolumbus nicht für sich selbst, sondern für die Könige von Spanien, die seine Entdeckungsreise finanzierten. Das Original ist bis auf eine Seite verloren gegangen. Zum Glück hatte ein Dominikanermönch das Buch vor seinem Verschwinden abgeschrieben. Diese handschriftliche Fassung dient als Grundlage für alle modernen Ausgaben des Bordbuchs.

Wählt einen der folgenden Arbeitsaufträge aus:

- Notiert Stichworte für eine kleine Szene: Kolumbus bittet das Königspaar um Finanzierung seiner Reise.
- Zwei Matrosen der Pinta unterhalten sich nach einem Monat auf See; welche Ängste und Befürchtungen könnten sie geäußert haben?
- In der heutigen Zeit müsste Kolumbus nach seiner Rückkehr wahrscheinlich in einer Talkshow auftreten. Entwerft eine solche Szene und spielt sie.

Methode Textquellen auswerten

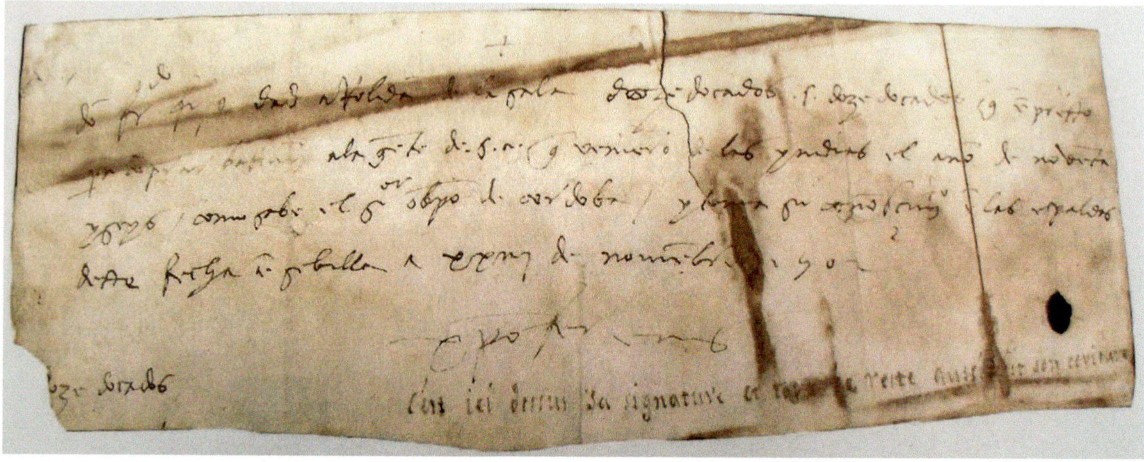

[1] Die einzig erhalten gebliebene Seite aus dem eigenhändig geschriebenen Bordbuch des Kolumbus. *Foto.*

Das Bordbuch – ein Zeitzeugenbericht
Folgende Fragen werden euch helfen, nicht nur Kolumbus' Schriften, sondern auch andere Augenzeugenberichte zu verstehen und auszuwerten, wie z. B. Reiseberichte, Lebenserinnerungen, Tagebücher oder Briefe.

1. Schritt Fragen zu Verfasser und Veröffentlichung

- Welche Informationen haben wir über den Verfasser?
- Wurde der Text sofort aufgeschrieben oder erst Jahre später?
- Wann wurde der Text erstmals veröffentlicht und wo (Erscheinungsjahr und -ort)?

2. Schritt Adressaten des Berichts

- Wurde der Bericht für private Zwecke geschrieben oder war von Anfang an eine Veröffentlichung geplant?
- An wen richtet sich der Text (Privatperson, Amtsperson/Autorität, bestimmte Zielgruppe, Allgemeinheit ...)?

3. Schritt Fragen zum Text

- Wovon wird berichtet? (Wer? Wo? Wann? Was? Wie? Warum?)
- Welche unbekannten Wörter müsst ihr im Fremdwörterlexikon nachschlagen?
- Wie kann man den Bericht gliedern?
- Welche Widersprüche, einseitige Beurteilungen oder Übertreibungen könnten die Eintragungen enthalten?
- Wie lassen sich die Widersprüche erklären? (Vergleicht mit anderen Texten zum selben Gegenstand.)

4. Schritt Auswertung/Interpretation

- Welche Absichten verfolgte der Verfasser mit seinem Bericht?
- Benötigt man zusätzliches Material, um den Bericht zu verstehen und einzuordnen?

1. Bearbeitet nun die Bordbucheinträge nach der hier vorgestellten Methode und findet zu jeder Eintragung eine passende Überschrift.

[2]

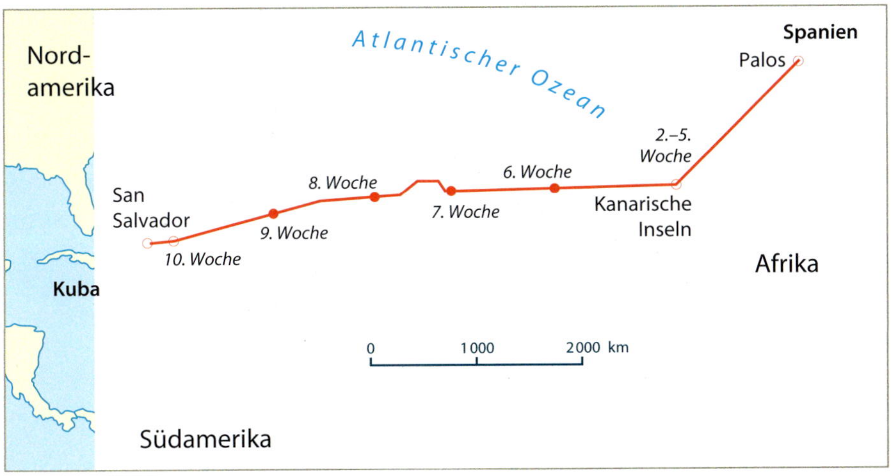

[3] Die Reiseroute des Kolumbus 1492. *Karte.*

[4] **9. September 1492 (6. Woche):**
Ich sehe nur schreckensblasse Gesichter und angstgeweitete Augen. Sogar Tränen habe ich gesehen – bei Seeleuten! Alle sind verzweifelt und glauben, dass sie ihre Heimat, ihre Frauen und Kinder nie wiedersehen werden.

Zit. nach: Christoph Kolumbus. Das Bord-Buch 1492, hg. v. R.Grün, Stuttgart/Wien (Erdmann) 1983, S. 82

[5] **28. September 1492 (9. Woche):**
Das ist offene Meuterei. Ein Matrose ... forderte Pedro Gutierrez (königlicher Beamter) auf, mich meines Amtes zu entheben und den Befehl der Rückkehr zu geben ... Ich befahl, den Matrosen in Fußeisen zu legen, doch niemand führte meine Befehle aus ... Auf Schritt und Tritt, wohin immer ich mich begebe, folgen mir Matrosen. In ihren Augen steht Hass, und ich wäre ein Narr, würde ich bezweifeln, dass die Messer schon locker sitzen ...

Christoph Kolumbus, a.a.O., S. 87

[6] **12. Oktober 1492 (11. Woche):**
Ein Matrose, Rodrigo de Tirana, sah das Land als Erster ... Es ist eine Insel, eine bewohnte Insel ... Ich kniete nieder, als ich festen Boden unter den Füßen hatte ..., und dankte Gott, indem ich die Erde küsste. Dann entfaltete ich das königliche Banner und rief die beiden Beamten der Krone zu Zeugen an, dass ich im Namen des Königs und der Königin von Spanien von der Insel Besitz ergriff ... Ich überwand ihre Scheu und Angst, indem ich Halsketten und rote Kappen an sie verteilen ließ ... Sie gehen umher, wie Gott sie geschaffen hat, Männer sowohl als Frauen, und bemalen ihre schön geformten Körper mit grellen Farben ... Sie sind ohne Zweifel gutmütig und sanft. Ihre einzigen Waffen sind Lanzen mit einer Spitze aus Stein oder dem Knochen eines Fisches. Das Eisen, glaube ich, kennen sie nicht ... Auf der Heimfahrt werde ich sechs dieser Männer mitnehmen, um sie dem König und der Königin zu zeigen. Außerdem sollen sie unsere Sprache erlernen.

Christoph Kolumbus, a.a.O., S. 94

[7] **4. und 6. November 1492:**
Am Abend lehrten uns die Eingeborenen die Zubereitung eines unscheinbaren Knollengewächses ... Ich werde einige dieser seltsamen Äpfel, die wie Kastanien schmecken und von den Indianern Batate genannt warden, nach Europa mitnehmen ...
... Sie wickeln getrocknete Kräuter in ein Blatt, rollen das Blatt und den Inhalt zusammen, entzünden diese Rolle, stecken sie in den Mund und stoßen dann ständig dichte Rauchwolken aus.

Christoph Kolumbus, a.a.O., S. 100 f.

[8] **12. Dezember 1492:**
Heute ließ ich an einer gut sichtbaren Anhöhe ein großes Kreuz aufrichten zum Zeichen, dass ich von Hispaniola im Namen Jesu Christi für Spanien Besitz ergriffen habe.

Christoph Kolumbus, a.a.O., S. 100 ff.

Die Spanier erobern ...

[1] Aztekische „Adler- und Jaguarkrieger" kämpfen gegen die spanischen Eroberer. *Illustration.*

1. Beschreibt die Kampfszene (Abb. 1). Vergleicht die Ausrüstung der Kämpfenden und begründet, warum die Spanier wohl im Vorteil waren.
2. Lest den nachfolgenden Text und notiert in Stichworten Zahlen, Namen, wichtige Begriffe und Ereignisse in eurem Geschichtsheft.

Der Kampf um Tenochtitlan

Den Entdeckungsfahrten folgten bald schon Eroberungszüge, die mit brutaler Härte geführt wurden. Im Jahr 1519 wurde der Spanier Hernan Cortez mit der Eroberung des Aztekenreichs beauftragt. Ihn begleiteten 600 Soldaten und einige katholische Priester. Zu seiner Ausrüstung gehörten 16 Pferde, 14 Kanonen und 13 Gewehre. Demgegenüber war Moctezuma der Oberbefehlshaber einer Streitmacht von einigen 100 000 Kriegern. Trotzdem besiegten die spanischen Eroberer die Azteken innerhalb von nur zwei Jahren. Wie war das möglich?

Die Azteken hatten ihr großes Reich durch viele Kriege gegen benachbarte Indianerstämme gesichert. Sie unterdrückten die besiegten Stämme hart und forderten von ihnen hohe Steuerzahlungen. Einige der besiegten Stämme verbündeten sich bereits im Jahr 1519 mit Cortez. So konnte er für sein Heer in kurzer Zeit Tausende von indianischen Kriegern als Verstärkung gewinnen.

Die Anwesenheit von Cortez und seinen Soldaten in Tenochtitlan führte sehr schnell zu kriegerischen Auseinandersetzungen. Moctezuma wurde von den spanischen Eroberern gefangen genommen, aztekische Tempel und Götterbilder zerstört. Die Azteken lehnten sich gegen die Spanier auf. Beim Versuch, zwischen seinem Volk und den Eroberern zu vermitteln, wurde Moctezuma getötet.

Moctezumas Nachfolger gelang es im Jahr 1520, die spanischen Eroberer aus Tenochtitlan zu vertreiben. Doch bereits im Jahr 1521 kehrten die Spanier, unterstützt von ihren indianischen Verbündeten, zurück. Nach einer 93-tägigen Belagerung Tenochtitlans ergaben sich die Azteken. Cortez ließ den letzten aztekischen König und viele Adlige hinrichten. Die Hauptstadt Tenochtitlan wurde dem Erdboden gleichgemacht. An ihrer Stelle errichtete er eine Stadt nach spanischem Vorbild: die heutige Stadt Mexiko.

3. Nehmt Stellung zu der Aussage: Cortez bringt den Krieg nach Mittelamerika.

... und missionieren das Aztekenreich

[2] Ein spanischer Mönch tauft einen Indianer. *Aztekische Zeichnung.*

4. Beschreibt Abbildung [3] und sucht eine Erklärung für die Errichtung der Kirche über der aztekischen Tempelpyramide.

5. Sammelt Argumente für ein Streitgespräch zwischen Geistlichen: „Zwangstaufe oder Überzeugungsarbeit?“

Die Zerstörung der aztekischen Kultur

Nach der Eroberung des Aztekenreichs kamen auf Befehl des spanischen Königs viele Geistliche nach Mexiko. Sie führten in allen Gebieten den christlichen Glauben ein und bekämpften die Religion der Indianer als Götzendienst. Einen guten Vorwand zur Einführung des Christentums lieferten die Menschenopfer, die die Azteken ihren Göttern dargebracht hatten. Tausende von Indianern wurden zwangsweise getauft.

Der erste Bischof von Mexiko ordnete an, dass alle aztekischen Schriften verbrannt und die Tempel zerstört werden mussten. Er rühmte sich damit, dass er in nur fünf Jahren 500 Tempel zerstört hatte.

Missionierung* der Indianer

Wissenschaftler unterscheiden zwei wichtige Ziele, die die Spanier mit der Missionierung der Indianer verfolgten: erstens die Verbreitung des christlichen Glaubens unter den Indianern und zweitens die Erziehung der „wilden“ Indianer zu gehorsamen, an die spanische Lebensweise gewöhnten Untertanen.

Die Einstellung der spanischen Geistlichen gegenüber den Indianern war sehr unterschiedlich. Es gab welche, die sich durch ihre Habgier in nichts von den spanischen Großgrund- und Bergwerksbesitzern unterschieden: Sie hielten die Indianer ihres Kirchenbezirks wie Sklaven. Diese arbeiteten dann für die Priester als Hirten, Baumwollarbeiter und Tagelöhner. Bei all diesen Beschäftigungen wurden die kirchlichen Aufgaben vernachlässigt.

Es gab aber auch Mönche, denen das Wohlergehen der Indianer am Herzen lag. Sie wollten sie nicht ausbeuten, um eigene Reichtümer anzuhäufen, sondern „gute Christen“ aus ihnen machen. Sie sorgten dafür, dass die Indianer in ihrem Kirchenbezirk nicht unterdrückt wurden. Sie erlernten die verschiedenen Indianersprachen, ja sogar die Bilderschrift der Azteken. Dadurch erhielten sie einen Einblick in die Lebenswelt der mexikanischen Bevölkerung. Sie übersetzten die Bibel in die verschiedenen Indianersprachen und konnten so ihren Missionsauftrag wirksamer durchführen.

Missionierung Verbreitung einer Glaubenslehre – hier das Christentum – unter Andersgläubigen.

Wählt einen der folgenden Arbeitsaufträge aus:

- Entwerft Denkblasen für einen der Reiter und für einen der Azteken in Abbildung [1].
- Notiert Gründe für die Missionierung* der Indianer und nehmt dazu Stellung.
- Ein Beobachter beurteilt die Handlungsweise der Spanier. Verfasst einen Kommentar dazu.

[3] Die Kirche Nuestra Señora de los Remedios auf der aztekischen Tempelpyramide von Cholula. *Foto.*

Wahlseite Hochkulturen in Amerika

1. Sammelt mit den Materialien der Seite Informationen über Hochkulturen in Amerika vor der Entdeckung durch Columbus.
2. Präsentiert eure Ergebnisse in der Klasse.

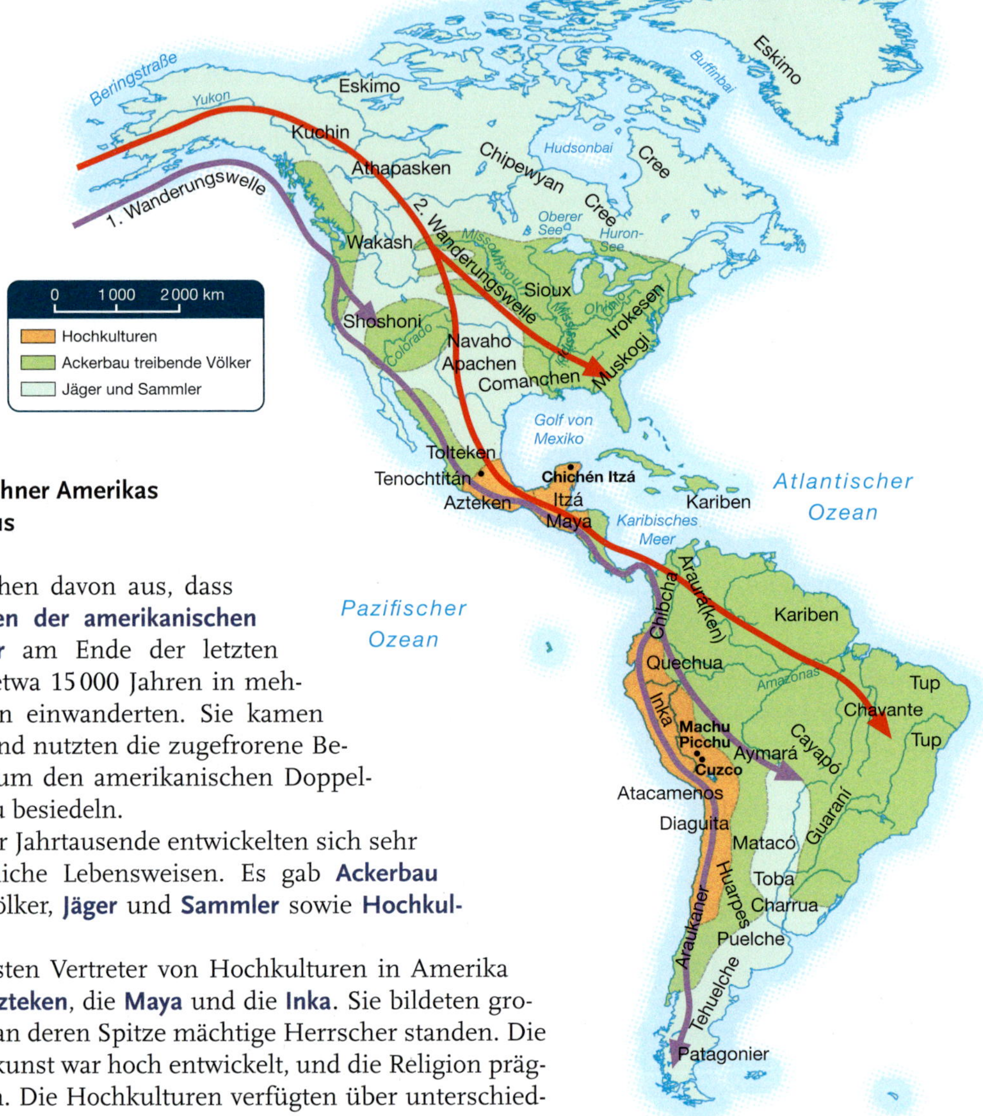

Die Ureinwohner Amerikas vor Kolumbus

Forscher gehen davon aus, dass die **Vorfahren der amerikanischen Ureinwohner** am Ende der letzten Eiszeit vor etwa 15 000 Jahren in mehreren Wellen einwanderten. Sie kamen aus Asien und nutzten die zugefrorene Beringstraße, um den amerikanischen Doppelkontinent zu besiedeln.
Im Laufe der Jahrtausende entwickelten sich sehr unterschiedliche Lebensweisen. Es gab **Ackerbau** treibende Völker, **Jäger** und **Sammler** sowie **Hochkulturen**.
Die wichtigsten Vertreter von Hochkulturen in Amerika waren die **Azteken**, die **Maya** und die **Inka**. Sie bildeten große Staaten, an deren Spitze mächtige Herrscher standen. Die Handwerkskunst war hoch entwickelt, und die Religion prägte das Leben. Die Hochkulturen verfügten über unterschiedliche Schriften. Wissenschaften wie Mathematik, Astronomie und Medizin waren weit entwickelt.

Tipps für die Erarbeitung
- Ihr könnt beim Lesen die Schritte des Textknackers anwenden.
- Was habt ihr über die Hochkulturen in Amerika erfahren?

Tipps für die Präsentation
- Weitere Informationen über die Hochkulturen (Azteken, Maya, Inka) sammeln
- Über eine ausgewählte Hochkultur einen Kurzvortrag halten

Wahlseite

Die Azteken

1. Sammelt mit den Materialien der Seite Informationen über die Gesellschaft der Azteken.
2. Präsentiert eure Ergebnisse in der Klasse.

Die Gesellschaft der Azteken

Der König: Der mächtigste Mann im Staat entstammt dem Adel. Er war gleichzeitig Herrscher über das ganze Volk, Oberbefehlshaber aller Soldaten und oberster Priester. Als die spanischen Eroberer nach Mexiko eindrangen, herrschte der König Moctezuma.

Der Adel: Die Adligen standen an der Spitze der aztekischen Gesellschaft. Äußerlich erkennbar waren sie daran, dass sie Baumwollkleidung tragen durften sowie kostbare Umhänge und Schmuck. Reiche Adlige lebten in Palästen und besaßen viel Land, das von abhängigen Bauern bearbeitet wurde. Die Söhne adliger Familien besuchten Tempelschulen, wo sie eine militärische und religiöse Ausbildung erhielten. Die besten Schüler wurden Krieger oder Priester. Die Krieger trainierten ständig den Kampf. Priester konnten lesen und schreiben. Oberhaupt einer Adelsfamilie konnte nur werden, wer sich im Krieg ausgezeichnet hatte.

Die Bürger: Kaufleute und Handwerker wie Goldschmiede, Töpfer, Federwerker, Edelsteinschleifer oder freie Bauern bildeten die Schicht der Bürger. Sie lebten in einfachen Häusern und waren an ihrer Kleidung aus Agavenfasern (Agave = Pflanze) zu erkennen.

Eine besondere Rolle spielten die Fernhändler. Wer gute Geschäfte machte, konnte reicher werden als ein Adliger. Die Fernhändler hatten außerdem die wichtige Funktion von Spionen, da sie den Herrscher über die Stimmung und die Situation in allen Teilen des Aztekenreiches und in fernen Ländern unterrichteten.

Die Sklaven: Auf die unfreien Sklaven sahen alle herab. Sklave wurde man als Kriegsgefangener, wenn man seinen Besitz verlor und in Armut geriet oder wenn man beim Diebstahl ertappt wurde.

Tipps für die Erarbeitung
- Text lesen und wichtige Merkmale der aztekischen Gesellschaft auflisten
- Bilder beschreiben und den Textabschnitten zuordnen

Tipps für die Präsentation
- Weitere Informationen, Bilder, usw. über die Azteken sammeln
- Aztekenmasken basteln, eine Ausstellung in der Klasse organisieren

Wahlseite

Die Religion der Azteken

1. Informiert euch auf dieser Seite über die Religion der Azteken.
2. Präsentiert eure Ergebnisse in geeigneter Form vor der Klasse.

Die Religion bestimmte das Leben aller Menschen im Aztekenreich. Der große Tempel von Tenochtitlan bildete das Zentrum des religiösen Lebens. Hier wurden auch Menschenopfer dargebracht. Diese Menschenopfer hatten ihren Ursprung in einer Sage: Zu Beginn der Welt mussten sich die Götter opfern, damit die Menschen überleben konnten. Aus Dankbarkeit darüber ehrten die Azteken ihre Götter mit Gebeten und Menschenopfern. Nach ihrem Tod, so die Sage, wurden die geopferten Menschen zu Begleitern des Sonnengottes Huitzilopochtli. Es galt als eine große Ehre, für die Götter zu sterben.
In vielen Tempeln wurden Kammern mit Opfergaben entdeckt. Darin waren meist kleine Steinfiguren, Masken, Menschenschädel, Tierskelette und Meeresmuscheln enthalten.

Huitzilopochtli – Gott des Krieges, der Sonne und des Volkes.

Quetzalcoatl – Gott der Weisheit und der Schöpfung.

Xipe Totec – Gott des Frühlings.

Tlaloc – Gott des Regens.

[2] Die wichtigsten aztekischen Götter. *Illustrationen.*

[1] Der große Tempel von Tenochtitlan. *Rekonstruktionszeichnung.*

Ausspracheregeln für die Götternamen:

Quetzalcoatl	kwetz-al-ko-atl
Huitzilopochtli	hui-tsil-o-potsch-tli
Xipe Totec	schipee-to-tek
Tlaloc	tla-lok.

Tipps für die Erarbeitung
- Text lesen und wichtige Merkmale der Religion der Azteken notieren
- das Aussehen des Stufentempels beschreiben

Tipps für die Präsentation
- die Abbildungen über die aztekischen Götter vergrößern, abmalen und für die Präsentation nutzen

Wahlseite

Die Folgen der Kolonisation

1. Informiert euch auf dieser Seite über die Folgen der Kolonisation.
2. Präsentiert eure Ergebnisse der Klasse in geeigneter Form.

[1] Die Ankunft von Cortez in Veracruz am 22. April 1519. *Gemälde von Diego Rivera, 1951.*

[2] Bericht eines spanischen Geschichtsschreibers (erschienen um 1520)

Anfangs kamen viele Eingeborene in den blutigen Kriegen um, danach mehr durch den Hunger ... Weitere Menschen raffte – besonders im vergangenen Jahr 1518 – eine bis dahin unbekannte Hautkrankheit dahin, die infolge ihrer großen Ansteckungsgefahr die Bewohner wie krankes Vieh befiel ...

Zit nach: Peter Martyr d'Anghiera, Acht Dekaden über die Neue Welt, hg. von Hans Klingelhöfer, WBG Darmstadt 1972/73, Bd. 1, S. 379 f.

[3] Bericht des Dominikanermönchs Bartolomé de las Casas (1484 – 1566)

Ein königlicher Beamter erhielt 300 Indios als Arbeitskräfte zugeteilt. Nach drei Monaten hatte er durch die Arbeiten in den Gruben 270 davon zu Tode gebracht, sodass ihm von allen nur 30 blieben. Danach gab man ihm wiederum dieselbe Zahl und noch mehr. Doch er brachte sie wiederum um. Und je mehr man ihm gab, desto mehr mordete er ...

Zit. nach: Christoph Strosetzki (Hg.), Der Griff nach der neuen Welt. Fischer, Frankfurt/M. 1991, S. 274

Neue Gesetze

Verschiedene Mönche setzten sich für eine bessere Behandlung der indianischen Sklaven ein. Bartolomé de las Casas gelang es, den spanischen König davon zu überzeugen, Gesetze zum Schutz der Indianer zu erlassen.

[4] Aus den „Neuen Gesetzen" (1542):

Wir ordnen an und befehlen, dass künftig aus keinem Grund irgendein Indianer zum Sklaven gemacht werde. Wir ordnen an, dass die, die als Sklaven gehalten werden, in Freiheit zu setzen sind. Wer dem zuwiderhandelt, soll hart und ohne Ansehen der Person bestraft werden.

In Anlehnung an: Urs Bitterli (Hrsg.), Die Entdeckung und Eroberung der Welt. Dokumente und Berichte, Bd. 1, München 1980, S. 59 f.

Goldgier

Die spanischen Großgrund- und Bergwerksbesitzer von Mexiko waren auf keinen Fall bereit, die Sklaverei aufzugeben. Auch der König wollte nicht auf die Edelmetalllieferungen aus Mexiko verzichten. Schließlich gab er nach und hob die „Neuen Gesetze" wieder auf. Bartolomé de Las Casas machte daraufhin einen anderen Vorschlag: Schwarze Sklaven aus Afrika sollten die Indianer ersetzen. Zehntausende von Afrikanern wurden daraufhin gefangen genommen und nach Amerika verschleppt.

Reichtum – aber kein Wohlstand

Die Spanier schmolzen nahezu alle Gold- und Silberschätze der Azteken ein. Hinzu kamen die in den Silber- und Goldbergwerken abgebauten Barren. Alle Edelmetalle wurden mit Schiffen nach Spanien geschafft, wo man Münzen daraus prägte. Dennoch wurde Spanien kein wohlhabendes Land, weil ständig Kriege geführt wurden, um Spaniens Machtstellung zu erhalten.

Tipps für Auswertung und Präsentation:
- Abb. [1] auswerten
- Texte mit Hilfe der Methode S. 54 auswerten
- Beispiele vortragen und zur Diskussion stellen

Handel und Bankwesen um 1500

Wie entwickelten sich der Handel und das Bankwesen?

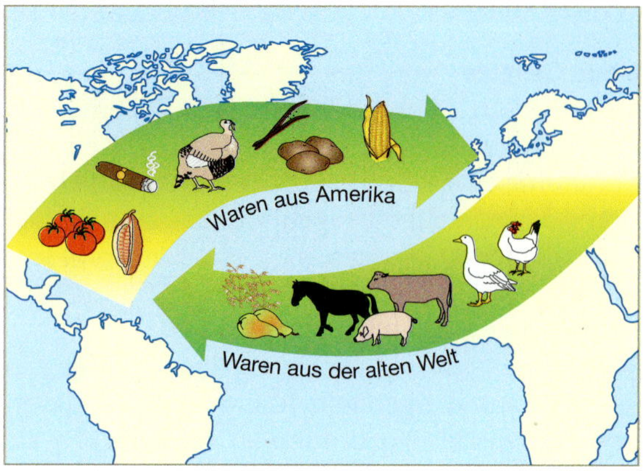

[1] Warenaustausch zwischen Amerika und Europa. *Karte.*

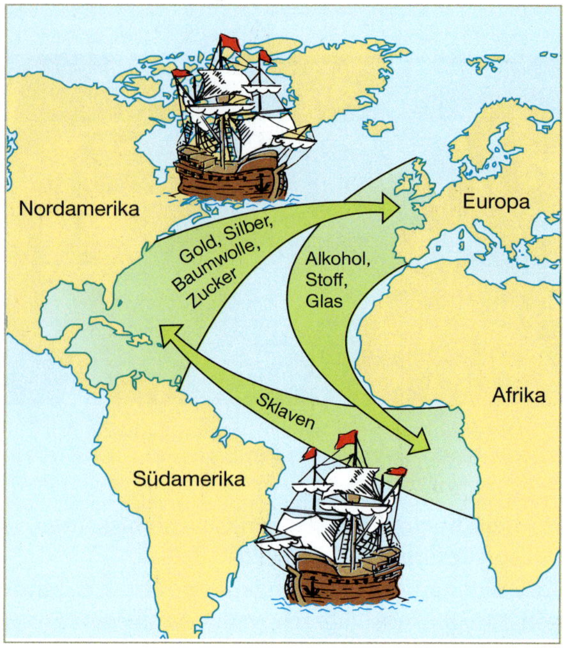

[2] Dreieckshandel zwischen Amerika, Europa und Afrika. *Karte.*

Handel mit der Neuen Welt

Nach der Entdeckung Amerikas lernten die Europäer und die Ureinwohner Amerikas Pflanzen und Tiere der jeweils anderen Kontinente kennen. Zunächst begann ein Handel mit den unbekannten Waren. Bald darauf begann die Unterwerfung der Ureinwohner. Die ersten Jahrzehnte nach der Entdeckung und Eroberung waren durch grenzenlose Ausbeutung der neuen Kolonien gekennzeichnet.
Etwa ab 1680 kam es zum so genannten „Dreieckshandel" zwischen den Kontinenten Europa, Afrika und Amerika. Die mit Waren aus Europa beladenen Schiffe tauschten ihre Fracht an den afrikanischen Küsten gegen Menschen von den dortigen Sklavenmärkten. Die Sklaven wurden dann als Arbeitskräfte in die amerikanischen Kolonien verfrachtet. Von dort wiederum brachte man wertvolle Rohstoffe und landwirtschaftliche Erzeugnisse nach Europa. Dieser Wirtschaftskreislauf endete erst 1807 mit dem Verbot des Sklavenhandels in Großbritannien.

1. Wertet die Karte aus:
a) Was wurde von Europa nach Amerika gebracht?
b) Welche Waren kamen aus Amerika nach Europa?

2. Beschreibt den Dreieckshandel Karte [2] und beurteilt diesen Vorgang.

Bankgeschäfte in Europa

Eine Hauptschwierigkeit für den Handel waren damals die vielen verschiedenen Währungen. Jedes kleine Fürstentum und jede unabhängige Stadt hatte ein eigenes Münzwesen. Unverzichtbar war daher der Beruf des Geldwechslers. Als gemeinsame Basis für die Verrechnung galt bei den Münzen der Gehalt an Edelmetall (Silber oder Gold). Weil diese Geldgeschäfte auf offenen Tischen und Bänken abgewickelt wurden, hat die Bezeichnung „Bank" hier ihren Ursprung.
Die Anfänge des Bankwesens in Europa reichen bis in das 13. Jahrhundert zurück. In Florenz (Norditalien) wurden die ersten Banken gegründet. Von hier aus nahm auch der bargeldlose Zahlungsverkehr seinen Siegeszug. Der Transport von Bargeld war und ist unpraktisch und immer sehr gefährlich. Deshalb entwickelten sich vor allem im Fernhandel Gutschriften und Abbuchungen von Konto zu Konto und Zahlungen per

Schuldschein (= Wechsel) oder Scheck. Auch mit Staatsanleihen oder Beteiligungen z. B. an Bergwerken wurde damals schon gehandelt.

Die Fugger

Eine Augsburger Kaufmannsfamilie, die Fugger, brachte es im 16. Jahrhundert zu großem Reichtum und europaweitem Ansehen. Grundlage des Familienvermögens war der Handel. Einen weiteren Schwerpunkt bildete das Bankwesen. Die Fugger beeinflussten als Bankiers sogar die Politik. Sie finanzierten mit Krediten die Unternehmungen von Kaisern und Königen und sicherten sich als Gegenleistung Schürfrechte im Bergbau (z. B. Silber, Kupfer) und andere Privilegien. Jakob Fugger finanzierte mit seinem Reichtum Kriege und war sogar in den Ablasshandel (Siehe S. 64) verwickelt.

[3] Jacob Fugger (1459–1525) in seinem Handelsbüro. *Illustration.*

3. Arbeitet die Bedeutung von Banken für den Handel heraus.

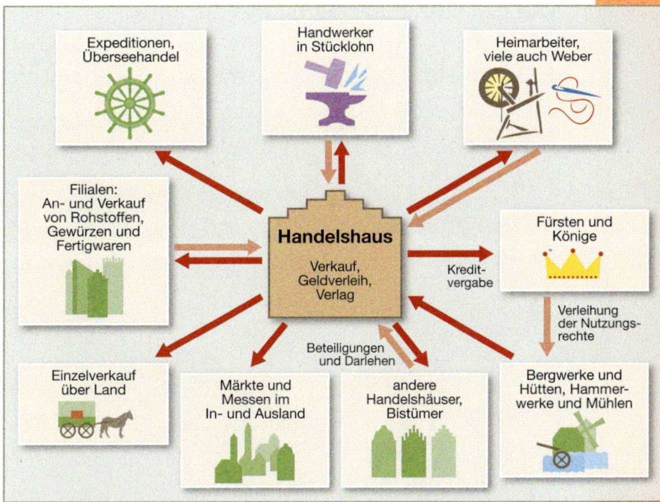

[4] Aufbau eines Handelshauses um 1500. *Schaubild.*

[5] Der Goldwäger und seine Frau. *Gemälde, um 1514.*

Wählt einen der folgenden Arbeitsaufträge aus:

- Skizziert den Dreieckshandel auf ein Plakat oder ins Heft. Schreibt eine kurze Erklärung dazu.
- Stellt die Entwicklung des Bankwesens im Europa des 15. Jahrhunderts dar.
- Haltet auf der Grundlage von Schaubild [4] ein Referat zum Aufbau großer Handelshäuser um 1500.

Der Beginn der Reformation

Wie sah Luther das Verhältnis zu Gott?

1. Beschreibt Abbildung [1]. Was kritisiert der Zeichner?

[1] Nonnen und Abt auf dem Heimweg von einem Trinkgelage auf einem zugefrorenen See. Auf dem Spruchband oben rechts steht: „geschwollen und voll“. Die beiden Personen im Vordergrund sind im Eis eingebrochen und fordern noch mehr zu trinken. *Holzschnitt, um 1450.*

Die Kirche in der Kritik
Um 1500 häuften sich Missernten, Hungersnöte und Seuchen. Die Hälfte der Kinder starb, bevor sie vier Jahre alt wurden. Die Menschen fürchteten den Tod, die Hölle und das Fegefeuer (= Ort, wo Verstorbene unter Qualen darauf warten, in den Himmel gelassen zu werden).
Die Kirche ließ die Menschen mit ihren Nöten oft allein. In einem Bericht über das Verhalten von Priestern ist zu lesen:

[2] **Ein Bericht über das Verhalten von Priestern**
Sie sagen, dass die Priester so unpriesterlich unordentlich leben, dass es wider den christlichen Glauben wäre, sie länger zu ertragen. Die Priester – so heißt es – liegen Tag und Nacht in den öffentlichen Wirtshäusern, trinken ... und lassen sich volllaufen. Sie machen dann Lärm, schlagen sich und raufen miteinander. Oftmals gehen sie nach solchem Trinken und Lärmen, ohne zu schlafen oder ins Bett zu gehen, zum Altar, um die Messe zu lesen.

Junghans H. (Hrsg.), Die Reformation in Augenzeugenberichten. Übers. von Lau, Franz, Düsseldorf (Rauch), 1973, S. 43.

2. Zählt die Missstände auf, die um 1500 in der Kirche herrschten.

Weitere Missstände
Der Papst in Rom führte ein luxuriöses Leben. Bischof konnte der werden, der bereit war, dafür Geld zu bezahlen.
Um Geld für den Bau der Peterskirche in Rom zu gewinnen, ließ der Papst Ablassbriefe an die Christen verkaufen. Wer solch einen Ablassbrief kaufte, dem wurden von Gott angeblich sofort seine Sünden vergeben.

[3] Ablasshandel. Der Text lautet: „Hier sitzt der Feind Christi, der Ablässe verkauft. Er befiehlt, seiner Stimme mehr zu gehorchen als der Stimme Gottes.“ *Holzschnitt von Lucas Cranach, 1521.*

Gute Werke sind gottgefällig, aber durch sie allein kann das Seelenheil nicht erwirkt werden.

Gnade/Versöhnung sind ein Geschenk Gottes, das der Mensch annehmen kann, ohne dass eine Vermittlung durch Kirche oder Heilige erfolgen muss.

Kirchengesetze und Regeln, die bestimmen, dass der Papst und das Konzil nicht irren können, nur geweihte Männer Priester sein können, Priester nicht heiraten dürfen, Gottesdienste nur in lateinischer Sprache stattfinden, sind daher ungültig.

[4] Luthers Kritik an der Kirche (Auswahl).

Luther kritisiert die Kirche

Der Begriff „Reformation“ bedeutet „Umgestaltung“ oder „Erneuerung“. Der Mönch Martin Luther betrachtete – wie viele andere Menschen seiner Zeit – die Kirche mit kritischen Augen. Besonders der Ablasshandel der Kirche weckte den Zorn Luthers. Er hielt es für dringend notwendig, dass die Missstände abgeschafft werden, und forderte eine Umgestaltung oder „Erneuerung“ der Kirche.

Die Kirche sollte nicht mehr zwischen Gott und den Menschen stehen und über den Menschen bestimmen. Nach Luthers Überzeugung waren der Glaube an Gott und das Evangelium allein wichtig für den Menschen, nicht das, was die Kirche sagte.

Seinen Protest veröffentlichte er 1517 in 95 Thesen. Luther soll sie an die Eingangstür der Kirche in Wittenberg genagelt haben.

[5] Luthers Thesenanschlag an der Schlosskirche in Wittenberg. *Gemälde,*

[6] Einige Thesen von Luther

21. Es irren die Ablassprediger, die da sagen, dass durch des Papstes Ablässe der Mensch von aller Sündenstrafe losgesprochen und erlöst werde ...

27. Eine falsche Lehre ... sagt: Sobald das Geld im Kasten klingt, die Seele aus dem Fegefeuer springt ...

36. Jeder Christ, der wahrhaft Reue empfindet, hat einen Anspruch auf vollkommenen Erlass der Schuld auch ohne Ablassbrief.

Junghans, H. (Hrsg.), Die Reformation in Augenzeugenberichten, übers. von Lau, F. Düsseldorf (Rauch), 1973, S. 58

3. Gebt Luthers Thesen mit eigenen Worten wieder.

4. Erklärt anhand des Schemas, wogegen Luther sich wendet. Gebt seine religiösen Überzeugungen mit euren Worten wieder.

Wählt einen der folgenden Arbeitsaufträge aus:

- Schreibt einen Brief: Martin Luther beschwert sich beim Bischof über die Missstände in der Kirche.
- Erstellt eine Tabelle:

Was Luther falsch findet	Das will Martin Luther
...	...

WEBCODE: MZ648924-065

Die Folgen der Reformation

Der Bruch mit der Kirche

Noch 1520 hatte Luther seine Schrift „Von der Freiheit des Christenmenschen“ Papst Leo gewidmet. Als ihm dieser aber den Kirchenausschluss androhte, verbrannte Luther öffentlich das päpstliche Schreiben („Bulle“) und einige kirchliche Schriften. Nun war der Konflikt auf dem Höhepunkt: Luther wurde exkommuniziert, d.h. aus der Kirche ausgeschlossen. Bald folgte die Verhängung der Reichsacht, die ihn nun Schwerverbrechern gleichstellte und sein Leben bedrohte.

Im Schutz der Wartburg

Der sächsische Kurfürst Friedrich der Weise ließ Luther aber zum Schein entführen und gab ihm eine sichere Zuflucht auf der Wartburg bei Eisenach. Unter dem Tarnnamen Junker Jörg blieb Luther mehrere Monate in seinem Versteck. Er übersetzte in dieser Zeit die Bibel ins Deutsche. Die von ihm verwendete Sprache wurde zu einem wichtigen Meilenstein bei der Entwicklung einer einheitlichen deutschen Sprache. Die nun endlich für jeden Lesekundigen verständlichen Texte wurden stürmisch nachgefragt. Die Bibel wurde zum meistgelesenen Buch in Europa.

1. Beschreibt die Bedeutung der Bibelübersetzung in religiöser und sprachlicher Hinsicht.

Unruhige Zeiten – Der Bauernkrieg

Die religiösen Umbrüche lösten auch politische Unruhen aus. Die Bauern erhoben sich gegen die Grundherren. Dabei beriefen sie sich auf Luthers Schrift „Von der Freiheit des Christenmenschen“. Sie wollten sich von den Lasten wie erhöhte Abgaben und Frondienst befreien. Im Jahr 1524 begannen Aufstände in den süddeutschen und thüringischen Gebieten und breiteten sich schnell aus. Die Forderungen der Bauern wurden schriftlich zusammengefasst („Zwölf Artikeln“, 1525) und wurden als gedrucktes Flugblatt verbreitet.

Die Grundherren und Fürsten waren nicht bereit, auf die Forderungen der Bauern einzugehen. Bald kam es zu ersten gewaltsamen Auseinandersetzungen. In Süddeutschland waren insgesamt mehr als 30 000 Bauern an dem Krieg beteiligt. Das von den Grundherren aufgestellte Söldnerheer besiegte in zwei Feldzügen im Frühjahr und Sommer 1525 die aufständischen Bauern. Die Bauernheere wurden vernichtend geschlagen und die Überlebenden mussten hohe Strafen als Buße zahlen.

2. Fasst die wesentlichen Ereignisse des Bauernaufstandes mit eigenen Worten zusammen.
3. Analysiert die Karte [1] und stellt die Verbreitung des Aufstandsgebietes von 1524 bis 1526 dar.

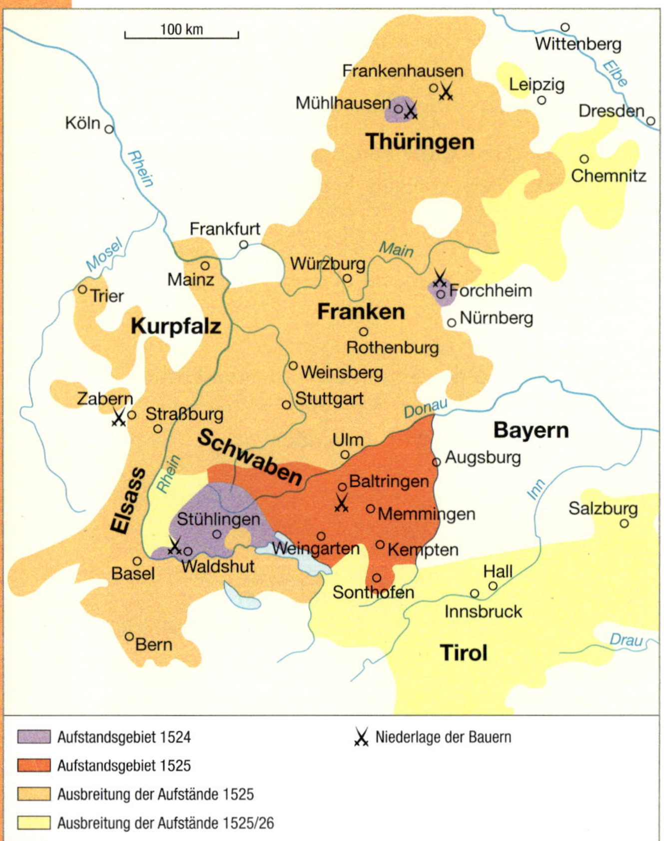

[1] Bauernaufstände und Bauernkrieg 1524/1525.
Karte.

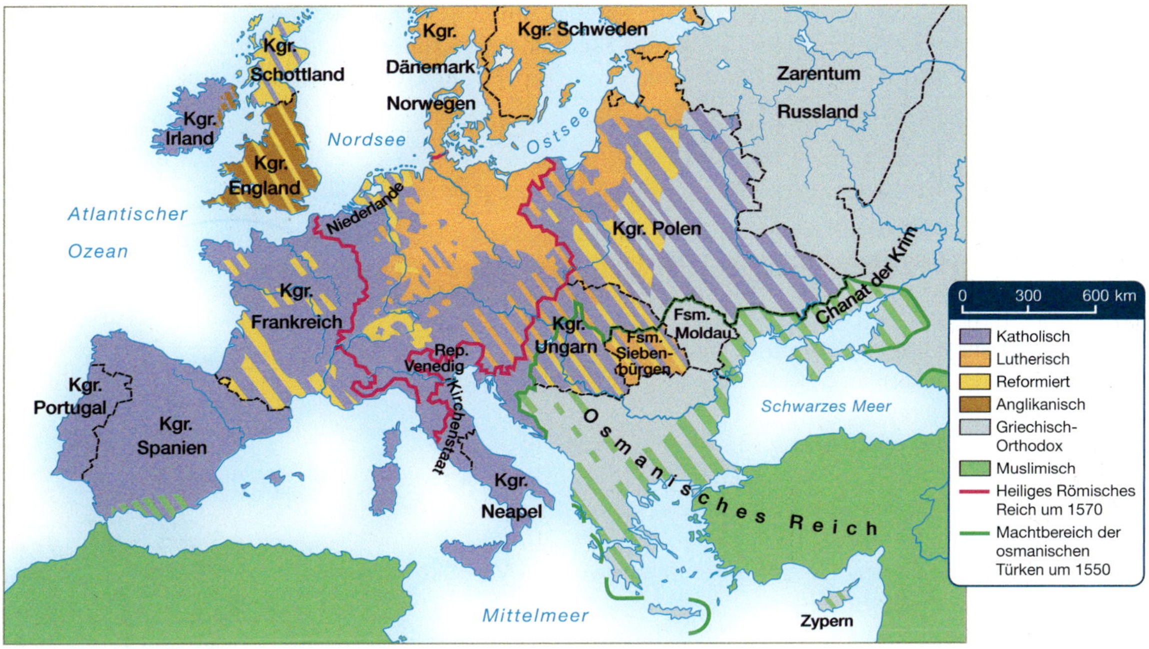

[2] Konfessionen in Europa um 1570. *Karte.*

4. Wertet die Karte aus. Welche verschiedenen Konfessionen gibt es in Europa um 1570?

Die kirchliche Einheit zerbricht

Die Ausbreitung der Reformation löste im Reich einen Glaubensstreit aus. Es ging dabei nicht nur um Glaubensfragen, sondern auch um Macht und Herrschaft.

Die evangelisch gesinnten Fürsten hatten sich verbündet und traten dem Kaiser entgegen. Erst mit dem „Augsburger Reichs- und Religionsfrieden" von 1555 wurde eine Regelung gefunden: Die evangelisch-lutherischen und katholischen Fürsten durften nun bestimmen, welche Religion in ihrem Herrschaftsgebiet gelten sollte: „Wessen die Herrschaft, dessen die Religion" (lat. „cuius regio eius religio"). Damit wurde die Glaubensspaltung anerkannt und die Macht der Fürsten gegenüber dem Kaiser gestärkt.

Die politische Zergliederung des Reiches

Trotz des Augsburger Religionsfriedens blieb das Misstrauen auf beiden Seiten. Bald schon bildeten sich Fronten zwischen evangelischen und katholischen Fürsten. Es ging ihnen nicht nur um die Religion, sondern auch um Machtgewinn. Ausländische Mächte (Frankreich, Schweden) mischten sich ein und die Spannungen zwischen den gegnerischen Lagern wurden immer größer. Es führte zu einem schrecklichen Krieg in Europa. Der so genannte „Dreißigjährige Krieg" von 1618 bis 1648 verwüstete große Teile in Europa und kostete mehrere Millionen Menschenleben. Erst 1648 kam es zum Friedensschluss. In dem Westfälischen Frieden wollten die europäischen Herrscher einen allgemeinen und umfassenden Frieden – **„pax universalis"** schließen. Der Westfälische Frieden beendete einerseits das Zeitalter der Religionskriege in Europa, hatte andererseits schwerwiegende Folgen für das Reich. Die Landesfürsten wurden politisch völlig selbstständig, damit zerfiel das Reich in über 300 einzelne Staaten, die so genannten **Territorialstaaten.**

5. Schaut euch die Karte „Heiliges Römisches Reich Deutscher Nation nach 1648" auf der Umschlagklappe (vorne) an. Wertet die Karte aus.

6. Erklärt mithilfe der Karte, warum das Reich nach 1648 schwierig zu regieren war.

Was ihr noch tun könnt ...

- Sucht im Museum eures Heimatortes nach Spuren des Dreißigjährigen Krieges.

WEBCODE: MZ648924-067

Geschichte aktiv

Wenn ihr Lust habt, euch intensiver mit dem Thema „Entdecker und Eroberer“ zu beschäftigen, findet ihr hier ein paar Anregungen. Ihr könnt allein oder in Gruppen, in der Freizeit oder im Rahmen eines Schulprojekts am Thema arbeiten.

Denkt auch daran, euer Portfolio zu führen:
- schöne Ergebnisse in Text und Bild
- Lernerfahrungen zum Thema „Neue Welten – neue Horizonte“

1. Bücher lesen, Filme anschauen

Vertieft eure Kenntnisse, indem ihr Bücher und Filme zum Thema ausleiht, kurze Zusammenfassungen bzw. Kritiken schreibt und der Klasse vorstellt.
Eine Auswahl an Büchern:

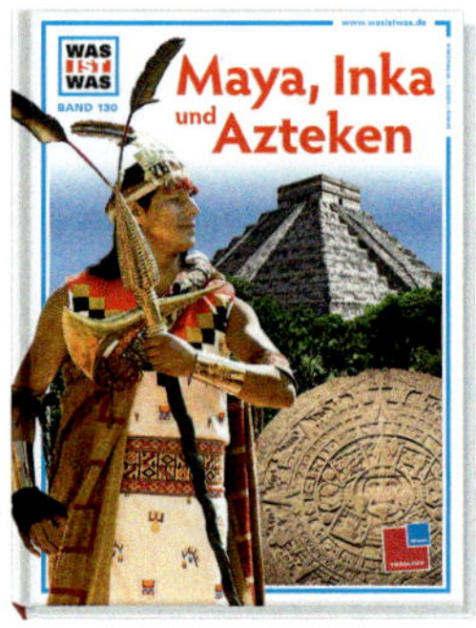

- Diaz del Castillo, Die Eroberung von Mexiko (Insel TB)
- Renée Holler, Tatort Geschichte: Gefahr auf der Santa Maria (Loewe)
- Hanns J. Prem, Die Azteken: Geschichte – Kultur – Religion (C. H. Beck Wissen)
- Bartolomé de Las Casas, Kurzgefasster Bericht von der Verwüstung der Westindischen Länder (Insel TB)
- Was ist Was, Band 5: Entdecker und ihre Reisen (Tessloff)
- Was ist Was, Band 130: Maya, Inka und Azteken (Tessloff)
- Wissen mit Pfiff. F. Chaffin, Renaissance: Was Kinder erfahren und verstehen wollen (2002)
- Kolumbus' letzte Reise (ZDF, Spiegel TV)
- Der geheime Kontinent – 1492: Die Entdeckung Amerikas verändert die Welt (ZDF)
- CD Wissen Junior: M. Baukhage, Geniale Erfindungen und faszinierende Ideen, die die Welt veränderten (2012)
- Abenteuer & Wissen: B. Hempel, Leonardo da Vinci, die Welt des Universalgenies (2012)

2. Besuch im Völkerkundemuseum

Besonders anschaulich präsentiert werden die alten Kulturen in Völkerkundemuseen, z. B.:
- Rautenstrauch-Joest-Museum, Köln
- Völkerkundemuseum Wuppertal

3. Karavelle zeichnen oder nachbauen

Fertigt die vergrößerte Zeichnung einer Karavelle an. Ihr könnt auch einen Bastelsatz beschaffen und die Karavelle nachbauen!

4. Schiffe der Entdeckerzeit

Recherchiert weitere Schiffstypen dieser Zeit, beschreibt ihre Eigenschaften und stellt sie der Karavelle gegenüber (Fotos, Zeichnungen, Beschreibungen).

Das kann ich!

[1] **Begriffe und ihre Bedeutung**

Renaissance	die Erde dreht sich um die Sonne
Azteken	Wiedergeburt
Reformation	die Erde ist der Mittelpunkt der Welt
Gutenberg	mittelamerikanisches Volk
Weltbild Mittelalter	Erneuerung, Verbesserung
Weltbild Neuzeit	Erfinder des Buchdrucks

[2] **Cortés berichtet am 30. Oktober 1520 dem spanischen König:**

Da hinterbrachte meinem Dolmetscher eine Frau aus Cholula ..., dass die Leute Moctezumas sich in großer Anzahl und in nächster Nähe versammelt, dass die Bewohner der Stadt ... über uns herfallen wollten, um uns niederzumetzeln ... Meinen Leuten gab ich Weisung ..., über die ganze Menge der Indianer, die sich im Hofe und in der Umgebung aufhielten, herzufallen. Sie gehorchten ... und fielen über die Masse der Indianer her, von denen wir in zwei Stunden mehr denn 2 000 umbrachten ...

Hernán Cortés, hg. v. Claus Litterscheid, Die Eroberung Mexikos, Frankfurt a. M. (Insel) 1980, S. 42

[3] **Der spanische Mönch Sahagún notierte, was ihm die Azteken berichteten:**

Das Volk von Cholula war ohne Argwohn gekommen, die Krieger waren ohne Waffen. Ohne Schwerter und ohne Schilde standen sie vor den Spaniern. Durch hinterlistigen Verrat kam es zu diesem Blutbad und durch die Lügen der Tlaxcalteken starben sie, ohne zu wissen warum. Und als das Blutbad zu Ende war, brachte man Moctezuma die Nachricht. Boten kamen und gingen ... Und das einfache Volk war bestürzt durch die Kunde und konnte nichts anderes mehr tun als zittern in Furcht und Entsetzen ...

Urs Bitterli, Die Entdeckung Amerikas, München (C. H. Beck) 1999, S. 219 f.

Fragekompetenz

1. Vergleicht eure Fragen vom Anfang des Kapitels mit dem jetzigen Wissenstand und notiert Dinge, die noch geklärt werden müssen.

Sachkompetenz

2. Ordnet die Begriffe aus [1] ihrer jeweils richtigen Bedeutung zu.
3. Beschreibt den Unterschied zwischen der Erfindung von Gutenberg und den zuvor angewandten Verfahren zur Vervielfältigung.
4. Berichtet kurz über das Osmanische Reich.
5. Nennt Gründe für die Bemühungen der Europäer, einen Seeweg nach Indien zu finden.
6. Berichtet über die Entdeckungsfahrt des Kolumbus.
7. Informiert über die Eroberung der Neuen Welt und den Umgang mit der Urbevölkerung.

Methodenkompetenz

8. Wertet die Quellen [2] und [3] mithilfe der Methode auf Seite 54 aus. Vergleicht die beiden Quellen.
9. Skizziert ein kurzes Rollenspiel: Cortés berichtet im Freundeskreis über seine Taten.

Reflexionskompetenz

10. Bewertet die Rolle der christlichen Kirche bei den Eroberungen in der Neuen Welt.
11. Beschreibt die Behandlung der einheimischen Bevölkerung durch die neuen Herren; was würde eine heutige Menschenrechtsorganisation dazu sagen?
12. Beurteilt den Nutzen der Eroberung Mexikos für Spanien.
13. Erstellt ein Meinungsbild (evtl. kleiner Fragebogen) zum Auftreten der Eroberer in Übersee.

Orientierungskompetenz

14. Stellt einen Zusammenhang her zwischen dem Erfolg der Proteste Martin Luthers und dem Zeitalter der Renaissance.
15. Erläutert die Verknüpfung zwischen den europäischen Eroberungen und der heutigen wirtschaftlichen Lage in vielen ehemaligen Kolonien.

Die Französische Revolution

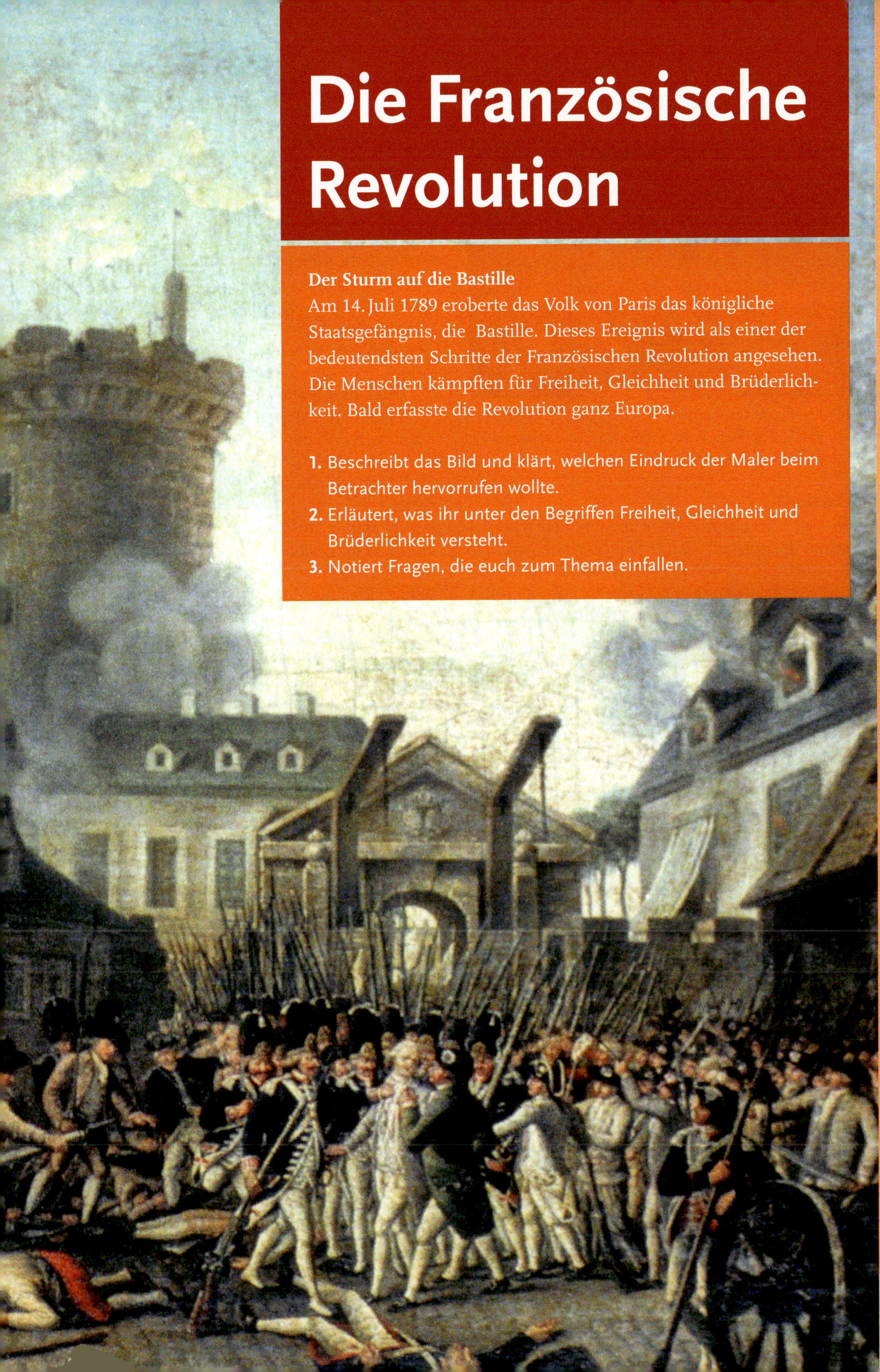

Der Sturm auf die Bastille

Am 14. Juli 1789 eroberte das Volk von Paris das königliche Staatsgefängnis, die Bastille. Dieses Ereignis wird als einer der bedeutendsten Schritte der Französischen Revolution angesehen. Die Menschen kämpften für Freiheit, Gleichheit und Brüderlichkeit. Bald erfasste die Revolution ganz Europa.

1. Beschreibt das Bild und klärt, welchen Eindruck der Maler beim Betrachter hervorrufen wollte.
2. Erläutert, was ihr unter den Begriffen Freiheit, Gleichheit und Brüderlichkeit versteht.
3. Notiert Fragen, die euch zum Thema einfallen.

Schauplatz Der Sturm auf die Bastille

[1] Ein Redner ruft am 12. Juli 1789 im Garten des Palais Royal das Volk zu den Waffen. *Französische Farblithographie, um 1900.*

Die Bastille

Im Juli 1789 lag große Unruhe über der französischen Hauptstadt Paris. Seit Wochen war das Brot für die 500 000 Einwohner knapp geworden und kostete doppelt so viel wie in normalen Zeiten. Der König ließ Truppen zusammenziehen.

[2] **Der englische Arzt Dr. Rigby, der sich 1789 in Paris aufhielt, berichtet in einem Brief an seine Frau und seine Töchter:**

... Als die ganze Masse von Neuem aufgerührt wurde durch das Auftreten eines Mannes in einem grünen Rock, dessen Haltung und ganzes Benehmen von äußerster Bestürzung sprach. „Zu den Waffen, Bürger", rief er, „die Dragoner (Soldaten) haben auf das Volk in den Tuileriengärten gefeuert und ich bin selbst verwundet worden", wobei er auf sein Bein zeigte. Das wirkte wie ein elektrischer Schlag ... Von diesem Augenblick an konnte nichts die Wut des Volkes im Zaume halten; sie ergossen sich in die Straßen mit dem Ruf: „Zu den Waffen! Zu den Waffen!" Jedes Haus, das so aussah, als ob es irgendwelche liefern könnte, wurde sofort betreten, die Läden der Büchsenmacher* wurden geplündert, und in sehr kurzer Zeit füllten sich die Hauptstraßen mit lärmenden Menschen aus dem niederen Volk, die mannigfach mit Flinten, Schwertern, Piken ... bewaffnet waren ... Das ganze Geschäftsleben kam sofort zum Stillstand, und alle Läden schlossen.

Zit. n. Die Französische Revolution. Ein Lesebuch, hrsg. von U. F. Müller, 2. Aufl., München (Piper) 1989, S. 40 ff.

1. Schildert nach dem Bericht [2] die Stimmung in Paris unmittelbar vor dem Sturm auf die Bastille. Nehmt auch die Abbildung [1] zu Hilfe.

Am 14. Juli 1789 zogen mehrere tausend Menschen zur Bastille, dem verhassten Staatsgefängnis in Paris, das für viele Menschen als Symbol für die absolute Macht des Königs galt. Man vermutete, dass dort eine große Zahl von politischen Gegnern gefangen gehalten würde.

[3] **Über die Ereignisse am 14. Juli 1789 berichtet ein anderer Augenzeuge:**

... Kaum hat man Waffen, so geht's zur Bastille. Der Kommandant*, Graf de Launay, der gewiss überrascht war, hunderttausend Flinten mit Bajonetten* zu sehen, muss sehr in Verwirrung gewesen sein. Man knallt ein oder zwei Stunden drauflos, man schießt von den Türmen herunter, was sich dort sehen lässt; Graf Launay ergibt sich; er lässt die Zugbrücke herunter ... Es grenzt ans Wunderbare, um halb drei war die Bastille schon genommen. Die Bastille hätte sich sechs Monate halten können, aber sie wurde von Bürgersleuten und führerlosen Soldaten genommen, ohne einen einzigen Offizier! ... Herrn de Launay macht man zum Gefangenen, führt ihn zum Stadthaus und schlägt ihn unterwegs halbtot. Man gibt ihm den Rest auf dem Greveplatz und ein Schlächter schneidet ihm den Kopf ab.

Zit. n. Wolf Dietrich Behschnitt, Die Französische Revolution, Stuttgart (Klett) 1979, S. 44.

[4] Der Sturm auf die Bastille am 14. Juli 1789. *Zeitgenössischer kolorierter Kupferstich von J. P. Laminet.*

[5] **Was unmittelbar nach der Erstürmung der Bastille geschah, berichtet wiederum der englische Arzt Dr. Rigby:**

Die Bastille ist genommen und die Tore sind offen ... Auf einen Schlag brach der Jubel los; jede erdenkliche Art, in der sich die entzücktesten Freudengefühle äußern können, waren allenthalben zu sehen und zu hören. Rufe und Schreie, Springen und Umarmen, Lachen und Weinen, jeder Ton und jede Geste ... offenbarten in der bunt durcheinandergemischten Menge ein so augenblickliches und einstimmiges Aufwallen äußerster Freude, wie es, sollte ich meinen, nie zuvor von Menschenkindern erlebt worden ist...

Zit. nach: Die Französische Revolution. Ein Lesebuch, a.a.O., S.49.

[6] Der Kopf des Kommandanten wird auf Lanzen gespießt durch Paris getragen. *Zeitgenössischer Stich.*

Der Sturm auf die Bastille gilt als Beginn der Französischen Revolution. Der 14. Juli ist heute noch der französische Nationalfeiertag.

2. Schildert die Erstürmung der Bastille mit eigenen Worten. Nehmt dazu [3] und [4] zu Hilfe.
3. Beschreibt Abbildung [4]. Wie sind die Unterschiede zur Darstellung des Ereignisses auf den beiden Vorderseiten zu erklären?
4. Beurteilt die Reaktion der Menschen nach der Einnahme der Bastille [5].
5. Beschreibt die Szene in Abbildung [6]. Wie wirkt sie auf euch?

[7] Die Oper am Platz der Bastille, erbaut 1989, *Foto.*

Büchsenmacher: Gewehrmacher

Kommandant: Befehlshaber

Bajonett: Gewehraufsatz zum Zustechen

Wählt einen der folgenden Arbeitsaufträge aus:

- Erstellt eine Stichwortliste der Ereignisse am 14. Juli 1789.
- Betrachtet Abbildung [7] genauer und begründet, warum die Oper ausgerechnet 1989 erbaut worden ist. Welchen Vorstellungen folgte der Architekt bei dem Entwurf?
- Erfindet mithilfe der Materialien ein Interview mit einem Soldaten der Wachmannschaft der Bastille. So könnte das Interview beginnen: *Wo befanden Sie sich, als die Massen auf die Bastille zukamen? – Ich stand oben auf dem ...*

Was ihr noch tun könnt ...

- weitere Bilder und Berichte aus dem Internet zum Thema „Sturm auf die Bastille" beschaffen und daraus eine Wandzeitung herstellen; zum Ereignis eine Hörspielszene oder eine Rundfunkreportage herstellen ...

Orientierung

1776
Die 13 englischen Kolonien in Nordamerika geben in einer Unabhängigkeitserklärung die Loslösung von England bekannt und verkünden die Menschenrechte.

1789
Mit den Schlagworten „Freiheit, Gleichheit, Brüderlichkeit" erstürmt das französische Volk am 14. Juli 1789 die Bastille, kurz danach werden die „Menschen- und Bürgerrechte" verkündet.

1792
Mit dem Ruf „Das Vaterland ist in Gefahr!" ziehen die Franzosen in den Krieg.
Die Revolution wird über die Grenzen Frankreichs nach Europa getragen.

1793
König Ludwig XVI. wird hingerichtet.
Frankreich ist eine Republik.

1794
Mit der Hinrichtung Robespierres endet die Schreckensherrschaft der Jakobiner.

1799
Der junge General Napoleon Bonaparte stürzt die Regierung.

1804
Napoleon krönt sich selbst zum Kaiser.

1806
Napoleon erobert mit seinen Truppen weite Teile Europas. Das „Heilige Römische Reich Deutscher Nation" hört auf zu bestehen.

1812
Vernichtende Niederlage Napoleons in Russland.

1813
Niederlage Napoleons in der Völkerschlacht bei Leipzig.

1815
In der Schlacht von Waterloo wird Napoleon erneut besiegt und muss in die Verbannung gehen.

[1] Zeittafel Französische Revolution und Zeitalter Napoleons.

Die Französische Revolution

Was wollten die Revolutionäre?
Welche Menschenrechte wurden erkämpft?
Warum wurde der König hingerichtet?
Wer war Napoleon?
Was passierte in Nordamerika zu dieser Zeit?
Mit diesen und anderen Fragen beschäftigt sich das folgende Kapitel.

Wichtige Kompetenzen in diesem Kapitel

Fragekompetenz
- eigene Fragen an die Geschichte stellen und vorgegebene historische Fragestellungen nachvollziehen

Methodenkompetenz
- aus Karikaturen Informationen entnehmen und Erkenntnisse gewinnen

Reflexionskompetenz
- in Grundzügen die Bedeutung der Französischen Revolution für die politische Kultur in Europa beurteilen

Orientierungskompetenz
- auf der Grundlage des geschichtlichen Wissens Ereignisse und Entscheidungssituationen nachgestalten
- Problemlösungen entwickeln und begründet Entscheidungen treffen

Sachkompetenz
- die Ursachen und den Verlauf der Französischen Revolution und den Weg Frankreichs zur Republik erläutern
- wichtige Etappen der Entwicklung der Menschenrechte benennen

Revolution
Mit der Bezeichnung „Revolution“ (von lat. *revolvere* = umwälzen) ist heute die grundlegende Umgestaltung eines bestehenden Zustandes gemeint. Die politische Revolution erstrebt eine bewusste, totale und endgültige Umwälzung der politischen und gesellschaftlichen Verhältnisse. Dabei ist meist Gewalt im Spiel. Historisch besonders bedeutsam waren die Französische Revolution (ab 1789) und die Russische Revolution (1917).

1. Ermittelt aus der Zeitübersicht: Wie viele Jahre liegt der Beginn der Französischen Revolution zurück? Wie lange dauerte die Revolution vom Sturm auf die Bastille bis zur Regierungsübernahme durch Napoleon?
2. Ordnet die folgenden Bilderklärungen dem jeweils passenden Bild in der Zeittafel 1 zu: Kaiserkrönung Napoleons, Hinrichtung König Ludwigs XVI., Napoleon zu Pferde, Einberufung der Generalstände, Ausmarsch der Kriegsfreiwilligen in Paris.
3. Schreibt den Lückentext zur „Revolution“ ab und setzt die folgenden Begriffe an der richtigen Stelle ein:
   Umsturz – totale – Ordnung – Umwälzung.
   Das Wort „Revolution“ stammt aus dem Lateinischen und bedeutet ... Im politischen Bereich ist die Revolution der gewaltsame ... der bestehenden politischen und sozialen ... Es geht um die bewusste, ... und endgültige Veränderung der Verhältnisse.

Der Absolutismus

Ist der König allmächtig?

[1] König Ludwig XIV. *Gemälde von Hyacinthe Rigaud, 1701.*

1. Beschreibt Abbildung [1]. Achtet besonders auf die Kleidung, auf Mimik (Gesichtsausdruck) und Gestik (Körperhaltung) des Königs. Begründet, warum das Bild der Darstellung königlicher Macht diente.

Der König

Vor der Französischen Revolution wurde Frankreich von einem König beherrscht. Der König fühlte sich von Gott berufen und hielt die gesamte Staatsmacht in seiner Hand. Er konnte Gesetze erlassen und sie durchführen lassen. Der König war gleichzeitig auch der oberste Richter. Alle anderen Menschen sah er als seine Untertanen an. Diese unbeschränkte Regierungsform wird Absolutismus genannt. Als Begründer und bedeutendster Vertreter dieser Regierungsform gilt Ludwig XIV. (1638–1715). Der Absolutismus diente als Vorbild für viele andere Staaten in Europa.

Beamte und Soldaten

Die Anordnungen des Herrschers wurden von treu ergebenen Staatsdienern, den Beamten, ausgeführt. Die Beamten sorgten z. B. dafür, dass die Untertanen Steuern bezahlten oder dass an den Grenzen Zölle auf Waren erhoben wurden. Um seine Macht zu stützen, unterhielt der König auch in Friedenszeiten ein stehendes Heer von ca. 400 000 Berufssoldaten.

Die ständische Gesellschaft

Seit Jahrhunderten war die Bevölkerung Frankreichs in Stände eingeteilt. Zum Ersten Stand gehörten die Geistlichen (Klerus). Der Adel bildete den Zweiten Stand. Alle übrigen Menschen wurden dem Dritten Stand zugerechnet. Die Angehörigen des Ersten und Zweiten Standes genossen besondere Rechte. Vor allem waren sie weitgehend von der Zahlung der Steuern befreit. Sie wurden bei der Vergabe hoher Staatsämter in der Kirche, Verwaltung oder Armee bevorzugt. Der Dritte Stand zahlte Steuern und schuldete dem Grundherrn Abgaben und Dienste.

2. Erklärt den Aufbau der Ständegesellschaft in Frankreich anhand des Schaubildes [2]. Findet heraus, zu welchem Stand die folgenden Titel oder Berufe gehörten: Bischof, Maurer, Graf, Seidenhändler, Pastor, Friseur, Weinbauer, Schauspieler, Prinz.
3. Erläutert die folgenden Begriffe: Absolutismus, Beamter, Untertan, stehendes Heer, Stand, Klerus.

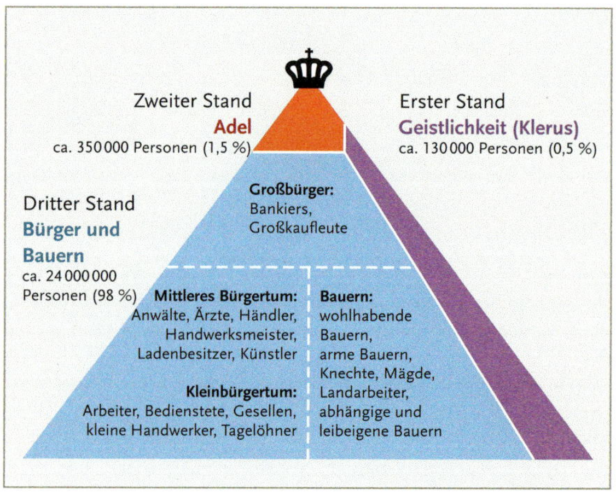

[2] Die französischen Stände vor 1789. *Schaubild.*

[3] Schloss Bruchsal in der Nähe von Karlsruhe. *Foto.*

Absolutismus in Europa

Viele Fürsten in Europa ahmten das Vorbild Ludwigs XIV. von Frankreich nach. Auch sie unterhielten stehende Heere und ließen sich prächtige Schlösser bauen, die von großen Parks umgeben waren. An den Höfen der „kleinen Sonnenkönige" fanden häufig große Tanzveranstaltungen, Festessen, Theateraufführungen oder Feuerwerke statt. Oft führten die Prachtentfaltung an kleinen Höfen und die Ausgaben für das Militär zur Verarmung des Landes und der Untertanen. Der Kunststil des Absolutismus in Malerei, Architektur, Literatur und Musik wird als „Barock*" bezeichnet.

4. Erläutert, was mit der Bezeichnung „kleine Sonnenkönige" gemeint ist.

5. Findet an den Abbildungen [3] und [4] heraus, woran man erkennen kann, dass es sich um Bilder aus dem Barock handelt.

6. Beschreibt die Abbildungen [4] und [5]. Vergleicht die Personen (Kleidung, Mimik, Gestik), die Umgebung sowie die Speisen und Getränke. Beurteilt die Situation der abgebildeten Gruppen.

Barock

Wort: Abgeleitet von *„barocco"* = unregelmäßig geformte Perle

Elemente: Starke Bewegung in den Formen, Betonung von Kraft und Spannung, reiches Schmuckwerk, oft verschnörkelt, überladen, Schlösser oft mit drei Flügeln und ausgedehnten Parkanlagen

Wählt einen der folgenden Arbeitsaufträge aus:

- Entwerft auf der Grundlage von [1] eine einfache Zeichnung und tragt folgende Bezeichnungen ein: Perücke, Zierschwert, Zepter, Brokatmantel, Krone, Ordenskette
- Schreibt zu den Abbildungen [4] oder [5] Gespräche zwischen den Personen auf oder erfindet Comics mit Sprechblasen.

[4] Das Austernessen. *Gemälde von Jean-Francois Troy, (1679–1752). 1735.*

[5] Die Bauernmahlzeit. *Gemälde von Louis Le Nain, 17. Jh.*

Kritik und Krise

Wie frei ist der Mensch?

[1] Lesung im Salon von Madame Geoffrin in Paris. *Gemälde von Gabriel Lemonnier, um 1770.*

1. Beschreibt das Gemälde [1]. Woran ist erkennbar, dass die Anwesenden wohlhabende Menschen sind?

Die Aufklärung

„Wir, Ludwig von Gottes Gnaden König von Frankreich" – so begannen die Gesetze und Briefe, des Königs. Kam die Herrschaft des Königs tatsächlich direkt von Gott? War es richtig, dass ein einziger Mensch alle Gewalt besaß? Solche Fragen wurden im 18. Jahrhundert von Philosophen gestellt, die davon ausgingen, dass alle Menschen mit Vernunft begabt sind und von Natur aus die gleichen Rechte besitzen. Diese neue Denkrichtung wird als „Aufklärung" bezeichnet. Die Schriften der Denker und Dichter wurden im Salon („Wohnzimmer") angesehener Leute in „Lesegesellschaften" gelesen und diskutiert.

[2] **Der Philosoph Jean-Jacques Rousseau (1712–1778) schrieb 1762 in seinem Buch „Der Gesellschaftsvertrag":**

Der Mensch wird frei geboren und überall ist er in Ketten ... Auf seine Freiheit verzichten heißt auf seine Menschheit, die Menschenrechte ... zu verzichten ... Wenn es aber schon schwierig ist, einen großen Staat zu regieren, so ist es noch schwieriger, dass es von einem einzigen Mann gut regiert wird ...

Zit. nach: Jean-Jacques Rousseau, Der Gesellschaftsvertrag, Stuttgart (Klett) 1966, S. 30 ff.

2. Erläutert, warum die Salons und Lesegesellschaften so wichtig waren.
3. Formuliert den Hauptgedanken Rousseaus [2] mit eigenen Worten.

[3] **Der Philosoph Charles de Montesquieu (1689–1755) schrieb 1748 in seinem Buch „Vom Geist der Gesetze":**

Wenn die gesetzgebende Gewalt mit der ausführenden in einer Person ... vereinigt ist, dann gibt es keine Freiheit ... Es gibt auch keine Freiheit, wenn die richterliche Gewalt nicht von der gesetzgebenden und ausführenden Gewalt getrennt ist ... alles wäre verloren, wenn ein und derselbe Mensch ... diese drei Gewalten ausübte, die gesetzgebende, die ausführende und die richterliche Gewalt.

Zit. nach: Irmgard und Paul Hartig, a. a. O., S. 13 ff.

4. Begründet, warum die Gewalten, von denen Montesquieu [3] spricht, getrennt sein sollen.

Die Staatskrise

1788/89 stand Frankreich vor dem Ruin. Die Ausgaben für die teure Hofhaltung, das stehende Heer und die vielen Kriege hatten die Schuldenlast des Staates vervielfacht. Die kleinen Leute waren völlig verarmt und konnten keine höheren Abgaben aufbringen. Aber die höheren Stände weigerten sich, auf ihre Vorrechte zu verzichten. Was sollte nun werden?

5. Fasst die Missstände in Frankreich in Stichworten zusammen.

Methode Karikaturen deuten

Was sind Karikaturen?

Karikaturen zeigen Personen, Ereignisse oder Zustände häufig in übertriebener, verzerrter Darstellung, die oft komisch wirkt und den Betrachter zum Lachen bringt. Eine Karikatur beschreibt nicht nur, sondern urteilt. Dabei bedienen sich Karikaturisten bestimmter Stilmittel. Dazu gehört häufig die Übertreibung, z. B. von körperlichen Eigenschaften bestimmter Personen (übergroße Ohren, lange Nasen usw.). Oft werden historische Personen, Figuren aus Märchen oder Tiere als Symbolfiguren* herangezogen, um eine Sache zu veranschaulichen.

Die Arbeitsschritte helfen euch, eine Karikatur zu deuten.

1. Schritt: Beobachten

- Welche Informationen sind zu entnehmen über den Künstler, den Titel der Karikatur und die Entstehungszeit?
- Welchen Gesamteindruck vermittelt die Karikatur?

2. Schritt: Beschreibung

- Welche Personen, Gegenstände oder Tiere sind im Vordergrund dargestellt? Wie sieht der Hintergrund aus?
- Wie sind Personen, Gegenstände oder Tiere dargestellt?
- Welche Handlung wird deutlich?
- Welche Farben oder Formen sind erkennbar?
- Welche Texte gehören zum Bild?

3. Schritt: Deutung

- Welche Bedeutung haben die abgebildeten Personen, Tiere oder Gegenstände? Welche Bedeutung hat die Handlung?

4. Schritt: Einordnung

- Auf welche Situation oder Ereignisse beziehen sich die Aussagen der Karikatur?

5. Schritt: Wertung

- Welche Position bezieht die Karikatur zum Thema? Wie seht ihr das Problem?

[1] „So kann es nicht weitergehen". *Karikatur, 1789.*

1. Beschreibt und deutet die Abbildung [1] mithilfe der Arbeitsschritte. Ihr könntet so beginnen:
Die Karikatur zeigt drei männliche Personen und mehrere Tiere in einer Landschaft, die mit einer offenen Säulenhalle dekoriert ist. Die aktive Person im Vordergrund links ist mit einer roten Jacke …

Symbol Wort, Form, Gegenstand oder Vorgang, der nicht für sich allein steht, sondern eine verborgene Bedeutung hat. Beispiele: Das Kreuz ist Symbol des Christentums.

[2] Das Erwachen des dritten Standes. *Karikatur, 1789.*

2. Beschreibt und deutet die Abbildung [2].

Fenster zur Welt: Revolution in Amerika

[1] Die Unabhängigkeitserklärung wird unterzeichnet. *Gemälde von John Trumbull, 1819.*

Die Amerikaner erklären ihre Unabhängigkeit
Zur gleichen Zeit, als in Frankreich und im übrigen Europa Könige und Fürsten mit absoluter Macht herrschten, erklärten am anderen Ende der Welt die amerikanischen Neuengland-Staaten ihre Unabhängigkeit vom englischen König. Zugleich verkündeten sie die Menschenrechte.

[2] **Aus der Unabhängigkeitserklärung vom 4. Juli 1776:**
Folgende Wahrheiten halten wir für selbstverständlich: Alle Menschen sind gleich geschaffen. Sie sind von ihrem Schöpfer mit unveräußerlichen Rechten ausgestattet. Dazu gehören Leben, Freiheit und Streben nach Glück.
Zur Sicherung dieser Rechte sind unter den Menschen Regierungen eingesetzt, die ihre rechtmäßige Macht aus der Zustimmung der Regierten herleiten. Wenn eine Regierungsform diese Zwecke gefährdet, ist es das Recht des Volkes, sie zu ändern oder abzuschaffen und eine neue Regierung einzusetzen.
Danach verkünden wir ..., dass diese vereinigten Kolonien freie und unabhängige Staaten sind, ... dass sie losgelöst sind von aller Pflicht gegen die britische Krone, dass jede politische Verbindung zwischen ihnen und dem Staate Großbritannien ein für allemal aufgehoben ist...

1. Analysiert Text [2]: Welche Rechte werden den Menschen verliehen? Auf welche Weise sollen diese Rechte gesichert werden?

2. Erklärt, warum die Urkunde als „Unabhängigkeitserklärung" bezeichnet wird.

[3] Sturz des Denkmals König Georgs III. von England 1776 in New York. *Zeitgenössisches Gemälde.*

3. Beschreibt [3] und überlegt, was Menschen mit einem Denkmalsturz ausdrücken wollen.

Rückblick: Europäer besiedeln Nordamerika
Als Christoph Kolumbus im Jahr 1492 Amerika entdeckte, war das Land ausschließlich von den indianischen Ureinwohnern besiedelt. Danach machten sich Auswanderer aus Europa auf den Weg in die „Neue Welt".

1607 gründeten Siedler mit Erlaubnis des englischen Königs eine erste Handelsniederlassung an der Ostküste: Jamestown. 1620 landete das englische Schiff „Mayflower“ mit der religiösen Gruppe der Pilgerväter, die in ihrer Heimat verfolgt wurden, an der Ostküste. Ihnen folgten immer neue Gruppen von Einwanderern. Sie alle träumten von einem Leben in Freiheit. Land, Klima und Sprache waren für die meisten europäischen Siedler zunächst fremd. Doch viele der hier lebenden Indianerstämme halfen den Europäern; sie verkauften ihnen Nahrungsmittel und Land.

Von den Kolonien zu den Vereinigten Staaten
Allmählich entstanden an der Ostküste 13 neue Kolonien, die vom englischen König abhängig waren. Schon 1619 tagte in Jamestown ein Parlament nach englischem Vorbild. In einem siebenjährigen Krieg (1756–1763) eroberte England von Frankreich die nordamerikanischen Gebiete bis zum Missouri und bis Kanada. Die Siedler in den Kolonien sollten die hohen Kriegskosten durch Zölle und Steuern auf Waren wie z. B. Zucker bezahlen. Als die Kolonisten auch noch für Zeitungen und alle Schriftstücke eine Stempelsteuer entrichten sollten, kam es zum Streit. Mit der Losung „No taxation without representation“ (Keine Steuern ohne Vertretung im Parlament) weigerten sie sich, Steuern zu zahlen. Der König verzichtete auf die Steuern, bis auf die Teesteuer. Am 16. Dezember 1773 schlichen sich als Indianer verkleidete Kolonisten auf drei Teeschiffe und warfen 342 Teekisten unter dem Beifall der Menge ins Wasser. Nach der „Boston Tea Party“ kam es zwischen den Kolonisten und England zum amerikanischen Unabhängigkeitskrieg (1775–1783).
Dabei kämpften auch viele Soldaten aus Deutschland auf amerikanischer Seite mit. Eine wichtige Rolle spielte der französische General La Fayette, der später auch zu den Führern der Französischen Revolution gehörte. Unter Führung von George Washington (1732–1799) siegten die begeisterten Siedlertruppen. 1783 musste der englische König die amerikanische Unabhängigkeit anerkennen.

4. Fasst die Entstehung der Vereinigten Staaten mit eigenen Worten zusammen.

[4] Ankunft weißer Siedler in Amerika 1620. *Farblithographie, 1876.*

[5] William Penn schließt 1683 mit den Indianern einen Vertrag über immer-währende Freundschaft und Frieden. *Kolorierter Kupferstich, um 1800.*

[6] Boston Tea Party 1773. *Zeitgenössische Darstellung.*

Wählt einen der folgenden Arbeitsaufträge aus:

- Erstellt mithilfe des Autorentextes eine Zeitleiste (Jahreszahlen, Ereignis).
- Schreibt als französischer Soldat einen Brief über die amerikanischen Verhältnisse nach Hause.

Freiheit – Gleichheit – Brüderlichkeit

Wie begann die Französische Revolution?

Es war ein feierlicher Augenblick: Zum ersten Mal seit über 150 Jahren traten am 5. Mai 1789 in Versailles die Generalstände aus Geistlichen, Adel und Bürgertum zusammen. Der König hatte sie gerufen, um den drohenden Staatsbankrott abzuwenden.

1. Stellt die Ereignisse in einer Stichwortliste (Datum, Ereignis) mithilfe von [1] bis [4] zusammen.

[1] Die Eröffnung der Generalstände am 5. Mai 1789. *Gemälde von Auguste Couder, 1839.*

[2] Der Schwur im Ballhaus am 20. Juni 1789. *Gemälde von Jacques Louis David (1748–1825), um 1791.*

[3] Bauern stürmen das Schloss ihres Grundherrn. *Stich eines unbekannten Künstlers.*

[4] **Über die Ereignisse der Revolution hätte ein Abgeordneter so berichten können:**

Zuerst hielt der Finanzminister eine lange Rede über den Staatshaushalt und die Steuern. Ich hatte eigentlich gedacht, wir könnten dem König etwas aus den Beschwerdebriefen der Bauern vorlesen, die wir in der Tasche hatten. Das wollten die vornehmen Herren aber nicht hören. Alles sollte so bleiben, wie es immer war. Aber dann trafen sich die Abgeordneten der drei Stände am 20. Juni 1789 in einer Turnhalle, dem Ballhaus. Dort haben wir den feierlichen Eid abgelegt, uns nicht mehr zu trennen, bis Frankreich eine freiheitliche Verfassung hat. Wir erklärten uns zur Nationalversammlung. Als der König später versuchte, die Nationalversammlung aufzulösen, schleuderte ihm ein Abgeordneter entgegen: „Die versammelte Nation empfängt keine Befehle und weicht nur den Bajonetten." Der König musste nachgeben ...

Dann kam der 14. Juli 1789: Der Sturm auf die Bastille. Die Nachricht vom Sieg der Freiheit über die Unterdrückung verbreitete sich wie ein Lauffeuer über ganz Frankreich. Bauern zogen zu den Schlössern der Grundherren und forderten die Herausgabe der Urkunden, worin ihre Abgaben und Dienste verzeichnet waren, und verbrannten sie ... Unter diesem Druck hob die Nationalversammlung am 4. August 1789 die Leibeigenschaft auf. Die Grundherren waren jetzt nicht mehr die Richter auf dem Lande ...

Verfassertext (nach Quellen zusammengestellt)

Die Menschen- und Bürgerrechte

[5] **Am 26. August 1789 beschloss die Nationalversammlung die „Erklärung der Menschen- und Bürgerrechte" (Auszug):**

Artikel 1: Die Menschen sind und bleiben von Geburt an frei und gleich an Rechten...

Artikel 2: Das Ziel jeder politischen Vereinigung besteht in der Erhaltung der natürlichen und unantastbaren Menschenrechte. Diese Rechte sind Freiheit, Sicherheit und Widerstand gegen Unterdrückung.

Artikel 4: Die Freiheit besteht darin, alles tun zu können, was dem anderen nicht schadet.

Artikel 11: Freie Gedanken- und Meinungsfreiheit ist eines der kostbarsten Menschenrechte; jeder Bürger kann daher frei schreiben, reden und drucken...

Zit. nach: Europäische Geschichte. Quellen und Materialien, hrsg. von H. Schulze und I. Paul. bsv, München 1994, S. 533 f. (übers. von W. Lautemann/ J. Cornelissen)

Verfassung: Grundsätze eines Staates über die Regierungsform und die Rechte der Staatsbürger

Monarchie/Konstitutionelle Monarchie: Staat mit einem Monarchen (König, Fürst) als Oberhaupt. In der konstitutionellen Monarchie sind die Rechte des Königs durch die Verfassung eingeschränkt.

2. Klärt im Gespräch, was mit den Begriffen Freiheit, Gleichheit, Sicherheit gemeint ist.

3. Arbeitet heraus, in welchen Punkten die Menschen- und Bürgerrechte im Gegensatz zur absolutistischen Herrschaftsauffassung stehen.

Die Verfassung* von 1791

Die Revolution hatte zwar die Menschenrechte erkämpft, aber es gab immer noch einen absolut regierenden König. Aber die Verfassung von 1791 schränkte die Macht des Königs ein. Er konnte nun selbst keine Gesetze mehr erlassen oder Gerichtsurteile fällen. Der König war aber noch das Staatsoberhaupt und stand an der Spitze der Exekutive, der ausführenden Gewalt. Damit wurde Frankreich eine konstitutionelle Monarchie*.

4. Übertragt das Verfassungsschaubild [6] ins Heft und erläutert es mit eigenen Worten. Ihr könntet so beginnen: *Die Staatsgewalt ist aufgeteilt in gesetzgebende Gewalt...*

Wählt einen der folgenden Arbeitsaufträge aus:

- Beschreibt eines der dargestellten Ereignisse (z. B. Ballhausschwur) in der Form einer Reportage oder eines Erlebnisberichts.
- Recherchiert im Internet über das Thema „Menschenrechte heute" und berichtet darüber.

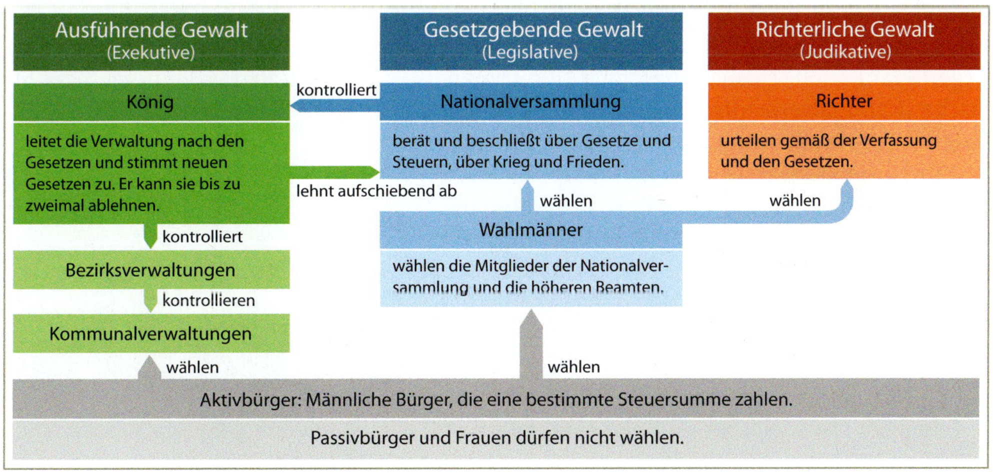

[6] Die Französische Verfassung von 1791. *Schaubild.*

Von der Monarchie zur Republik

Darf man einen König hinrichten?

[1] Die Nationalgarde zieht in den Krieg. *Montage zum Gemälde von Leon Cogniet, 1836.*

1. Beschreibt Abbildung [1]. Welche Stimmung soll das Bild vermitteln?
2. Lest den einmontierten Text in der Abbildung [1] (heute Nationalhymne Frankreichs) laut vor. Wozu sollte das Lied auffordern? Nehmt Stellung zum Inhalt.

Revolution und Krieg

Die europäischen Staaten außerhalb Frankreichs wurden von absoluten Königen und Fürsten regiert. Sie fürchteten, dass sich die Ideen der Revolution auch in ihren Ländern ausbreiten könnten, und trafen Vorbereitungen für einen Krieg gegen Frankreich. Deshalb beschloss die französische Nationalversammlung, dem feindlichen Angriff zuvorzukommen und mit dem Krieg zu beginnen. Jetzt erfasste eine nationale Begeisterung die Franzosen. Mit dem Ruf „Das Vaterland ist in Gefahr" meldeten sich Zehntausende von Freiwilligen zu den Waffen. Nach anfänglichen Niederlagen eroberten sie Belgien, das Rheinland und stießen bis Frankfurt am Main vor.

3. Fasst zusammen, welche Haltung für den Erfolg der französischen Armeen verantwortlich war.

Anklage und Hinrichtung

Der König wurde verdächtigt, mit den Feinden gemeinsame Sache zu machen. Bei seinem Versuch, aus Frankreich zu fliehen, wurde er mit seiner Familie gefangen genommen. Bei dem Prozess gegen ihn stimmte eine knappe Mehrheit für die Todesstrafe. Am 21. Januar 1793 wurde Ludwig XVI. mit der Guillotine hingerichtet. Frankreich war nun eine Republik, ein Staat ohne König.

4. Beschreibt Abbildung [2] und nehmt zur Hinrichtung des Königs und zum Problem der Todesstrafe aus heutiger Sicht Stellung.

[2] Hinrichtung Ludwig XVI. am 21. Januar 1793. *Zeitgenössischer Stich.*

Die Herrschaft der Jakobiner

Nach der Hinrichtung des Königs riss die radikale Gruppe der Jakobiner die Macht an sich. Zu ihren Anhängern gehörten auch die radikalen Kleinbürger, die Sansculotten*. Die Jakobiner beriefen sich auf die Schriften der Aufklärung und setzten sich für eine Volksherrschaft ein. 1793 wurde ein „Gesetz gegen die Verdächtigen" erlassen. Danach galten alle Personen als verdächtig, die sich durch ihr Verhalten oder durch ihre Beziehungen, ihre mündlichen oder schriftlichen Äußerungen als Feinde der Freiheit zu erkennen gaben. Ein Angeklagter, der als Verdächtiger vor dem Revolutionsausschuss stand, hatte kaum eine Chance. Meistens lautete das Urteil: Tod durch die Guillotine. Die Terrorherrschaft der Jakobiner kostete etwa 35 000 Menschen das Leben.

5. Beschreibt [3] und beurteilt, welche Chance der Angeklagte nach eurer Meinung gehabt haben dürfte. Begründet eure Meinung.

[3] Angeklagter vor dem Revolutionsausschuss. *Zeitgenössischer französischer Stich.*

[4] **Der führende Jakobiner Maximilien Robespierre sagte in einer Rede am 5. Februar 1794 über die Grundsätze seiner Politik:**

Wir wollen eine Ordnung der Dinge, in der alle niederen und grausamen Leidenschaften unbekannt sind, wo aber zu allen wohltätigen und großherzigen Leidenschaften gesetzlich aufgefordert wird... Bezwingt die Feinde der Freiheit durch Terror und ihr habt Recht, denn ihr seid die Gründer der Republik...

Zit. nach: Geschichte in Quellen, Bd. 4, hrsg. v. Wolfgang Lautenmann u. a., bsv, München, 1981, S. 392.

[5] **Der Revolutionär Camille Desmoulins hatte in einer Rede 1793 erklärt:**

Die Freiheit ist das Glück, ist die Vernunft, ist die Gleichheit, ist die Gerechtigkeit, die Erklärung der Rechte ... Ihr wollt eure Feinde mit der Guillotine austilgen. Hat man je einen größeren Aberwitz gesehen? Könnt ihr einen Einzigen auf dem Schafott umbringen, ohne euch unter seinen Verwandten oder Freunden zehn Feinde zu machen?

Zit. nach: Die Französische Revolution 1789–1799. Ein Lesebuch, hg. v. U. F. Müller. München, 1988.

Die französische Revolutionsarmee besiegte die äußeren Feinde. Nun konnten die Jakobiner ihren Terror nicht weiter aufrechterhalten. Mit der Hinrichtung Robespierres am 27. Juli 1794 war die Schreckensherrschaft zu Ende.

[6] Zwei Sansculotten. *Zeitgenössische Zeichnung.*

Sansculotte: „ohne (Knie-)Hosen", revolutionäre Pariser Kleinbürger

Wählt einen der folgenden Arbeitsaufträge aus:

- Schreibt eine kleine Szene zur Abbildung [3] und spielt sie in der Klasse vor.
- Vergleicht die Ansichten der beiden Revolutionäre: Wem würdet ihr eher zustimmen? Begründet eure Meinung.
- Sammelt Argumente für und gegen die Todesstrafe. Welche sind für euch überzeugender? Führt eine Diskussion darüber.

Menschenrechte früher und heute

[1] Sklavenversteigerung in den USA. *Holzstich, um 1800.*

[3] Kinderarbeit in Bangladesch. *Foto, 2012.*

1. Beschreibt eure eigenen Gefühle beim Betrachten der Abbildungen [1] und [3].

Menschenrechte haben Geschichte

[2] **Chronik der Menschenrechte seit dem 17. Jahrhundert.**

1628 Petition of Rights (England): Schutz vor willkürlicher Festnahme und Inhaftierung, keine Hinrichtung ohne öffentliche Verhandlung, Steuern müssen durch das Parlament genehmigt werden.

1679 Habeas-Corpus-Akte (England): Inhaftierte mussten innerhalb von drei Tagen einem Richter vorgeführt werden und durften nicht außer Landes gebracht werden.

1689 Bill of Rights (England): Redefreiheit im Parlament, gegen den Absolutismus.

1776 Unabhängigkeitserklärung (USA): Recht auf Leben, Freiheit, Streben nach Glück; Gewaltenteilung.

1789 Erklärung der Menschen- und Bürgerrechte (Frankreich): Die Menschen sind von Geburt an frei und gleich; Sicherheit, Religionsfreiheit, Meinungsfreiheit.

1791 Erklärung der Rechte der Frau und Bürgerin (Frankreich): „Die Frau ist frei und dem Manne gleich an Rechten" (Olympe de Gouges).

1948 Erklärung der Menschenrechte der Vereinten Nationen (siehe Text [4])

Verfassertext

[4] **Erklärung der Menschenrechte der Vereinten Nationen vom 10. Dezember 1948:**

Art. 1: Alle Menschen sind frei und gleich an Würde und Rechten geboren ...

Art. 3: Jeder Mensch hat das Recht auf Leben, Freiheit und Sicherheit der Person.

Art. 4: Niemand darf in Sklaverei oder Leibeigenschaft gehalten werden.

Art. 5: Niemand darf der Folter oder grausamer, unmenschlicher oder erniedrigender Behandlung oder Strafe unterworfen werden.

Art. 6: Alle Menschen sind vor dem Gesetz gleich ...

Art. 9: Niemand darf willkürlich festgenommen, in Haft gehalten oder des Landes verwiesen werden.

Art. 14: Jeder Mensch hat das Recht, in anderen Ländern vor Verfolgung Asyl zu suchen und zu genießen.

Art. 18: Jeder Mensch hat Anspruch auf Gedanken-, Gewissens- und Religionsfreiheit ...

Art. 19: Jeder Mensch hat das Recht auf freie Meinungsäußerung ...

Zit. nach: Fritz Hartung, Die Entwicklung der Menschen- und Bürgerrechte von 1776 bis zur Gegenwart. Vandenhoek & Ruprecht, Göttingen 1972, S. 145 ff.

2. Tragt die Chronologie der Menschenrechte in eine Zeitleiste ein.

3. Lest die Artikel aus Text [4] laut vor. Klärt, gegen welche Artikel bei den Abbildungen [1] und [3] verstoßen wird.

[5] António Guterres, UN-Generalsekretär seit Jan. 2017. *Foto.*

Die UNO als Garant der Menschenrechte?
Die UNO (United Nations Organization) oder kurz UN genannt, ist eine Vereinigung von Staaten zur Sicherung des Weltfriedens und zur Förderung der internationalen Zusammenarbeit, der heute fast alle Staaten der Erde angehören. Der Hauptsitz der UNO ist in New York (USA).

[6] **UN-Generalsekretär Ban Ki-moon sagte in einer Erklärung zum Tag der Menschenrechte am 10. Dezember** 2010:
Die Menschenrechte sind die Grundlage von Freiheit, Frieden, Entwicklung und Gerechtigkeit – und das Herz der Arbeit der Vereinten Nationen auf der ganzen Welt ... Menschenrechtsverteidiger sind unterschiedlich. Sie können Teil einer zivilgesellschaftlichen Organisation sein, ein Journalist oder auch ein einzelner Bürger, der durch den Missbrauch in seiner Umgebung angespornt wird, etwas zu tun ... Menschenrechtsverteidiger spielen eine entscheidende Rolle im Kampf gegen Diskriminierung. Sie ermitteln gegen Verstöße und helfen Opfern, Gerechtigkeit und Unterstützung zu erlangen. Zu oft birgt ihre Arbeit ein enormes Risiko. Menschenrechtsverteidiger werden belästigt, ihrer Arbeitsplätze beraubt und zu Unrecht verhaftet. In vielen Ländern werden sie gefoltert, geschlagen und ermordet ...

Zit. nach: http://www.unric.org/de (UNRIC/340)

4. Erklärt, welchen Stellenwert der UN-Generalsekretär den Menschenrechten einräumt.
5. Klärt: Wer kann ein Menschenrechtsverteidiger sein? Was tun solche Menschen? Welche Risiken gehen sie ein?

Amnesty International
Die Menschenrechtsorganisation kämpft seit Jahrzehnten für die Einhaltung und Durchsetzung der Menschenrechte. Die Zentrale ist in London. Auch in Deutschland gibt es eine Abteilung. Amnesty berichtet im Internet, im Fernsehen, in Zeitungen oder Büchern über Menschenrechtsverletzungen. Die Organisation fordert Menschen weltweit auf, gegen Unrecht einzutreten. Viele Staaten sehen sich gezwungen, dem öffentlichen Druck nachzugeben und Gefangene freizulassen. Ein Beispiel für die erfolgreiche Arbeit von Amnesty ist die äthiopische Journalistin Serkalem Fasil, die wegen regierungskritischer Artikel verhaftet wurde und zum Tode verurteilt werden sollte. Im Gefängnis brachte sie ein Kind zur Welt. Auf Druck zahlreicher Unterstützer von Amnesty wurde sie 2007 freigelassen.

[7] Masken mit dem Gesicht des chinesischen Friedensnobelpreisträgers Liu Xiaobo, der 2009 zu elf Jahren Haft verurteilt wurde – Amnesty fordert seine Freilassung. *Foto.*

Wählt einen der folgenden Arbeitsaufträge aus:

- Informiert euch auf der Internetseite von Amnesty International Deutschland über Aktivitäten und Mitmach-Möglichkeiten. Gestaltet dazu Plakate.
- Erarbeitet auf der Basis der Informationen von Amnesty International einen Plan für eine Aktion und tragt ihn in der Klasse vor.

Wahlseite Eine adlige Dame

1. Informiert euch anhand des Erzähltextes und der Bilder über die Lebensweise und Anschauungen einer Adligen.
2. Gebt eure Informationen in geeigneter Form an die anderen Schülerinnen und Schüler weiter.

[1] Adlige Dame mit Hündchen. *Gemälde von François Boucher, um 1740.*

Das könnte eine Adlige erzählen:

Also, **vor der Revolution** wusste jeder in Frankreich, wohin er gehörte. Unser guter **König** Ludwig **regierte** den Staat **nach seinem Willen** und alle anderen Menschen waren seine Untertanen. Ich hatte das Glück, in seiner Nähe am **Hofe von Versailles** leben zu dürfen. Ach, was waren das für **herrliche Zeiten**! Schon frühmorgens sprangen meine Dienerinnen um mich herum, um mir die Perücke zu frisieren und mir die passenden Kleider zu reichen. Dann ging ich in das Gemach der Königin, um ihr beim Ankleiden zu helfen. Nach der Messe gab es dann ein großes Frühstück mit **Austern*** und **Champagner***. Über Tag war ich oft dabei, wenn der König auf die **Jagd** ritt. Abends gab es Konzerte, Ballettaufführungen oder Theaterstücke. An die großen **Hofbälle** und **Feuerwerke** will ich gar nicht erst denken ...

Und jetzt? Seitdem die **Revolution im Gange** ist, führen Leute das große Wort, die nicht einmal lesen und schreiben können. Heute ist die Bezeichnung **„Aristokrat“** [Adliger] ein Schimpfwort und kann unsereins den Kopf kosten. Ständig werden wir **verdächtigt**, eine **Gegenrevolution** machen zu wollen oder mit den geflüchteten Adligen im Ausland gemeinsame Sache zu machen. Wer unter Verdacht steht, ist seines Lebens nicht mehr sicher. Auf ihn wartet die **Guillotine***.

Verfassertext, nach Quellen zusammengestellt

[2] Die Erziehung bei den Reichen. Ein junger Adliger wird von einem Hauslehrer unterrichtet. Hinter ihm beobachten ein Geistlicher und die Eltern die Szene. *Gemälde von Noel Hallé, 1765.*

Austern: eine Art von Muscheln, wird in Frankreich sehr gerne gegessen
Champagner: ein besonders feiner und teurer Schaumwein
Guillotine: ein Fallbeil, womit man zum Tode verurteilten Menschen enthaupten kann.

Tipps für die Erarbeitung
- Ihr könnt beim Lesen die Schritte des Textknackers anwenden.
- Was habt ihr über das Leben einer adligen Dame erfahren?

Tipps für die Präsentation
- Ihr könnt einen eigenen Erzähltext entwerfen und in der Klasse vortragen,
- Ihr könnt ein Interview (Zeitung, Radio) mit einer Adligen erfinden.

Wahlseite Eine Bäuerin

1. Informiert euch anhand des Erzähltextes und der Bilder über die Lebensweise und Anschauungen einer Bäuerin.
2. Gebt eure Informationen in geeigneter Form an die anderen Schülerinnen und Schüler weiter.

[1] Die Gemüsebäuerin. *Gemälde von Jacques-Louis David, um 1790.*

[2] **Das könnte eine Bäuerin erzählen:**
Viele Menschen sind unzufrieden mit der Revolution. Sie schimpfen über hohe Preise für Lebensmittel, den Krieg oder den Terror, den die Jakobiner mit der Guillotine veranstalten. Dabei sollten sie einmal daran denken, wie es uns vor der Revolution ging.
Ich musste Steuern an den Staat bezahlen und über 100 Tage im Jahr an den Straßen des Königs arbeiten. Ein Teil der Ernte ging an den adligen Grundherrn und zwei- oder dreimal in der Woche musste ich auf den Feldern der Adligen Frondienste leisten. Wenn die Kaninchen oder Vögel dem Bauern das Saatgut wegfraßen, konnte er nur machtlos zusehen, denn er besaß nicht das Jagdrecht. Mein Vater ist von einem Wildhüter ohne Vorwarnung niedergeschossen worden, weil er ein Kaninchen erschlug, das auf seinen Feldern wühlte. Wollte ein Bauernkind heiraten, musste erst eine Genehmigung des Grundherrn eingeholt werden – gegen Gebühr, versteht sich. Man wird jetzt vielleicht verstehen, warum wir Bauern in der Revolution die Schlösser der Adligen stürmten und die Papiere verbrannten, die unsere Unfreiheit bestätigten. Seit dem 4. August 1789 ist die Leibeigenschaft aufgehoben, wir dürfen jetzt auf unserem Grund und Boden jagen und der Adlige ist nicht mehr unser Richter. Aber von den Abgaben an den Grundherrn muss man sich freikaufen. Dazu sind viele Bauern zu arm.

Verfassertext, nach Quellen zusammengestellt

[3] Die Scheune. Für viele Knechte und Mägde waren Scheunen nicht nur Arbeits-, sondern auch Wohnraum. *Gemälde von Hubert Robert, um 1790.*

Tipps für die Erarbeitung:
– Ihr könnt die Situation der Bauern in Stichworten aufschreiben, die Bilder beschreiben.

Tipps für die Präsentation:
– Ihr könnt ein Interview mit der Bäuerin führen und in der Klasse präsentieren.

Wahlseite

Eine Sansculottin

1. Informiert euch anhand des Erzähltextes und der Bilder über die Lebensweise und Anschauungen einer Sansculottin.
2. Gebt eure Informationen an die anderen Schülerinnen und Schüler weiter.

[1] **Das könnte eine Sansculottin erzählen:**
Man nennt mich eine Sansculottin. Wörtlich übersetzt heißt Sansculotte „Ohne Hosen“. Natürlich gehen unsere Männer nicht ohne Hosen, aber sie verschmähen die Kniebundhosen und Seidenstrümpfe, die die adligen Angeber und reichen Bürger immer noch anziehen. Wir Sansculottinnen gehören zu den Kleinbürgern. Wir tragen einfache Kleider und auf dem Kopf eine rot-weiße Haube mit dem Abzeichen der Revolution. Ich lebe mit meiner Familie hier in Paris im fünften Stock eines Mietshauses. Anders als die reichen Nichtstuer wissen wir Sansculotten, wie man einen Acker pflügt, wie man schmiedet, sägt, feilt, ein Dach deckt, Schuhe macht und wie man bis zum letzten Tropfen sein Blut für das Wohl der Republik vergießt. Für mich sind alle Menschen gleich. Deswegen kann ich nicht einsehen, warum ich noch jemanden mit „Sie“ anreden soll. Ich duze alle Leute, nenne sie „Bürger“ und nicht „Herr“. Wenn der Stadtrat von Paris oder der Wohlfahrtsausschuss eine Sitzung abhält, sind wir Weiber auf der Tribüne. Und wehe den Männern, die da Unsinn reden. Da pfeifen und johlen wir so lange, bis der Redner aufhört. Ich hasse die Adligen, die dicken Kaufleute, die eingebildeten Rechtsverdreher, die vollgefressenen Ladenbesitzer und alle faulen Bürohengste. Wenn es nach denen ginge, wäre die Revolution schon 1791 zu Ende gewesen. Da haben sie eine Verfassung gemacht, bei der nur die Bürger mit der dicken Brieftasche wählen durften. Diese Leute denken nicht an die Revolution, sondern nur an ihren Besitz. Übrigens: Ein Sansculotte hat immer seinen Säbel blank, um allen Feinden der Revolution die Ohren abzuschneiden.

Verfassertext, nach Quellen zusammengestellt

[2] Sansculottin. *Zeitgenössische Zeichnung.*

[3] Französische Bürger tanzen um einen Freiheitsbaum. Links ist ein Sansculotte erkennbar. *Kolorierte Radierung, 1793.*

Tipps zur Erarbeitung:
- Beschreibt die Lebensweise und Ansichten der Sansculotten in Stichworten, beschreibt die Bilder.

Tipps zur Präsentation:
- Haltet als Sansculotte/-in eine Rede in der Nationalversammlung oder schreibt einen Beschwerdebrief.

Wahlseite

Ein Pfarrer

1. Informiert euch anhand des Erzähltextes und der Bilder über die Lebensweise und die Ansichten des Pfarrers.
2. Gebt eure Informationen in geeigneter Form an die anderen Schülerinnen und Schüler weiter.

[1] Bauern verstecken einen Priester. *Gemälde von Charles Fortin, 1853.*

[2] **Das könnte ein Pfarrer erzählen:**
Ich bin katholischer Pfarrer einer Gemeinde auf dem Lande. Ich kenne die kleinen Leute, die Bauern, die Knechte und Mägde sehr gut. Ich sehe sie nicht nur sonntags in der Messe, bei Kindtaufen, Hochzeiten oder Beerdigungen, sondern sie kommen auch zu mir, wenn ich ihnen einen Brief vorlesen oder schreiben soll. So war das bisher, aber mit der Revolution hat sich alles geändert.
Am Anfang war ich noch ganz auf der Seite des dritten Standes, denn ich wusste ja, wie sehr die einfachen Menschen auf dem Lande von den Grundherren ausgebeutet wurden. Aber dann hat man uns Geistlichen unseren Grundbesitz weggenommen. Statt der Ernteabgaben von den Bauern bekamen wir jetzt ein Gehalt vom Staat. Die Trauungen sollten auch von staatlichen Beamten vorgenommen werden und nicht mehr von uns Priestern. Unsere Bischöfe wurden nun nicht mehr vom Papst, sondern von der Regierung ernannt. Um uns Priester in den Griff zu bekommen, sollten wir einen Eid (Schwur) auf die Verfassung ablegen. Da auch der Papst gegen die Verfassung war, habe ich wie viele andere den Eid verweigert. Als ich aber hörte, dass Hunderte von Priestern im September 1792 in Pariser Gefängnissen ermordet worden waren, bekam ich Angst und legte den staatlichen Eid doch noch ab. Das haben mir die Leute in der Gemeinde aber sehr übel genommen. Seitdem will niemand mehr in der Messe dienen, ich werde öffentlich als Schuft bezeichnet und musste mich verstecken, um nicht misshandelt zu werden.

Verfassertext, nach Quellen zusammengestellt

Tipps für die Erarbeitung:
- Stellt in Stichworten die Situation der Geistlichen vor und nach der Revolution zusammen.

Tipps für die Präsentation:
- Verfasst eine Szene und spielt sie in der Klasse vor: Ein Priester wird gezwungen, den Eid auf die Verfassung abzulegen.

Napoleon – Herrscher Europas

Wie gestaltete Napoleon den deutschen Südwesten um?

[1] Napoleon im Krönungsornat. *Gemälde von Francois Gérard, 1805.*

1. Beschreibt und vergleicht die Abbildung [1] mit dem Bild Ludwig XIV. auf Seite 76.

Napoleon
Am 9. November 1799 vertrieb der junge General Napoleon Bonaparte (1769–1821) mithilfe seiner Soldaten die Regierung und ließ sich zum Konsul ernennen. Er war im Volk beliebt, denn er hatte 1795 einen Aufstand gegen die Revolution niedergeschlagen und in vielen Schlachten gegen die verbündeten ausländischen Fürstenheere gesiegt. Nach den Unruhen sehnten sich die Menschen nach einem neuen „starken Mann". Im Jahr 1804 krönte sich Napoleon in der Kathedrale von Notre Dame zu Paris selbst zum Kaiser. Frankreich war jetzt wieder eine Monarchie. War jetzt alles wieder so wie vor der Revolution?

Napoleon – Retter oder Zerstörer der Revolution?
Napoleon erklärte die Revolution für beendet. Die Staatsmacht stand unter seiner Kontrolle. Dabei konnte sich der Kaiser vor allem auf die ihm treu ergebene Armee stützen. Die Teilung der Gewalten in gesetzgebende, ausführende und richterliche Gewalt wurde aufgehoben. Freie Wahlen und Pressefreiheit gab es nicht mehr. Aber die Freiheit der Person, die Gleichheit vor dem Gesetz und das Recht auf Eigentum blieben bestehen. Frankreich wurde in etwa gleich große Verwaltungsbezirke (Departements) mit einer zentral gelegenen Verwaltungshauptstadt eingeteilt. Innerhalb dieser Departements gab es Unterbezirke und Gemeinden. Über die Besetzung der hohen Ämter in der Verwaltung, Polizei und Armee entschied Napoleon selbst. 1804 erschien eine Gesetzessammlung, der „Code Napoleon", worin die Rechte der einzelnen Personen und Fragen des Eigentums geregelt waren.

2. Erstellt eine Tabelle zum Thema „Napoleon – Retter oder Zerstörer der Revolution?"

Was blieb von der Revolution?	Was wurde abgeschafft?	Was wurde neu eingeführt?

3. Beurteilt die Frage, ob durch Napoleon alles wieder so wurde, wie es vor der Revolution war.

Europa unter der Herrschaft Napoleons
Schon als junger Mann war Napoleon zum General der Revolutionstruppen aufgestiegen. Die Soldaten verehrten den kleingewachsenen Heerführer, der ihnen in zahlreichen Schlachten alles abverlangte, aber auch das Gefühl gab, für eine große Sache zu kämpfen. Mit seinen Truppen eroberte Napoleon große Teile Europas.

[2] Napoleons Einzug in Düsseldorf im Jahr 1811. *Kolorierter Kupferstich von J. Petersen.*

Napoleon verändert die deutsche Landkarte

Nach seinen militärischen Siegen zwang Napoleon die deutschen Fürsten, das linke Rheinufer an Frankreich abzutreten. In diesen Gebieten galt nun französisches Recht. Zwar erhielten die Menschen keine politische Mitbestimmung, aber sie waren persönlich frei. Die Menschen durften jetzt ihren Wohnsitz frei wählen, jeder war vor dem Gesetz gleich, jede Ehe musste nun vor dem Staat geschlossen werden. Auch die Leibeigenschaft der Bauern wurde abgeschafft. Der Kirchenbesitz fiel an den Staat. Die Fürsten in den linksrheinischen Gebieten verloren ihr Land, wurden aber in Gebieten rechts des Rheins mit enteigneten Ländereien der Kirche entschädigt. Etwa 300 kleine Herrschaften verschwanden von der Karte. Drei Millionen Menschen bekamen neue Herrscher.

Der deutsche Südwesten

1806 schlossen sich 16 süd- und westdeutsche Staaten zum **Rheinbund** zusammen und erklärten ihren Austritt aus dem „Heiligen Römischen Reich deutscher Nation". Damit war das 1000 Jahre alte Reich der Deutschen zerfallen. Kaiser Franz II. legte daraufhin die Kaiserkrone nieder. Im deutschen Südwesten entstanden folgende Staaten: Das Großherzogtum Baden, das Königreich Württemberg und die Fürstentümer Hohenzollern Hechingen und Hohenzollern Sigmaringen.

4. Vergleicht die Karten [3] und [4]. Welche Veränderungen haben sich ergeben?
5. Sucht auf der Karte [4] die Staaten des deutschen Südwestens.
6. Stellt gegenüber, was die Menschen in den von Frankreich eroberten Gebieten als positiv und was sie als negativ empfanden.

Das Ende der Herrschaft Napoleons über Europa

In den eroberten Gebieten Europas wurden die Franzosen oft als Befreier begrüßt. Aber die Fremdherrschaft wurde auch als bedrückend empfunden. Die katastrophale Niederlage Napoleons im Feldzug gegen Russland (1812) war das Signal zur Erhebung seiner Gegner (Preußen, Russland, England), die ihn in der Völkerschlacht von Leipzig (1813) und bei Waterloo (1815) besiegten. Napoleon wurde verbannt.

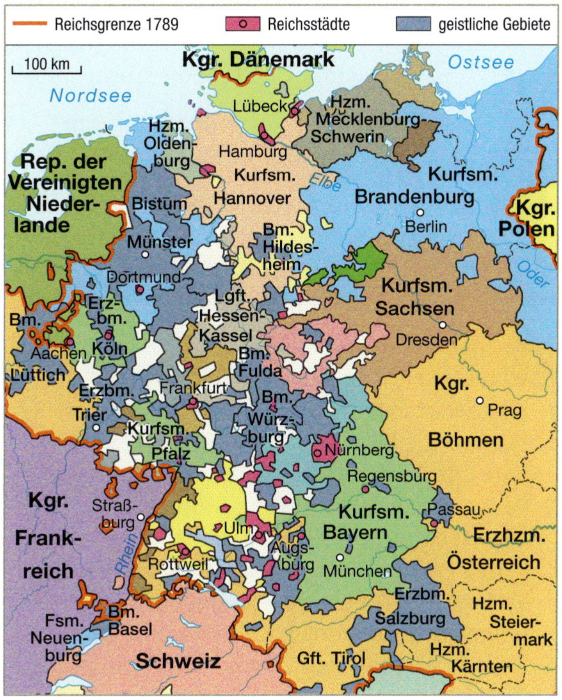

[3] Mitteleuropa um 1789. *Karte.*

[4] Mitteleuropa um 1810. *Karte.*

Geschichte aktiv

Diese Seite richtet sich an alle, die sich gern genauer mit dem Thema „Die Französische Revolution“ beschäftigen möchten, die gern lesen, schreiben, recherchieren, zeichnen, mit Medien umgehen …

Denkt auch daran, euer Portfolio zu führen:

- schöne Ergebnisse in Text und Bild sammeln,
- Lernerfahrungen zum Thema „Europa wandelt sich“ aufschreiben.

1. Jugendbücher lesen und vorlesen

Viele spannende Jugendbücher beschäftigen sich mit der Zeit der Französischen Revolution. Hier ist eine kleine Auswahl:

- Klas Ewert Ewerwyn, Für fremde Kaiser und kein Vaterland, Oettinger-Verlag, Hamburg 1994.
- Inge Ott, Freiheit! Sechs Freunde in den Wirren der Französischen Revolution, Verlag Freies Geistesleben, Stuttgart 1997.
- Dieselbe, Im Schatten des goldenen Adlers. Ein Junge auf Napoleons Spuren, Verlag Freies Geistesleben, Stuttgart 1997.
- Veit Veltzke, An der Seite Napoleons. Die Abenteuer eines rheinischen Jungen, Böhlau Verlag, Köln, Weimar, Wien 2007.
- Simone van der Vlugt, Paris 1789. Das zweite Leben der Baronesse Sandrine, Bertelsmann Verlag, München 2000.

2. Musik der Zeit anhören

Musik aus der Zeit der Französichen Revolution und Napoleons kann man als CD oder im Internet abspielen. Berühmte Beispiele:

- Ludwig van Beethoven: 3. Sinfonie: Eroica,
- Ders., Wellington's Sieg oder die Schlacht von Vittoria
- Peter Tschaikowski: Ouvertüre 1812

3. Spielfilme anschauen oder Theaterstücke auf Video anschauen

Mit den Ereignissen der Revolution oder den Schlachten Napoleons befassen sich aufwändige Spielfilme oder Theaterstücke, die oft als DVDs erhältlich sind. Beispiele:

- Die Französische Revolution (mit Klaus-Maria Brandauer und Jane Seymour)
- Waterloo (mit Rod Steiger als Napoleon)
- Krieg und Frieden (mehrere Fassungen, die bekannteste ist die Hollywood-Verfilmung von 1956)

4. Symbole der Revolution und des Nationalstaates recherchieren, zeichnen, mal

Im Zeitalter der Revolution spielten nationale Symbole (Flaggen, Kokarden, Mützen), Lieder oder Nationalhymnen eine bedeutende Rolle für das Zusammengehörigkeitsgefühl der Menschen. Vielleicht macht es euch Spaß, Fahnen, Texte und anderes zu recherchieren, aufzuschreiben, zu zeichnen oder zu basteln.

Das kann ich!

[1] **Begriffe und ihre Bedeutung**

Bastille	Staat ohne König
Revolution	Schreckensherrschaft
Absolutismus	Umwälzung aller Verhältnisse
Republik	Staatsgefängnis in Paris
Terror	Grundsätze eines Staates über die Regierungsform und die Rechte der Staatsbürger
Verfassung	Staats- und Regierungsform vor der Revolution

[2] **Die Verfassung von 1791.** *Schaubild*

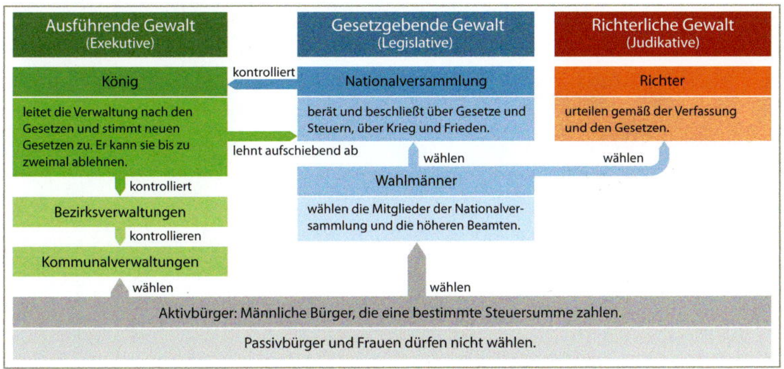

[3] **J. J. Rousseau: „Der Gesellschaftsvertrag“:**
Der Mensch wird frei geboren und überall ist er in Ketten ... Auf seine Freiheit verzichten heißt, auf seine Menschheit, die Menschenrechte ... zu verzichten ... Eine solche Entsagung ist mit der Natur des Menschen unvereinbar. Wenn es aber schon schwierig ist, einen großen Staat zu regieren, so ist es noch schwieriger, dass es von einem einzigen Mann gut regiert wird ...

[4] **„Hoffentlich ist bald Schluss“,** *Karikatur 1789.*

Fragekompetenz

1. Vergleicht eure Fragen vom Anfang des Kapitels mit eurem jetzigen Wissensstand.

Sachkompetenz

2. Ordnet den Begriffen aus Übersicht [1] die jeweils passende Erklärung zu.
3. Ordnet die unten im Kasten angegebenen Ereignisse in die richtige Reihenfolge. Setzt noch die Jahreszahl hinzu.

- Verkündung der Menschen- und Bürgerrechte
- Einberufung der Generalstände
- Ludwig XVI. wird hingerichtet
- Terror der Jakobiner
- Beginn des Revolutionskrieges
- Amerikanische Unabhängigkeitserklärung

4. Beschreibt und erklärt das Schaubild [2].
5. Benennt die Staaten im deutschen Südwesten während der Zeit Napoleons.

Methodenkompetenz

6. Beschreibt und deutet die Karikatur [4] mithilfe der Methode „Karikaturen deuten“ (siehe S. 79).

Reflexionskompetenz

7. Beurteilt die Bedeutung des Textes [3] für die Revolution und den Wandel in Europa.

Orientierungskompetenz

8. Entwerft ein Protestplakat, worin Aktionen zum Schutz der Menschenrechte vorgeschlagen werden, oder schreibt einen Kommentar zu einem der in diesem Kapitel dargestellten Ereignisse.

Europa nach der Französischen Revolution

Barrikadenkampf in Berlin
Am 18. März 1848 kam es in Berlin zur Revolution: Menschen aus allen Bevölkerungsschichten kämpften auf den Barrikaden gegen die Soldaten des Königs. Am Ende des Tages hatten die Bürger gesiegt. Der König ließ seine Truppen abziehen.

1. Beschreibt das Bild und schildert erste Eindrücke. Vermutet, warum die Bürger gegen die Soldaten kämpften.
2. Findet heraus, welche Farben im Bild besonders hervorgehoben sind, und klärt ihre Bedeutung.
3. Formuliert Fragen zum Thema „Europa nach der Französischen Revolution“.

Schauplatz Barrikadenkampf in Berlin

[1] Hinter der Barrikade an der Kronenstraße/ Friedrichstr. in Berlin am 18. 3. 1848. Im Vordergrund gießen Frauen und Kinder Bleikugeln. *Farblithographie.*

1. Beschreibt eure Eindrücke beim Betrachten von [1]. Was tun Männer, Frauen und Kinder?
2. Beurteilt, wie gefährlich die Situation für die dargestellten Personen war.

Revolution in Europa
Im Frühjahr 1848 kam es in ganz Europa zu revolutionären Unruhen. Am 24. Februar besiegten Studenten, Arbeiter, Handwerker und Tagelöhner in Paris das Militär. Der König musste abdanken und ins Ausland flüchten. Damit war Frankreich eine Republik.

Barrikadenkämpfe in Berlin
Der Funke der Revolution sprang auch auf Berlin über. Hier forderten die Bürger mehr freiheitliche Rechte und die Bildung eines einheitlichen deutschen Nationalstaats. Am 18. März verkündete König Friedrich Wilhelm IV. die Aufhebung der Zensur und versprach, sich für eine Verfassung einzusetzen. Fast 10 000 Menschen versammelten sich vor dem Schloss, um dem König zu danken und den Abzug der Armee aus Berlin zu fordern. Da lösten sich – vermutlich aus Versehen – zwei Schüsse. Die Bürger fühlten sich verraten, griffen zu den Waffen und errichteten Barrikaden. Alle Schichten der Bevölkerung – Arbeiter, Handwerker, Studenten, Lehrer, auch Frauen und Kinder – beteiligten sich an den Kämpfen gegen die Soldaten des Königs.

[2] **Ein Flugblatt, das Ende März 1848 in Wien gedruckt und verteilt wurde, schilderte die Ereignisse in Berlin so:**
Es wurden sogleich Barrikaden , die sich in wenigen Stunden über die ganze Stadt ausdehnten, bis zur Zahl von 5 000 errichtet, dann wurde mit allen Glocken Sturm geläutet, das Straßenpflaster aufgerissen, mehrere Straßen mit Glasscherben bestreut, spitziges Eisen in den Boden getrieben, um der Reiterei den Weg unmöglich zu machen. Steine wurden auf die Dächer geschafft und sogar abgedeckt, siedendes Wasser und Öl war in Bereitschaft. Leute jeden Alters, Geschlechts und Standes waren dabei, und nur beim Heranrücken des Militärs entfernten sich Frauen, Kinder und Greise in die Häuser, alles Bereitgehaltene herabzuschleudern ... Die Kämpfer anlangend, so erblicken wir unter ihnen Studenten, Schriftsteller, Künstler, junge Beamte und Arbeiter ... Der Kampf währte drei Stunden, fünfmal lief das Militär dagegen Sturm, 4 Offiziere und 30 Mann wurden getötet ... Fast durch die ganze Nacht hat der Streit gedauert ...

Zit. nach. Karl Obermann, Flugblätter der Revolution. Eine Flugblattsammlung zur Geschichte der Revolution 1848/49 in Deutschland, Berlin 1970, S. 102 ff.

[3] Aufbahrung der Opfer vom 18./19. März 1848 in Berlin. *Gemälde von Adolph von Menzel, 1848.*

Republik Staatsform ohne Monarchen (z. B. König, Fürst)
Zensur (staatliche) Überwachung und Kontrolle von Veröffentlichungen in Zeitungen oder Büchern durch Zensoren, die Teile von Artikeln herausstreichen konnten.
Barrikade Eine Hürde, ein Hindernis, um einen Gegner abzuhalten (z. B. aus Wagen, Rädern, Möbeln).

[4] „Seine Majestät Friedrich Wilhelm IV., König von Preußen, verkündet in den Straßen seiner Hauptstadt die Einheit der deutschen Nation" (21. März 1848), *kolorierte Zeichnung, 1848.*

Bei den blutigen Barrikadenkämpfen gegen die Armee wurden fast 200 Bürger getötet. Am Tag darauf wurden die Toten vor dem Schloss aufgebahrt. Als der König erschien, riefen die Menschen: „Die Mütze herab!". Der König nahm zu Ehren der Toten seine Mütze ab. Wenige Tage später ritt Friedrich Wilhelm IV. durch Berlin und verkündete die Einheit der deutschen Nation. Die Revolution hatte einen ersten Sieg errungen.

3. Analysiert: Warum kämpften die Bürger auf den Barrikaden? Warum ließ der König auf die Menschen schießen? Warum schossen die Soldaten auf die Bürger?

Wählt einen der folgenden Arbeitsaufträge aus:

- Beschreibt die zeitliche Reihenfolge der Barrikadenkämpfe mithilfe von [2] in Stichworten.
- Beschreibt den Barrikadenkampf aus der Sicht eines Soldaten des Königs oder eines Bürgers.
- Schildert mithilfe der Materialien [1]–[4] die dargestellten Ereignisse in der Form einer Rundfunkreportage.

Orientierung

[1] Europa um 1740. *Politische Karte.*

1. Beschreibt die Karte [1]: Listet die größeren Staaten (Reiche bzw. Königreiche) in Mittel-, Ost- und Südosteuropa auf. Beschreibt das (rot umrandete) Heilige Römische Reich Deutscher Nation.

[2] Europa um 1914. *Politische Karte.*

2. Beschreibt die Karte [2]: Welche Veränderungen haben sich ergeben? Beachtet vor allem das Deutsche Reich, Österreich, Italien, das Osmanische Reich und das Russische Reich.

- **1815**
  Der Wiener Kongress ordnet die Landkarte Europas neu, Deutschland hat 39 Einzelstaaten.
- **1817**
  Beim Wartburgfest demonstrieren Studenten und Professoren für Freiheit und Einheit.
- **1819/1820**
  Die Fürsten erlassen die „Karlsbader Beschlüsse“: Verbot der Burschenschaften, Pressezensur, Überwachung der Universitäten
  Beginn des griechischen Freiheitskampfes
- **1830**
  Revolutionen und Aufstände in Frankreich, Polen, Belgien

  Griechenland und Belgien werden unabhängig, polnischer Aufstand niedergeschlagen
- **1832**
  „Hambacher Fest“: Großdemonstration mit 30 000 Teilnehmern für Freiheit und Einheit
- **1844**
  Aufstand verarmter Weber in Schlesien
- **1848/49**
  Revolution in Europa
  Erstes demokratisch gewähltes gesamtdeutsches Parlament in Frankfurt
- **1861/1862**
  Italien wird unabhängiges Königreich. Otto von Bismarck wird Ministerpräsident in Preußen.
- **1864**
  Einigungskrieg Preußens gegen Dänemark
- **1866**
  Einigungskrieg gegen Österreich
- **1870/1871**
  Einigungskrieg gegen Frankreich, Gründung des Deutschen Kaiserreiches

Europa nach 1815

Wie war die Situation in Europa nach dem Sturz Napoleons?Welche Ziele verfolgten die Fürsten – was wollten die Bürger? Wie lebten die Reichen und die Armen? Warum scheiterte die Revolution von 1848? Was geschah in Italien, Griechenland, Belgien oder Polen? War das Deutsche Kaiserreich ein demokratischer Staat?
Mit diesen und ähnlichen Fragen beschäftigt sich dieses Kapitel.

Wichtige Kompetenzen in diesem Kapitel

Fragekompetenz
- Fragen an die Geschichte stellen und Möglichkeiten zur Beantwortung von Fragen entwickeln

Sachkompetenz
- den Gegensatz zwischen staatlicher Restauration und dem Streben nach Einheit und Freiheit in Europa nach dem Wiener Kongress erklären
- die unterschiedliche Lebensweise der Menschen in Deutschland zwischen Auflehnung und Anpassung erläutern
- die Revolution von 1848/49 als europäisches Ereignis erläutern und erklären, warum die Gegenrevolution siegte
- die Ursachen für die Auswanderung nach Amerika herausfinden
- die Gründung des Deutschen Kaiserreichs beschreiben und mit der Entwicklung in Frankreich und Polen vergleichen

Methodenkompetenz
- politische Dichtung verstehen

Reflexionskompetenz
- geschichtliche Ereignisse und Entwicklungen ergründen, bewerten und beurteilen

Orientierungskompetenz
- den Einsatz der Bürger für Demokratie und nationale Einheit als Vorbild für gegenwärtiges und zukünftiges Handeln wahrnehmen

Die Restauration und ihre Gegner

Fürsten oder Bürger – wer hat die Macht im Staat?

[1] Die erste Sitzung der Fürsten auf dem Frankfurter Bundestag. *Radierung, 1816.*

1. Beschreibt die Abbildung [1].

Der Wiener Kongress

Nach dem Sieg über Napoleon trafen sich 1814/15 in Wien die Herrscher und Gesandten der europäischen Staaten zu einem Friedenskongress. Unter der Führung des österreichischen Staatskanzlers Metternich wurde die Landkarte Europas neu geordnet. Der Wunsch der Völker nach mehr Freiheit, Gleichheit und nationaler Einheit erfüllte sich nicht. Vielmehr wurden viele alte Zustände, wie sie vor der Revolution geherrscht hatten, wieder hergestellt. Die Zeit von 1815–1848 wird deshalb als **„Restauration"** (lat. „restaurare" = wieder herstellen) bezeichnet.

Der Deutsche Bund

Die Herrscher wollten in der Mitte Europas kein mächtiges, einheitliches Deutschland haben. Deshalb wurde der Deutsche Bund, ein lockeres Staatenbündnis aus 39 Einzelstaaten unter der Führung Österreichs gegründet. An der Spitze der Einzelstaaten standen Könige und Fürsten mit absoluter Regierungsgewalt. Jeder dieser Staaten hatte eigene Regierungen, Gesetze, Maße und Geldwährungen. Zahlreiche Zollgrenzen behinderten den Reise- und Güterverkehr. Gemeinsame Angelegenheiten der Einzelstaaten wurden auf dem Frankfurter Bundestag von den fürstlichen Herrschern beschlossen.

2. Erläutert in Stichworten den Begriff „Restauration".

[2] **Der Staatswissenschaftler Karl Ludwig v. Haller äußerte sich 1816 in seinem Buch:**

1. Die Fürsten herrschen nicht aus anvertrauten Rechten ... Es ist ihnen keine Gewalt vom Volk übertragen worden ..., sondern sie besitzen diese Macht ... von der Natur ...
2. Das Volk ist ursprünglich nicht vor dem Fürsten, sondern im Gegenteil der Fürst vor dem Volk, gleich wie der Vater vor den Kindern, der Herr vor den Dienern, überall der Obere vor den Untergebenen, die Wurzel und der Stamm vor den Ästen, Zweigen und Blättern existiert.

Zitiert nach: Geschichte in Quellen, hg. v. Wolfgang Lautemann u.a., Band 5, München (bsv) 1980., S. 70.

3. Arbeitet heraus, in welchem Verhältnis – nach Ansicht Hallers [3] – Fürst und Volk zueinander stehen.

Das Bürgertum

In den Einzelstaaten des Deutschen Bundes bildete der Adel (z. B. Fürsten, Grafen, Freiherren) noch immer die vorherrschende Oberschicht. Aber nach der Französischen Revolution gewann das Bürgertum immer größere Bedeutung. Zum Bürgertum gehörten vor allem wohlhabende Fabrikbesitzer (Unternehmer), Kaufleute oder Handwerksmeister. Außerdem wurden zum Bürgertum die Gebildeten (z. B. Hochschullehrer, Richter, Anwälte, Ärzte) gezählt. Kleinkaufleute oder Handwerksgesellen wurden zum Kleinbürgertum gezählt. Kennzeichnend für das Bürgertum waren die „bürgerlichen Tugenden" wie Leistung, Fleiß oder Sparsamkeit. In der Zeit der Restauration kritisierten viele Bürgerliche die bestehenden Zustände. Nicht zum Bürgertum gezählt wurden die Bauern auf dem Lande und die mit der Industrialisierung entstehende neue Schicht der Arbeiter.

4. Erläutert die Begriffe „Adel", „Bürgertum" und „Arbeiterschaft" in Stichworten.

[3] Zug von Studenten zum Fest auf der Wartburg 1817. *Zeitgenössisches Bild.*

Die Liberalen

Viele Menschen, die in den Befreiungskriegen gegen Napoleon gekämpft hatten, waren enttäuscht von den politischen Verhältnissen.

[4] **In den „Grundsätzen und Beschlüssen des achtzehnten Oktobers“ aus dem Jahr 1817 vertraten die in Burschenschaften organisierten Studenten folgenden Standpunkt:**

Der Wille des Fürsten ist nicht das Gesetz des Volkes, sondern das Gesetz des Volkes soll der Wille des Fürsten sein ... Freiheit und Gleichheit ist das Höchste, wonach wir zu streben haben ... Das Recht, in freier Rede und Schrift seine Meinung über öffentliche Angelegenheiten zu äußern, ist ein unveräußerliches Recht jedes Staatsbürgers, das ihm unter allen Umständen zustehen muss. Dieses Recht muss das Wahlrecht des Bürgers ergänzen, wenn er die reelle Freiheit behalten soll ... Von dem Ländchen, in welchem wir geboren sind, wollen wir niemals das Wort „Vaterland“ gebrauchen. Deutschland ist unser Vaterland.

Zitiert nach: Hans Ehrenreich, Heinrich Luden und sein Einfluss auf die Burschenschaften, in: Quellen und Darstellungen zur Geschichte der Burschenschaften und der deutschen Einheitsbewegung, Bd. 4, Heidelberg (Winter) 1913, S. 118.

5. Nennt stichwortartig die politischen Hauptforderungen der Studenten.

6. Erklärt, warum es sich bei dem Text [4] um einen „Gegentext“ zu Text [2] handelt.

7. Welcher der beiden Auffassungen stimmt ihr zu. Begründet eure Meinung!

Außer den Studenten gehörten auch viele andere Bürger zur Gruppe derer, die gegen die Macht der Fürsten aufbegehrten. Sie alle einte der Wunsch nach mehr persönlicher Freiheit. Sie wurden Liberale genannt.

Friedrich List – ein Liberaler aus Württemberg

Friedrich List wurde am 6. August 1789 in Reutlingen geboren und erhielt 1817 eine Anstellung als Professor für Staatswissenschaften an der Universität Tübingen. Auch er gehörte zu denen, die für mehr Freiheit und Fortschritt eintraten. Er setzte sich vor allem für eine Abschaffung der Zölle im Deutschen Bund ein. Wegen seiner Kritik an der herrschenden Politik musste List schon 1820 sein Amt als Professor niederlegen. 1822 wurde er wegen angeblich staatsfeindlicher Äußerungen zu Festungshaft verurteilt und nur gegen das Versprechen freigelassen, nach Amerika auszuwandern. Nach 10 Jahren kehrte List als amerikanischer Gesandter nach Deutschland zurück. Mit seiner ganzen Kraft setzte er sich für den Bau von Eisenbahnen und für den Abbau der Ländergrenzen ein. Er schlug die Bildung eines „Deutschen Zollvereins“ vor. Als die Regierungen seine Vorschläge ablehnten, nahm er sich 1846 das Leben.

Wählt einen der folgenden Arbeitsaufträge aus:

- Entwerft ein Plakat mit den Hauptforderungen der Liberalen.
- Schreibt einen tabellarischen Lebenslauf von Friedrich List.
- Schreibt einen Aufruf zur Beseitigung der Zollschranken in Deutschland. Ihr könntet so beginnen: *In Deutschland gibt es 39 Einzelstaaten, die ...*

Protest und Unterdrückung

Kann man das Denken verbieten?

[1] Der Denker-Club. *Karikatur, um 1820.* Auf dem Schild über dem Tisch steht unten der Satz: „Wie lange möchte uns das Denken wohl noch erlaubt bleiben?"

1. Betrachtet die Karikatur [1] und vermutet, was der Zeichner zum Ausdruck bringen wollte.

Vom Wartburgfest zu den Karlsbader Beschlüssen
Am 18. Oktober 1817 trafen sich etwa 500 Studenten und einige Professoren auf der Wartburg bei Eisenach, um ein Fest zu feiern. Am Abend warfen sie unter Protestrufen gegen die Regierung einige fürsten-freundliche Bücher und Uniformstücke ins Feuer. 1819 ermordete der Student Carl Ludwig Sand den Dichter August von Kotzebue, der regelmäßig die Burschenschaften (Vereinigungen der Studenten) verspottet hatte.
Für die Fürsten war dieser Mord ein willkommener Anlass, gegen den „revolutionären Geist" aller freiheitlich gesinnten Menschen vorzugehen. Sie erließen 1819 die „Karlsbader Beschlüsse" [2].

2. Lest die Beschlüsse [2] mit verteilten Rollen laut vor und fasst sie in vier Stichpunkten zusammen.
3. Überlegt, was die Karlsbader Beschlüsse für liberale Bürger bedeuten konnten und wie diese auf die Anordnungen reagierten.

Zensur (staatliche) Überwachung von Veröffentlichungen in Zeitungen oder Büchern durch beauftragte Zensoren, die auch Teile von Artikeln herausstreichen konnten.

[2] Studenten und Professoren lesen die Karlsbader Beschlüsse. *Zeichnung.*

[3] Der Zug auf das Hambacher Schloss am 27. Mai 1832. *Farblithographie.*

4. Betrachtet und beschreibt [3] und schildert eure Eindrücke von der Stimmung der dargestellten Szene.

Revolutionen in Europa

Im Jahr 1830 brachen in Frankreich, Polen und Belgien Revolutionen aus. Der französische König wurde gestürzt. Im November 1830 erhoben sich die Bürger Polens gegen die russische Fremdherrschaft. Sie forderten eine freiheitliche Verfassung und ein vereintes Polen. Aber schon ein Jahr später wurde die Revolution durch Waffengewalt der russischen Armee beendet. Viele polnische Freiheitskämpfer mussten ins Ausland fliehen. Auch in Deutschland wurden sie von freiheitlich gesinnten Bürgern aufgenommen.

Das Hambacher Fest

Jetzt forderten auch immer mehr Deutsche die Abschaffung der Karlsbader Beschlüsse und eine Verfassung für ganz Deutschland. Als die beiden liberalen Journalisten Johann Georg August Wirth und Philipp Jakob Siebenpfeiffer zu einem politischen Fest einluden, kamen fast 30 000 Menschen. Es waren Männer und Frauen aus allen Ständen, darunter Handwerker, Kaufleute, Bauern oder Ärzte, die am 27. Mai 1832 mit Musik und schwarz-rot-goldenen Fahnen zur Ruine des Hambacher Schlosses hinaufgingen. Auf dem Weg zur Schlossruine sangen die Demonstranten politische Lieder. Oben auf dem Schloss wurden Reden gegen die Fürsten, für Freiheit und Einheit in Europa gehalten.

Die Antwort der Fürsten ließ nicht lange auf sich warten. Fürst Metternich nahm das Hambacher Fest zum Anlass, um noch schärfere Unterdrückungsmaßnahmen beschließen zu lassen. Vor allem wurde die Rede- und Versammlungsfreiheit aufgehoben, und die Zensur der Presse wurde weiter verschärft. Menschen, die für Freiheit und Einheit demonstrierten, verschwanden in Gefängnissen. Viele flohen über die Grenzen in die Schweiz, nach Frankreich oder wanderten nach Amerika aus.

[4] Redner auf dem Hambacher Fest. *Holzstich, um 1880.*

Wählt einen der folgenden Arbeitsaufträge aus:

- Erweitert den Text aus [4] und spielt die Szene nach.
- Schreibt einen Zeitungsartikel über das Hambacher Fest.
- Berichtet – als Spitzel – dem Fürsten Metternich vom Hambacher Fest. So konntet ihr beginnen: *Exzellenz, ich berichte von einer Versammlung, an der ...*

Wohlstand und Armut

Ist Ruhe die erste Bürgerpflicht?

[1] „Die gute alte Zeit". Das Innere einer Bürgerwohnung im Biedermeierstil. *Gemälde, um 1835.*

1. Beschreibt die einzelnen Elemente des Bildes [1] so genau wie möglich (Personen, Kleidung, Tätigkeiten, Ausstattung des Raumes). Welche Stimmung vermittelt das Bild?
2. Besprecht: Was ist an der dargestellten Familienszene anders als bei einem Sonntagnachmittag in eurer Familie?

Biedermeier: Der Rückzug ins Private

Wer sich in Wort und Schrift öffentlich gegen die Regierung äußerte, wurde verfolgt. Viele Dichter mussten unter Zwang Deutschland verlassen und gingen ins Ausland (Emigration). Die meisten Bürger passten sich den Verhältnissen an und zogen sich ins Privatleben zurück. Sie handelten nach dem Motto „Ruhe ist die erste Bürgerpflicht". Vielen genügte es, Erfolg in ihrem Beruf zu haben, eine Familie zu gründen und ein gemütliches Heim zu besitzen. Geselligkeit fand man oft in Vereinen oder im Wirtshaus. Wer es sich leisten konnte, kleidete sich nach der Mode der Zeit: Die Männer mit Frack und Zylinder, Frauen trugen Rüschenkleider, große Hüte und Lockenfrisuren. Die Wohnzimmer angesehener Bürger waren mit Klavier, Polstersofa, Schreibsekretär und Bücherregal ausgestattet. Die Kunst und die gesamte Lebensart dieser Zeit wird „Biedermeier" genannt. Viele Menschen verbinden damit auch den Ausdruck „Die gute alte Zeit".

3. Betrachtet Bild [2], beschreibt die dargestellten Personen und findet heraus, ob die Szene der beschriebenen Lebensart des Biedermeier entspricht.

[2] Biedere Bürger gehen vom Stammtisch nach Hause. Der Wirt wünscht „angenehme Ruh", der Hausdiener leuchtet den Gästen heim. *Holzschnitt von Adrian Ludwig Richter, um 1835.*

[3] Weberelend: Der Tod der Weberfrau. *Holzschnitt aus den 40er-Jahren des 19. Jahrhunderts.*

4. Beschreibt [3]. Was könnte der Mann und die Kinder jetzt denken und fühlen?

Armut in der Stadt

Nur die wenigsten Menschen konnten sich einen behaglichen Biedermeier-Lebensstil leisten. Die Handwerksbetriebe in den Städten konnten kaum mit den billiger produzierenden neuen Industriebetrieben mithalten. Viele Handwerksmeister gaben ihren Betrieb auf und gingen als Arbeiter in die Fabrik.

Armut auf dem Lande

In Baden und Württemberg wurde der Landbesitz einer Familie nicht an den ältesten Sohn vererbt, sondern auf alle erbberechtigten Kinder verteilt. Durch solche Realteilungen entstanden kleinste „Zwergwirtschaften": 80 Prozent aller Betriebe im deutschen Südwesten hatten eine Gesamtfläche von weniger als 5 Hektar. Deshalb waren die meisten Kleinbauern auf Nebenerwerb (z. B. Herstellung von Schüsseln, Spielzeug oder Uhren) angewiesen.

[4] **Über die Ernährung der armen Leute im Südwesten Deutschlands schrieb F. List:**
Kartoffeln ohne Salz, eine Suppe mit Schwarzbrot, Haferbrei, hie und da schwarze Klöße. Die, welche besser stehen, sehen kaum einmal in der Woche ein bescheidenes Stück Fleisch auf dem Tisch, und Braten kennen die meisten nur vom Hörensagen."

Zit. nach: Thomas Nipperdey, Deutsche Geschichte 1800–1866. München1998, S. 172.

5. Erklärt, wodurch die Armut der Menschen in Baden und Württemberg verursacht war.

In Nordwest- und Ostdeutschland gab es eine große Schicht von Landbewohnern, die keinen eigenen Grundbesitz hatten und auf Bauernhöfen zur Miete wohnte. Diese Landbewohner verarbeiteten als Garnspinner oder Weber das von den Bauern angebaute Naturprodukt Flachs zu Leinen. Aus Leinen wurde Kleidung und Bett- oder Tischwäsche hergestellt. Als die Fabrikwaren den europäischen Markt überschwemmten, gerieten die Heimarbeiter ins Elend.

Der Weberaufstand

In Schlesien war die Not der Weber besonders groß. Die Preise für die Produkte wurden immer weiter gesenkt. Als der Hunger der Menschen zu groß wurde, überfielen die Weber 1844 die Häuser der Reichen und plünderten sie. Das preußische Militär schlug den Aufstand mit blutiger Gewalt nieder.

[5] Weberauszug im Jahr 1844. *Radierung von Käthe Kollwitz, 1895.*

6. Beschreibt [5] und beurteilt Ursachen, Verlauf und Ende des Weberaufstandes.

Wählt einen der folgenden Arbeitsaufträge aus:

- Stellt in einer Übersicht den Alltag der Reichen und der Armen gegenüber.
- Schreibt einen Brief aus der Sicht eines Kindes der Biedermeier-Zeit zum Thema „Ein Sonntagnachmittag zu Hause".
- Schildert als Beamter dem König die Lage der Menschen auf dem Lande und unterbreitet ihm Vorschläge zur Verbesserung der Situation.

Das Deutschlandlied

Wie ist die deutsche Nationalhymne entstanden?

[1] Hoffmann von Fallersleben (1798–1874). *Zeichnung.*

Geschichte des Deutschlandliedes
Der Dichter und Literaturprofessor August Heinrich Hoffmann von Fallersleben (1798–1874) dichtete 1841 den Text des Deutschlandliedes auf der Insel Helgoland, die damals zu Großbritannien gehörte.
Die dritte Strophe ist heute die deutsche Nationalhymne. Das „Lied der Deutschen“ wurde schnell bekannt und in der heute noch benutzten Vertonung von Joseph Haydn (1732–1809) oft gesungen. Seit 1922 war es die Nationalhymne. Während der nationalsozialistischen Gewaltherrschaft (1933–1945) wurde der Text als Ausdruck der Vorherrschaft Deutschlands über andere Völker umgedeutet. Es durfte nur noch die 1. Strophe in Verbindung mit dem Nazi-Kampf-Lied „Die Fahne hoch“ gesungen werden.
Nach dem 2. Weltkrieg war das Lied zunächst verboten, wurde aber 1952 in der Bundesrepublik zur Nationalhymne erklärt. Die 3. Strophe wird seither zu offiziellen politischen, kulturellen oder sportlichen Veranstaltungen gesungen.

[2] Die deutsche Fußballnationalmannschaft singt die Nationalhymne bei der EM 2016. *Foto.*

[3] **Das Lied der Deutschen**

Deutschland, Deutschland über alles,
Über alles in der Welt,
Wenn es stets zu Schutz und Trutze
Brüderlich zusammenhält.
Von der Maas bis an die Memel,
Von der Etsch bis an den Belt –
Deutschland, Deutschland über alles,
Über alles in der Welt.

Deutsche Frauen, deutsche Treue,
Deutscher Wein und deutscher Sang
Sollen in der Welt behalten
Ihren alten, schönen Klang,
Uns zu edler Tat begeistern
Unser ganzes Leben lang:
Deutsche Frauen, deutsche Treue,
Deutscher Wein und deutscher Sang.

Einigkeit und Recht und Freiheit
Für das deutsche Vaterland!
Danach lasst uns alle streben
Brüderlich mit Herz und Hand!
Einigkeit und Recht und Freiheit
Sind des Glückes Unterpfand.
Blüh im Glanze dieses Glückes,
Blühe, deutsches Vaterland!

1. Der Belt ist eine Meeresbucht an der Grenze zu Dänemark. Klärt mithilfe einer physischen Atlaskarte, wo die Flüsse Maas, Memel und Etsch fließen. Warum hat Hoffmann gerade diese Begriffe ausgesucht?
2. Klärt, was die Begriffe „Einigkeit“ und „Recht“ und „Freiheit“ für euch bedeuten.

Wählt einen der folgenden Arbeitsaufträge aus:

- Lernt die 3. Strophe des Deutschland-Liedes auswendig und singt sie in der Klasse.
- Schreibt die Geschichte des Deutschlandliedes in Stichworten auf.

Was ihr noch tun könnt …
- durch eine Umfrage Bekanntheit der Nationalhymne erkunden, Einstellung zum Deutschlandlied testen, Texte von Nationalhymnen anderer Länder sammeln und besprechen

Methode Politische Dichtung verstehen

Nicht nur Unterhaltung

Viele Künstler möchten das Publikum nicht nur unterhalten, sondern auch Botschaften oder Einsichten vermitteln. Sie üben Kritik an herrschenden Zuständen. Die Werke von Schriftstellern enthalten häufig politische Aussagen über gesellschaftliche Zustände, die Politik der Regierenden oder Verstöße gegen Menschenrechte. In der Zeit von 1815–1848 war es besonders schwierig und riskant, politische Dichtung zu verbreiten.
Die folgenden Arbeitsschritte können euch helfen, politische Dichtung zu verstehen:

1. Schritt: Text in den geschichtlichen Zusammenhang einordnen

- Welche Hinweise zum Leben des Dichters sind wichtig?
- In welcher Zeit ist das Werk entstanden? Welche politischen und gesellschaftlichen Zustände waren damals vorherrschend?

2. Schritt: Textinhalt erschließen

- Welche Wörter sind unbekannt und müssen nachgeschlagen werden?
- In welche Sinneinheiten ist der Text gegliedert?
- Welche Probleme werden angesprochen?
- Welche Einzelheiten sind wichtig?
- Welche geschichtlichen Hintergründe sind zum Verständnis des Textes wichtig?

3. Schritt: Politische Ziele und Absichten klären

- Wer sind die Adressaten/Leser des Textes?
- Gegen wen richten sich einzelne Aussagen?
- Mit welchen sprachlichen Mitteln wendet sich der Autor gegen seine Gegner?
- Welche Wirkung soll erzielt werden?

4. Schritt: Text kritisch bewerten

- Ist die im Text geübte Kritik berechtigt?
- Sind die sprachlichen Mittel verständlich und geeignet, die beabsichtigte Wirkung zu erzielen?

1. Bearbeitet den Text [2] in der Reihenfolge der Arbeitsschritt. Nehmt ein Wörterbuch zu Hilfe.

[1] Heinrich Heine (1797–1856). *Lithografie.*

Der Dichter Heinrich Heine wurde am 13. Dezember 1797 in Düsseldorf geboren. In seinen Gedichten und Reisebeschreibungen sparte Heine nicht mit Kritik am Staat oder an der Kirche. Oft verwendete er dabei auch Ironie*. 1831 verließ er Deutschland und lebte in Paris im Exil. 1835 wurden seine Veröffentlichungen offiziell verboten. Er starb am 17. Februar 1856 in Paris.

[2] **Nach dem Weberaufstand von 1844 schrieb Heine sein Gedicht „Die schlesischen Weber":**

Im düstern Auge keine Träne,
Sie sitzen am Webstuhl und fletschen die Zähne:
„Deutschland, wir weben dein Leichentuch,
Wir weben hinein den dreifachen Fluch,
Wir weben, wir weben!

Ein Fluch dem Gotte, zu dem wir gebeten
In Winterskälte und Hungersnöten;
Wir haben vergebens gehofft und geharrt,
Er hat uns geäfft, gefoppt und genarrt,
Wir weben, wir weben!

Ein Fluch dem König, dem König der Reichen,
Den unser Elend nicht konnte erweichen,
Der den letzten Groschen von uns erpresst
Und uns wie Hunde erschießen lässt,
Wir weben, wir weben!

Ein Fluch dem falschen Vaterlande,
Wo nur gedeihen Schmach und Schande,
Wo jede Blume früh geknickt,
Wo Fäulnis und Moder den Wurm erquickt,
Wir weben, wir weben!

Das Schiffchen fliegt, der Webstuhl kracht,
Wir weben emsig Tag und Nacht
Altdeutschland, wir weben dein Leichentuch,
Wir weben hinein den dreifachen Fluch,
Wir weben, wir weben!"

Ironie sprachliches Mittel, bei dem oft das Gegenteil von dem Gemeinten gesagt wird, hinter Ernst versteckter Spott.

Revolution in Europa

Wird jetzt alles anders?

[1] Revolutionäre Kämpfe in Freiburg. *Zeitgenössische Darstellung.*

1. Beschreibt Abbildung [1].

Revolution in Europa

Im Frühjahr 1848 kam es in ganz Europa zu revolutionären Unruhen. Am 24. Februar besiegten Studenten, Arbeiter, Handwerker und Tagelöhner in Paris das Militär. Der König musste abdanken und ins Ausland flüchten. Damit war Frankreich eine Republik. Die Nachricht von der erneuten Revolution in Frankreich verbreitete sich in Windeseile. Am 13. März lieferten sich in Wien Studenten und liberale Bürger Straßenkämpfe mit der Armee. Die Regierung trat zurück. Fürst Metternich flüchtete nach England.

Revolution in Deutschland

Der Funke der Revolution sprang auch auf Deutschland über. Überall demonstrierten nun die Bürger für die Presse- und Versammlungsfreiheit und forderten die Wahl eines deutschen Parlaments. In vielen Städten kam es zwischen Bürgern und Militär zu blutigen Barrikadenkämpfen. In den ländlichen Gebieten blieb es dagegen meist ruhig.

Unter dem Druck der bewaffneten Auseinandersetzungen gaben die Fürsten in den deutschen Einzelstaaten den Forderungen der Revolutionäre nach und stimmten der Bildung eines frei gewählten Parlaments, der deutschen Nationalversammlung, zu.

2. Erstellt eine zeitlich geordnete Liste der auf der Karte (2) eingetragenen Aufstände in Europa:

Datum	Stadt	Land

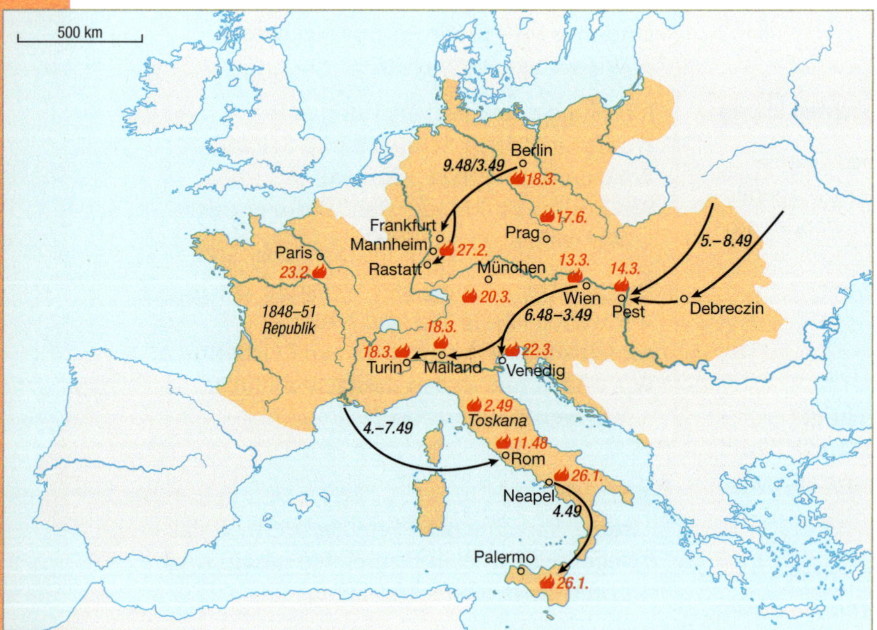

[2] Aufstände in Europa 1848. *Karte.*

von Revolutionen betroffene Staaten

13.3. erste liberale oder nationale Aufstände in wichtigen Städten

3.49 erfolgreiche Militäraktionen gegen revolutionäre Bewegungen

[3] Einzug des Parlaments in die Paulskirche, 1848.
Holzstich nach einer Zeichnung von Fritz Bergen.

Die deutsche Nationalversammlung in der Paulskirche zu Frankfurt

Innerhalb weniger Wochen wurden Wahlkreise gebildet und Kandidaten aufgestellt. Da es noch keine Parteizugehörigkeit gab, wurden vor allem solche Kandidaten bevorzugt, die ein öffentliches Amt innehatten und in der Bevölkerung bekannt waren. Wählen durften alle, die eine selbstständige Tätigkeit ausübten und über ein Mindesteinkommen verfügten. Besitzlose und Frauen waren von der freien und geheimen Wahl ausgeschlossen.
Am 18. Mai 1848 versammelten sich die 573 Abgeordneten der deutschen Nationalversammlung zum ersten Mal in der Paulskirche zu Frankfurt am Main.

3. Vermutet, warum man nicht in einem eigenen Parlamentsgebäude tagte, sondern in einer Kirche.
4. Welcher der heutigen Wahlrechtsgrundsätze „frei, allgemein, gleich, geheim, unmittelbar" galt damals nicht. Wie beurteilt ihr das?

Wählt einen der folgenden Arbeitsaufträge aus:

- Notiert in Stichworten die Erwartungen bzw. Forderungen der Abgeordneten aus (4).
- Schreibt die Forderungen der Abgeordneten aus [4] auf ein Plakat.
- Schildert in einer Rundfunkreportage den Einzug der Abgeordneten in die Frankfurter Paulskirche.

[4] Abgeordnete in der Paulskirche. 1848. *Zeichnung.*

Die Nationalversammlung

Wie soll Deutschland regiert werden?

[1] Blick in die Nationalversammlung. *Kolorierter Stich, 1848.*

1. Beschreibt die Abbildung [1]. Benutzt dazu folgende Begriffe: *Paulskirche, Rundbau, Säulen, Abgeordnete, Redner, Präsident, Zuschauer, Wappen, Fahnen.*

Die Arbeit des Parlaments

Die erste Sitzung der Nationalversammlung verlief turbulent. Die Abgeordneten kannten sich noch nicht untereinander und wussten nicht, welche Plätze sie einnehmen sollten. Wegen des allgemeinen Lärms konnten sich die Redner nur schwer verständlich machen. Die Zuschauer auf den oberen Rängen wurden unruhig. Das änderte sich mit der Wahl des Staatsministers Heinrich von Gagern zum Präsidenten.

[2] **Über den zweiten Sitzungstag am 19. Mai 1848 berichtete ein Augenzeuge:**

Alle Anwesenden fühlten sich in einer anderen Verfassung als tags vorher; es herrschte durchaus Ordnung, Ruhe und doch in den Reden ein freier Geist ... Als neuer provisorischer Präsident wurde mit großer Stimmenmehrheit der bekannte, ja berühmte Staatsminister von Gagern gewählt. Seine Wahl war in mehreren Klubversammlungen vorbereitet worden. Es scheint ein ausgezeichneter Mann von energischer Kraft und wahrhafter Würde des Charakters zu sein ... In seiner Antrittsrede hat Heinrich von Gagern die für die Zukunft entscheidenden, häufig zitierten Worte ausgesprochen: Wir haben die größte Aufgabe zu erfüllen. Wir sollen schaffen eine Verfassung für Deutschland, für das gesamte Reich. Der Beruf und die Vollmacht zu dieser Schaffung liegt in der Souveränität der Nation.

Zit. nach: Die Deutsche Revolution 1848/49 in Augenzeugenberichten, herausgegeben von Hans Jessen, Düsseldorf (Karl Rauch Verlag) 1968, S. 134 f.

2. Erläutert, warum die Schaffung einer „Verfassung für Deutschland" als schwierige und „größte Aufgabe" empfunden wurde.
3. Formuliert die Grundrechte als ganze Sätze.

Die Grundrechte

Nach langen Diskussionen wurden im Dezember 1848 die „Grundrechte des deutschen Volkes" beschlossen. Dazu gehörten:

- Aufhebung des Adelsstandes, Abschaffung der Standesvorrechte
- Freiheit der Person
- Unverletzlichkeit der Wohnung
- Recht auf freie Meinungsäußerung in Wort, Schrift, Druck und bildlicher Darstellung
- Versammlungsfreiheit
- Glaubens- und Gewissensfreiheit

Verfassung Grundgesetz, Staatsordnung

Souveränität Herrschaftsgewalt eines Staates, Unabhängigkeit

[3] Eine Abordnung der Frankfurter Nationalversammlung bietet König Friedrich Wilhelm IV. am 3. April 1849 die Kaiserkrone an. *Gemälde, 19. Jh.*

Monarchie oder Republik?

Wie sollte der Staat regiert werden? Viele Abgeordnete wollten einen König oder Kaiser an der Spitze des Staates sehen. Ein anderer Teil sprach sich gegen die Monarchie aus und befürwortete eine Republik mit einem gewählten Präsidenten an der Spitze. Sollte Deutschland künftig ohne Österreich auskommen oder würde ein großdeutsches Reich unter der Führung Österreichs entstehen?

Ein König will nicht Kaiser werden

Am 28. März 1849 verabschiedete die Nationalversammlung eine Reichsverfassung. Darin wurde eine konstitutionelle Monarchie als Staatsform festgelegt. Außerdem hatte sich die kleindeutsche Lösung (ohne Österreich) durchgesetzt. Der preußische König Friedrich Wilhelm IV. wurde zum künftigen Kaiser der Deutschen gewählt. Der König lehnte jedoch das Angebot ab.

[4] **Schon in einem Brief vom 13. Dez. 1848 hatte sich Friedrich Wilhelm IV. dazu so geäußert:**

... Einen solchen Reif aus Dreck ... gebacken soll ein rechtmäßiger König von Gottesgnaden und nun gar der König von Preußen sich geben lassen...? Ich sage es Ihnen, ... soll die tausendjährige Krone deutscher Nation wieder einmal vergeben werden, so bin ich es und meinesgleichen, die sie vergeben werden; und wehe dem, der sich anmaßt, was ihm nicht zukommt.

Zit. n. Leopold von Ranke, aus dem Briefwechsel Friedrich Wilhelms IV. mit Bunsen, 1847, S. 60.

4. Erläutert nach [4], warum der König die Kaiserkrone ablehnte.

Das Scheitern der Revolution

Nach der Ablehnung der Kaiserkrone traten die meisten Abgeordneten aus der Nationalversammlung aus. Nur etwa 100 Abgeordnete zogen nach Stuttgart um und bildeten dort ein „Rumpfparlament", das jedoch schon bald mit Gewalt aufgelöst wurde.
In Sachsen, in Baden und der Pfalz kam es 1849 erneut zu Aufständen, die aber vom Militär blutig niedergeschlagen wurden. Viele Aufständische starben, wurden ins Gefängnis gesteckt oder wanderten nach Amerika aus. Der Versuch, den Deutschen Freiheit und Einheit zu bringen, war gescheitert.

5. Deutet die Körperhaltung der Bürger in Abbildung [5].

[5] Übergabe der Festung Rastatt in Baden an die preußischen Belagerer unter der Führung von Prinz Wilhelm von Preußen. *Ausschnitt aus dem Neuruppiner Bilderbogen von 1849.*

Wählt einen der folgenden Arbeitsaufträge aus:

- Fertigt eine Skizze des Abgeordnetensaals und tragt die in Arbeitsauftrag 1 erwähnten Begriffe (z. B. Abgeordnete) ein.
- Fasst mit eigenen Worten zusammen, warum die Revolution von 1848/49 scheiterte.

Was ihr noch tun könnt ...

- euch über die Badische Revolution von 1848/49 informieren (Heimatmuseum, Internet)

WEBCODE: MZ648924-113

Fenster zur Welt: Auswandern in die USA

[1] Werbeplakat der Schifffahrtsgesellschaft Norddeutscher Lloyd Bremen, *um 1900.*

Auswanderer aus Deutschland

Im 19. Jahrhundert wanderten etwa fünf Millionen Deutsche in die USA aus. In Mitteleuropa vollzog sich der Übergang von der Agrar- zur Industriegesellschaft. Die wachsende Bevölkerung konnte in der Landwirtschaft nicht mehr und in der neu entstehenden Industrie noch nicht genügend Arbeitsplätze finden. Missernten verteuerten die Lebensmittel. Viele Menschen fühlten sich unfrei, ausgebeutet und in ihren persönlichen Rechten beschränkt.

Die meisten Auswanderer waren Kleinbauern, Heimarbeiter, Knechte, Tagelöhner und Handwerker. Ein Drittel von ihnen waren Frauen. Durch Werbebroschüren, Reiseagenturen, Plakate von Schifffahrtslinien oder Briefe von bereits ausgewanderten Verwandten wurden vor allem junge Menschen dazu ermuntert, in das Land der „Freiheit und Gleichheit" zu kommen, billiges Farmland zur Ansiedlung zu kaufen oder sich in den Großstädten anzusiedeln.

1. Arbeitet heraus, welche Berufsgruppen auswanderten und welche Gründe sie dafür hatten.

[2] Auf dem Auswandererschiff „Samuel Hop". *Holzstich, 1849.*

[3] **Carl Schurz, der führend am Badischen Aufstand 1848/49 beteiligt war, schrieb in seinen Erinnerungen:**
... Alle revolutionären Bestrebungen, die sich an die Erhebung von 1848 knüpften, waren nun hoffungslos ... Das Flüchtlingsleben hatte ich als öde und entnervend erkannt. Ich fühlte einen ungestümen Drang in mir, nicht nur mir eine geregelte Lebenstätigkeit zu schaffen, sondern für das Wohl der Menschheit etwas Wertvolles zu leisten. Aber wo? ... „Nach Amerika!" sagte ich zu mir selbst ... Es ist eine neue Welt, eine freie Welt, eine Welt großer Ideen und Zwecke ...

Carl Schurz: Lebenserinnerungen. Band I. Berlin, 1911, S. 410.

2. Analysiert die Quelle [3] und stellt fest, aus welchem Grund Carl Schurz seine Heimat verlassen musste.

In der „Neuen Welt"

Ein Teil der deutschen Auswanderer siedelte sich in Großstädten wie New York, Philadelphia, Baltimore oder Chicago an. Viele kauften preiswertes Siedlungsland im Mittleren Westen und waren an der Erschließung dieses Gebietes wesentlich beteiligt. Der Preis für Farmland war gering. Aber um die Kosten für Haus, Vieh und Geräte aufzubringen, arbeiteten viele Auswanderer zunächst als Handwerker, Holzfäller oder Dienstmädchen. Trotz anfänglicher Schwierigkeiten wegen der Fremdartigkeit von Land, Klima und Sprache integrierten sich die meisten Deutschen schnell.

[4] **Ein Auswanderer schrieb 1863 nach Hause:**
Hier ist keine Lumperei und kein Bettelleben wie in Europa. Auch ist man hier sicher vor Beamten, Landräten, Landschützen und Polizeiagenten ... In Europa ist der Hase im Feld mehr geachtet als der Bauersmann. Hier trägt man sein Gewehr, und alles Ungeziefer und Schadentiere sind ihm untergeben.

(unveröffentlichtes Manuskript im Privatbesitz des Autors)

3. Arbeitet heraus, auf welche Vorteile im Text [4] besonders hingewiesen wird.

Wählt einen der folgenden Arbeitsaufträge aus:

- Erfindet Sprechblasen zu den Personen im Bild [2]. Schreibt Texte in der Ich-Form, wie zum Beispiel: „Ich komme aus ..."; „Ich musste mein Land verlassen, weil ..." „Ich hoffe, in Amerika ..."
- Schreibt einen Brief aus der Sicht eines Passagiers über die Überfahrt nach Amerika. Nehmt dazu die Bilder [1] und [2] zu Hilfe.
- Fasst mit eigenen Worten zusammen, aus welchen politischen und wirtschaftlichen Gründen die Menschen im 19. Jahrhundert nach Amerika auswanderten.

[5] Markttag in San Antonio, Texas. 1870 sprach ein Drittel der Einwohner von San Antonio Deutsch. *Foto.*

... durch Eisen und Blut!

Wie sieht Deutschlands Zukunft aus?

Die Reaktion

Nach dem Scheitern der Revolution von 1848/49 reagierten die Monarchen mit harten Zwangsmaßnahmen, um ihre alte Macht wieder herzustellen: Berufsverbote für freiheitlich gesinnte Demokraten, Pressezensur, Überwachung von Vereinen. Aber der wirtschaftliche und technische Fortschritt ließ sich nicht aufhalten. In den einzelnen Ländern gab es Parlamente, die über die Staatsausgaben zu entscheiden hatten. Der Wunsch nach nationaler Einheit und einer freiheitlichen Ordnung blieb lebendig.

Der Retter in der Not

1862 kam es in Preußen zwischen dem Landtag und dem König zu einem Konflikt, bei dem die Abgeordneten sich weigerten, die Ausgaben für das Militär zu erhöhen. In höchster Not berief der König Otto von Bismarck zum preußischen Ministerpräsidenten.

Otto von Bismarck (1815–1898) war ein preußischer Landadeliger. Er galt als konservativer Verfechter der Monarchie. Er diente dem König zunächst als Gesandter beim Bundestag in Frankfurt, später in der russischen Hauptstadt St. Petersburg, danach in Paris.

[1] Otto von Bismarck, *Gemälde, um 1870.*

[2] **In einer Rede vom 30. September 1862 erklärte Bismarck:**

Preußen muss seine Kraft zusammenfassen und zusammenhalten auf den günstigen Augenblick, der schon einige Male verpasst ist; Preußens Grenzen nach den Wiener Verträgen sind zu einem gesunden Staatsleben nicht günstig; nicht durch Reden und Majoritätsbeschlüsse [Mehrheitsbeschlüsse] werden die großen Fragen der Zeit entschieden – das ist der große Fehler von 1848 und 1849 gewesen –, sondern durch Eisen und Blut.

Zitiert nach: Manfred Görtemaker, Deutschland im 19. Jahrhundert, 2. Aufl., Opladen (Leske und Budrich) 1986, S. 193.

1. Klärt, was Bismarck mit den „Wiener Verträgen" gemeint haben könnte. Was bedeutet es, wenn er von „Eisen und Blut" spricht?
2. Deutet die Karikatur (3). Nehmt dabei auch Bezug zur Rede Bismarcks [2].

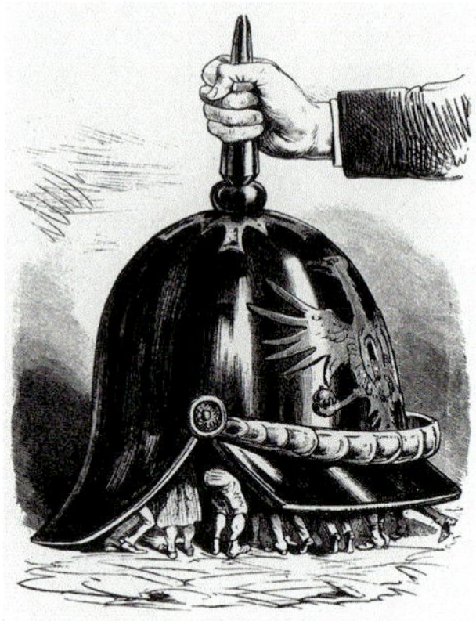

[3] „Deutschlands Zukunft" – „Kommt es unter einen Hut? / Ich glaube, ´s kommt eher unter eine Pickelhaube!". *Österreichische Karikatur, 1870.*

Österreich wird verdrängt

Beim Kampf zwischen Preußen und Österreich um die Vorherrschaft im Reich suchte Bismarck schon bald die militärische Entscheidung. Die schon im Krieg gegen Dänemark (1864) hinzugewonnenen Gebiete Schleswig, Holstein und Lauenburg verwaltete Preußen noch gemeinsam mit Österreich. Aber im „Bruderkrieg" von 1866 besiegten die überlegenen Preußen in nur wenigen Wochen die österreichischen Truppen. Österreich schied aus dem Reichsgebiet aus.

[4] Feierlicher Empfang der siegreichen preußischen Truppen am 21. September 1866 in Berlin. *Foto.*

Krieg mit Frankreich

Die nördlich des Mainflusses liegenden deutschen Staaten bildeten jetzt den Norddeutschen Bund unter Führung Preußens und mit Bismarck als Kanzler. 1870 kam es zum Krieg mit Frankreich, der von beiden Seiten gewollt war und eine Welle nationaler Begeisterung auslöste. Auch die süddeutschen Staaten eilten Preußen mit Truppen zu Hilfe. Dank der neuen Eisenbahnlinien vollzog sich der Aufmarsch der deutschen Truppen bis an die französische Grenze mit unerwarteter Geschwindigkeit. In der entscheidenden Schlacht von Sedan wurde der französische Kaiser mit 100 000 Soldaten gefangen genommen. Frankreich wurde wieder zur Republik und musste nach der Kapitulation harte Friedensbedingungen hinnehmen: Zahlung hoher Kriegsentschädigungen und die Abtretung von Elsass-Lothringen mit der alten Reichsstadt Straßburg. Warnende Stimmen, die darin bereits den Grundstock für den nächsten Krieg sahen, konnten sich nicht durchsetzen. Eine tiefe Feindschaft trennte nun die beiden Völker.

Mit dem militärischen Sieg war der Weg nach Paris frei. Im Schloss Versailles wurde am 18. Januar 1871 die Gründung des Deutschen Reiches ausgerufen.

[5] „Unsere Fahne – trotz alledem". Straßenszene in Straßburg von 1871. *Gemälde von A. Lemercie.*

3. Versucht eine Deutung der Abbildung [5]. Was bedeutet der Titel? Welche Bedeutung haben die blau-weiß-roten Farben? Welche Absicht verfolgte der Maler?

[6] Bismarck und die deutsche Einheit. Bismarck reicht der deutschen Symbolgöttin Germania das geschärfte Reichsschwert. *Stich nach einem Gemälde, Ende 19. Jahrhundert.*

4. Erläutert, was die Darstellung [6] ausdrücken wollte.

Wählt einen der folgenden Arbeitsaufträge aus:

- Fasst Bismarcks Ansichten und politische Maßnahmen in eigenen Worten zusammen.
- Legt eine Zeitleiste an und tragt die Stationen der Reichseinigung von 1862–1870/71 in Stichworten ein.
- Gestaltet mithilfe von Materialien dieser Doppelseite eine Powerpoint-Präsentation oder ein Plakat über Ereignisse und Personen von 1862–1870/71.

Die Reichsgründung

Wie demokratisch war das Kaiserreich?

[1] Ausrufung des Deutschen Kaiserreichs im Spiegelsaal von Versailles am 18. Januar 1871. *Gemälde von Anton von Werner, 1885.*
Kaiser Wilhelm I. ist auf dem Podest im Zentrum zu sehen. Bismarck ist mit weißer Uniform abgebildet.

1. Beschreibt [1]. Welche Stimmung vermittelt das Bild? Vermutet, warum Bismarck in weißer Uniform dargestellt wird, obwohl er wie die Umstehenden eine dunkle Uniform trug.

Im Spiegelsaal von Versailles

[2] **Der Maler Anton von Werner berichtete als Augenzeuge von der Ausrufung des Kaiserreichs am 18. Januar 1871:**

... (Ich) erwachte aus meiner Vertiefung erst, als der Großherzog von Baden neben König Wilhelm trat und mit lauter Stimme in den Saal hineinrief: „Seine Majestät, Kaiser Wilhelm der Siegreiche, Er lebe hoch!" Ein dreimaliges Donnergetöse unter dem Geklirr der Waffen antwortete darauf, ich schrie mit und konnte natürlich nicht zeichnen; von unten her antwortete wie ein Echo sich fortpflanzend das „Hurra!" der dort aufgestellten Truppen. Der historische Akt war vorbei; es gab wieder ein Deutsches Reich und einen deutschen Kaiser!

Zitiert nach: Die Gründung des Deutschen Reiches 1870/71 in Augenzeugenberichten, herausgegeben und eingeleitet von Ernst Deuerlein, Düsseldorf (Rauch Verlag) 1970, S. 305 f.

[3] **Kaiser Wilhelm schrieb in einem Brief an seine Frau vom 18. Januar 1871 über seine Gefühle:**

Eben kehre ich vom Schlosse nach vollbrachtem Kaiserakt zurück! Ich kann Dir nicht sagen, in welcher morosen (mürrischen) Emotion ich in diesen letzten Tagen war, teils wegen der hohen Verantwortung, die ich nun zu übernehmen habe, teils und vor allem über den Schmerz, den preußischen Titel (die Königskrone) verdrängt zu sehen!

Zitiert nach: Briefe Kaiser Wilhelms des Ersten, herausgegeben von Erich Brandenburg, Leipzig (Insel) 1911, S. 254.

[4] **Otto von Bismarck erinnerte sich ebenfalls an den Verlauf der Zeremonie:**

Seine Majestät hatte mir diesen Verlauf so übel genommen, dass er beim Herabtreten von dem erhöhten Stande der Fürsten mich, der ich allein auf dem freien Platze davor stand, ignorierte, an mir vorbeiging, um den hinter mir stehenden Generalen die Hand zu bieten ...

Zitiert nach: Otto von Bismarck, Gedanken und Erinnerungen. Reden und Briefe. Berlin (Safari Verlag), ohne Jahr, S. 255.

2. Erläutert nach [2] welchen Augenblick der Maler in seinem Gemälde [1] festgehalten hat.
3. Erklärt, was der Kaiser mit dem „preußischen Titel“ meinte und warum er in solch schlechter Stimmung war [3].
4. Vermutet, warum der Kaiser Bismarck ignorierte und welche Empfindungen der Kanzler dabei hatte [4].

Die Reichsverfassung

In der Reichsverfassung von 1871 fehlten die Grundrechte, wie sie die Frankfurter Nationalversammlung 1848 festgelegt hatte. Die männlichen Bürger konnten die Abgeordneten des Reichstages wählen. Die vom Reichstag beschlossenen Gesetze mussten vom Bundesrat, einer Vertretung der Fürsten aus den einzelnen Bundesländern, bestätigt werden. Der Kaiser war nicht nur der höchste Repräsentant des Staates, sondern auch Oberbefehlshaber der Armee. Der Kaiser konnte den Reichstag einberufen oder auflösen. Er ernannte den Reichskanzler, der die Regierungsgeschäfte führte.

Vorherrschaft Preußens

Preußen war im Deutschen Kaiserreich der größte und bevölkerungsreichste Staat. Deshalb besaß Preußen auch die Mehrheit der Stimmen im Bundesrat. Der König von Preußen war zugleich Deutscher Kaiser. Der Reichskanzler und der preußische Ministerpräsident waren fast immer die gleiche Person.

5. Beurteilt, ob die Reichsverfassung [5] heutigen demokratischen Vorstellungen entspricht. Berücksichtigt dabei auch die Kritik von Bebel.

[6] **Der Vorsitzende der Sozialdemokraten (SPD) August Bebel kommentierte 1874 die Reichsgründung und den neuen Staat:**
Das durch „Eisen und Blut“ mühsam zusammengeschweißte Reich ist kein Boden für bürgerliche Freiheit, geschweige für die soziale Gleichheit. Staaten werden mit den Mitteln erhalten, durch die sie gegründet wurden. Der Säbel stand als Geburtshelfer dem „Reich“ zur Seite, der Säbel wird es ins Grab begleiten.

Zitiert nach: August Bebel, Die Sozialdemokratie im deutschen Reichstag, Band 1, Berlin 1909, S. 3 f.

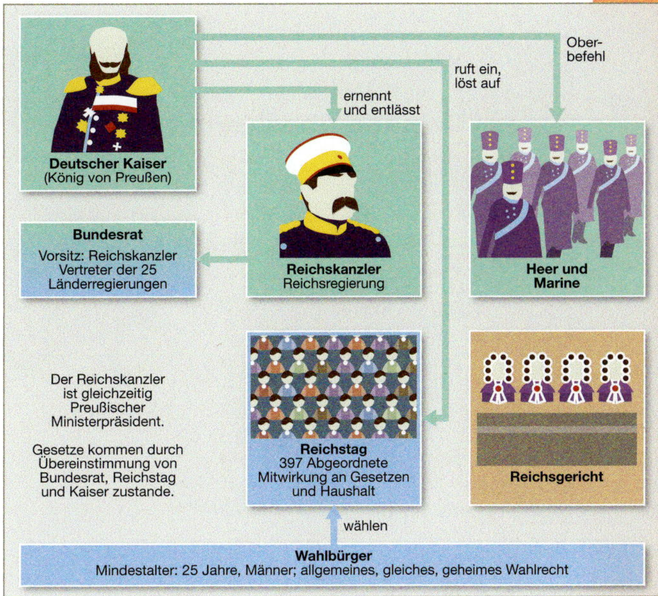

[5] Die Reichsverfassung von 1871. *Schaubild.*

Die Bundesstaaten

Der Bundesrat mit dem Reichskanzler an der Spitze vertrat die 25 Bundesstaaten. Mit der Reichsgründung hatten sich 22 konstitutionelle Monarchien und 3 Stadtrepubliken zusammengeschlossen. Preußen übernahm als flächenmäßig größter und bevölkerungsreichster Teilstaat die Führung. Innenpolitisch blieben die Teilstaaten weitgehend selbstständig.

Reichskanzler Amtsbezeichnung des Regierungschefs im Deutschen Reich. Er war allein dem Kaiser gegenüber verantwortlich. Dieser berief und entließ den jeweiligen Reichskanzler.

Wählt einen der folgenden Arbeitsaufträge aus:

- Verfasst eine Reportage zur Reichsgründungs-Feier im Spiegelsaal von Versailles.
- Übertragt das Verfassungsschaubild [5] ins Heft und nennt die Aufgaben der einzelnen Verfassungsorgane (z. B. Reichstag).
- Schreibt einen kritischen Zeitungs-Kommentar zur Reichsverfassung.

Wahlseite Freiheit für Griechenland

[1] Griechenland im Osmanischen Reich um 1800, *Karte.*

1. Informiert euch auf dieser Seite über die Befreiung Griechenlands im 19. Jahrhundert.
2. Präsentiert eure Ergebnisse in geeigneter Form in der Klasse.

Griechenland im Osmanischen Reich

Griechenland gehörte seit 1453 zum Osmanischen (türkischen) Reich. Seit Beginn des 19. Jahrhunderts planten griechische Geheimbünde eine Revolution und Befreiung von der Fremdherrschaft. Viele Griechen konnten aber mit der Idee eines Nationalstaates wenig anfangen oder es fiel ihnen schwer, an den Erfolg einer Revolution zu glauben.

1820 übernahm Alexander Ypsilantis (1792–1828) die Führung der griechischen „Freundschaftsgesellschaft". Sein aus wenigen Freiwilligen bestehendes griechisches Heer erwies sich aber als zu schwach und wurde von den türkischen Streitkräften geschlagen. Aber auf der Halbinsel Peleponnes (Morea) hatten die Griechen Erfolg: Türkische Städte wurden eingenommen und die muslimische Bevölkerung gewaltsam vertrieben. Aber noch immer war Zentral-Griechenland mit Athen in der Hand des Osmanischen Reiches. Jetzt mischten sich fremde Mächte ein. 1825 eilte Ägypten unter der Führung von Mehmet Ali den Türken zu Hilfe und eroberte den Hafen von Navarino. Aber die Großmächte Großbritannien, Frankreich und Russland wollten eine Vorherrschaft der Ägypter in Griechenland nicht dulden. In der Seeschlacht von Navarino versenkte die europäische Drei-Mächte-Flotte die türkischen und ägyptischen Schiffe. Der anschließende russisch-türkische Krieg (1828–1830) endete mit der Kapitulation des türkischen Sultans und der Errichtung eines unabhängigen griechischen Königreiches. Zum ersten König wurde Prinz Otto I. von Bayern ernannt.

[2] Die Seeschlacht von Navarino. *Gemälde, um 1850.*

[3] König Otto von Griechenland wird am 12. Januar 1835 in Athen empfangen. *Gemälde, 1839.*

Tipps für die Erarbeitung

– Klärt die Situation Griechenlands anhand der Karte [1]; schreibt die Ereignisse in einer Tabelle oder Zeitleiste auf; klärt die Bedeutung der Ereignisse für Europa.

Tipps für die Präsentation

– Erläutert die Situation Griechenlands um 1800 mithilfe einer Wandkarte; schildert die Ereignisse und zeigt sie an der Karte; erläutert den Einfluss der Großmächte.

Wahlseite

Belgien – ein neuer Staat

[1] Das Vereinigte Königreich der Niederlande 1815–1830. *Karte.*

[2] Kämpfe im Schlosspark von Brüssel im September 1830. *Gemälde von Constantine Fiodele Coene, 1830.*

1. Informiert euch auf dieser Seite über die Gründung Belgiens im 19. Jahrhundert.
2. Präsentiert eure Ergebnisse in geeigneter Form in der Klasse.

Als Belgien noch nicht Belgien war

Die Geschichte der belgischen Nation beginnt erst im Jahr 1830. Vorher gehörten die Regionen Flandern und Wallonien, aus denen das heutige Belgien besteht, unter anderem zu Frankreich, Österreich, Spanien und den Niederlanden.
1792 marschierten die Franzosen ins Land ein, aber 1812 wurde ihr Herrscher Napoleon bei Waterloo südlich von Brüssel vernichtend geschlagen. Auf dem Wiener Kongress wurden Flandern und Wallonien dem Vereinigten Königreich der Niederlande zugesprochen.

Revolution 1830

1830 kam es zu einer Erhebung des überwiegend katholischen belgischen Südens der Niederlande gegen den evangelischen Norden. Nach einer Aufführung der Freiheitsoper „Die Stumme von Portici“ am 25. August 1830 kam es zu Demonstrationen für die Freiheit. Die Menschen griffen zu den Waffen. Einen Monat später waren die Niederländer besiegt und Belgien erklärte seine Unabhängigkeit. Am 4. Nov. 1830 erkannten die europäischen Großmächte auf einer Konferenz in London den neuen Nationalstaat an.

Königreich Belgien

Belgien wurde eine konstitutionelle Monarchie. In der freiheitlichen Verfassung war festgelegt:
- Die Macht des Königs ist eingeschränkt.
- Die Gesetze werden von einem gewählten Parlament verabschiedet.
- Die Verfassung garantiert die Grundrechte.
- Die alleinige Verwaltungs- und Unterrichtssprache ist Französisch.

Bis heute gibt es Streitigkeiten zwischen den Wallonen im Süden und dem flämisch sprechenden Landesteil Flandern im Norden Belgiens.

Tipps für die Erarbeitung:
- Wertet die Karte aus und klärt: Aus welchen Provinzen besteht das heutige Belgien? Welche Phasen der belgischen Unabhängigkeit gab es?

Tipps für die Präsentation
- Verdeutlicht die geschichtlichen Abläufe an einer Wandkarte; erstellt eine Wandzeitung; sucht Bilder von der heutigen Stadt Brüssel und präsentiert sie.

Wahlseite

Polens vergeblicher Kampf

[1] Polen nach 1815. *Karte.*

1. Informiert euch auf dieser Seite über den Freiheitskampf Polens im 19. Jahrhundert.
2. Präsentiert eure Ergebnisse in geeigneter Form in der Klasse.

Polen im 18. Jahrhundert

Im 18. Jahrhundert wurde Polen dreimal (1772, 1793 und 1795) von den Nachbarstaaten Preußen, Österreich und Russland geteilt. Aber die Polen gaben ihr Land nicht verloren, sondern kämpften um ihre Unabhängigkeit.

Polen zur Zeit Napoleons

Unter der Herrschaft Napoleons wurde 1807 das Großherzogtum Warschau gegründet. Die polnischen Truppen standen unter dem Kommando des Generals Dabrowski auf der Seite Napoleons. Nach der Niederlage Napoleons wurde auf dem Wiener Kongress das Königreich Polen gegründet. Das Land blieb aber von Russland abhängig, denn der russische Zar (Kaiser) war zugleich König von Polen.

Der Kampf um die Unabhängigkeit

Die Polen gaben den Kampf um ihre Unabhängigkeit nicht auf. Im Jahr **1830** brach ein bewaffneter **Aufstand** aus. Der russische Zar wurde für abgesetzt erklärt und eine **Nationalregierung** gebildet. Die militärischen Auseinandersetzungen liefen zunächst für die Polen günstig. Aber dann **scheiterte der Aufstand** an der Übermacht der russischen Armee.

[2] Polen liegt am Boden in den Fängen des Adlers, dem Wappentier Russlands. *Gemälde von Horace Vernet, 1831.*

Nach der **Niederschlagung** des polnischen Aufstandes gingen viele tausend Offiziere und Soldaten in die **Emigration**. Auf ihrem Weg nach Frankreich wurden sie von vielen freiheitlich eingestellten Bürgern in Deutschland begeistert empfangen. Es bildeten sich zahlreiche Vereine, die die Polen mit Geldspenden, Verpflegung oder Medikamenten unterstützten.

Polen erlangte erst im Ersten Weltkrieg (1914–1918) seine **nationale Selbstständigkeit**.

[3] Die erste Strophe der heutigen polnischen Nationalhymne (geschrieben 1798) lautet:

Noch ist Polen nicht verloren,
Solange wir leben.
Was uns fremde Übermacht nahm,
werden wir uns mit dem Säbel zurückholen.

Tipps für die Erarbeitung:
- Ihr könnt beim Lesen die Schritte des Textknackers anwenden.
- Was habt ihr über den polnischen Freiheitskampf erfahren?

Tipps für die Präsentation:
- Erstellt eine Wandzeitung mit zusätzlichem Bildmaterial; spielt ein Tondokument der polnischen Nationalhymne ab; lest die Textübersetzung vor …

Wahlseite Die Einigung Italiens

[1] Italien 1815. *Karte.*

1. Informiert euch auf dieser Seite über die Einigung Italiens im 19. Jahrhundert.
2. Präsentiert eure Ergebnisse in geeigneter Form in der Klasse.

Italien 1815

Nach dem Wiener Kongress war Italien – ähnlich wie Deutschland – ein Land, das aus einzelnen Königreichen bestand. Ein Großteil des Landes wurde von fremden Staaten (Österreich und Frankreich) beherrscht. In der Mitte Italiens herrschte der Papst in seinem Kirchenstaat.
Der Kampf um Freiheit und Einheit wurde zunächst von dem Geheimbündnis „Carbonari“ und dem Verschwörer Guiseppe Mazzini entfacht und später unter dem Begriff „Risorgimento“ (Wiedererstehung) zusammengefasst. Bereits 1820 und nochmals 1830/31 kam es zu revolutionären Unruhen. In der Revolution von 1848 wurden die Österreicher aus Mailand und Venedig vertrieben. In Rom wurde die Republik ausgerufen. Aber im Jahr 1849 eroberten die Österreicher und der Papst ihre verlorenen Gebiete zurück.
Jetzt gewann der Adlige Camillo Cavour (1810–1861) die Unterstützung Frankreichs für den Krieg gegen die österreichische Fremdherrschaft. Nach den verlorenen Schlachten von Magenta und Solferino im Jahr 1859 musste Österreich die Lombardei abtreten. Das Erlebnis der Schlacht von Solferino mit ihren vielen Schwerverwundeten veranlasste den Schweizer Henri Dunant (1828–1910) zur Gründung des heute in aller Welt verbreiteten Roten Kreuzes.

[2] Die Schlacht von Solferino am 24.6.1859. *Gemälde, um 1860.*

Zum volkstümlichsten Helden der italienischen Einheitsbewegung wurde nun Guiseppe Garibaldi (1807–1882). Mit Unterstützung von Cavour führte er 1860 eine kleine Truppe („Zug der Tausend“) nach Sizilien und stürzte die französischen Herrscher in Süditalien. 1861 nahm König Viktor Emanuel II. aus Piemont den Titel eines Königs von Italien an. Frankreich verteidigte jedoch weiterhin den Papst, der sich weigerte, den Kirchenstaat an das neue Italien abzutreten. Erst 1870 gab der Krieg zwischen Deutschland und Frankreich die Gelegenheit, Rom zu besetzen. Rom wurde nun mit dem Rest des Kirchenstaates in Italien eingegliedert und zur Hauptstadt des neuen Königreiches Italien erhoben.

Tipps für die Erarbeitung

- Bringt die dargestellten Ereignisse in eine stichwortartige Reihenfolge. Informiert euch über die genannten Ereignisse, Personen und über die Gründung des Roten Kreuzes genauer.

Tipps für die Präsentation

- Erstellt eine Wandzeitung mit Karten von Italien 1815 und 1870; spielt den „Gefangenenchor“ aus Verdis Oper „Nabucco“ ab und klärt ihre Bedeutung für die Menschen damals.

Geschichte aktiv

Diese Seite richtet sich an alle, die sich für das Thema „Revolution in Deutschland 1848/49 und deutsche Einigung 1871“ besonders interessieren, die gern etwas recherchieren, zeichnen, schreiben, singen ...
Ihr könnt die Anregungen vielleicht in oder außerhalb der Schule, allein, zu zweit oder in der Gruppe aufnehmen und die Ergebnisse in der Klasse vorstellen.
Denkt auch daran, euer Portfolio zu führen:

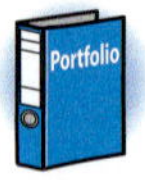

- schöne Ergebnisse in Text und Bild sammeln,
- Lernerfahrungen zum Thema „Revolution ...“ aufschreiben.

1. Beschäftigung mit dem „Biedermeier“

Viele Menschen sammeln Möbelstücke oder Porzellan aus der Biedermeierzeit. Das könntet ihr tun:

- Darstellungen von Frauen und Familien in der Kunst des Biedermeiers erkunden und dokumentieren
- Biedermeier-Kleidung recherchieren und selbst Zeichnungen anfertigen
- Biedermeier-Möbel zeichnen, ausschneiden und „Kasten-Zimmer“ (z. B. Schuhkarton) dekorieren

2. Jugendbücher lesen und vorlesen

Spannende Jugendbücher beschäftigen sich mit der Zeit zwischen 1815 und 1848. Hier sind einige Beispiele:

- Elke Hermannsdörfer, Lina Karsunke. dtv-junior, München 1987.
- Heinz Honies, Ideen können nicht erschossen werden ... 1848. Breitschopf-Verlag, Wien/Stuttgart 1988.
- Klaus Kordon, 1848 – die Geschichte von Jette und Frieder. Verlag Beltz & Gelberg, Weinheim 1998.
- Martin Selber, Ich bin ein kleiner König. Heinrich und die Revolution. rororo Rotfuchs, Reinbek 1988.

3. Musik hören und selber singen

Viele Lieder aus der Zeit von 1815–1871 kann man als CD oder im Internet abspielen und mitsingen. Viel Spaß! Beispiele:

- Die Gedanken sind frei
- Deutschlandlied
- Fürsten zum Land hinaus
- Üb’ immer Treu und Redlichkeit

4. Spurensuche im Archiv oder Museum

Wie lebten die Menschen zwischen 1815 und 1871 bei uns auf dem Land oder in unserer Stadt? Gab es auch bei uns die Revolution? Wie wurde die Reichsgründung aufgenommen?
Bei der Recherche helfen euch die Mitarbeiter des Stadtarchivs oder eines Museums.

Das kann ich!

[1] **Begriffe und ihre Bedeutung**

liberal	Kunststil, Lebensform
Biedermeier	Gesamtheit der Staatsbürger
Barrikade	Grundgesetz, Staatsordnung
Verfassung	freiheitlich
Nation	Hindernis im Straßenkampf

[2] Reichsgründung im Spiegelsaal von Versailles. *Gemälde.*

[3] **Die Gedanken sind frei**

Die Gedanken sind frei,
wer kann sie erraten,
sie fliehen vorbei
wie nächtliche Schatten.
Kein Mensch kann sie wissen,
kein Jäger erschießen,
es bleibet dabei:
Die Gedanken sind frei.

(...)

Und sperrt man mich ein
im finsteren Kerker,
das alles sind rein
vergebliche Werker,
denn meine Gedanken,
sie reißen die Schranken
und Mauern entzwei:
Die Gedanken sind frei.

(...)

Volksweise.

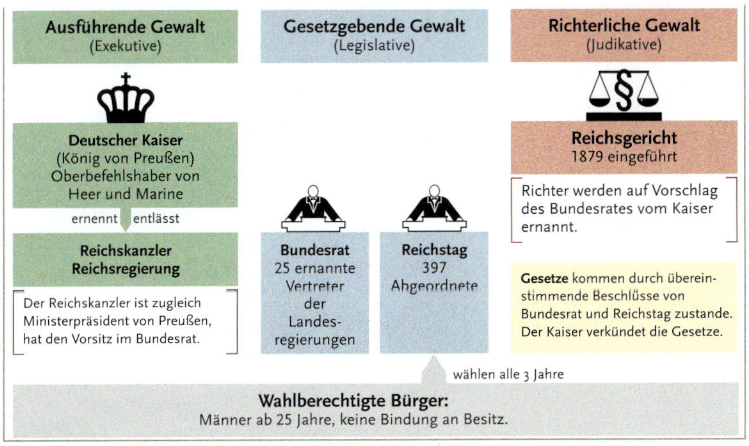

[4] Verfassung von 1871. *Schaubild.*

Fragekompetenz

1. Vergleicht eure Fragen vom Anfang des Kapitels mit eurem jetzigen Wissensstand.

Sachkompetenz

2. Ordnet den Begriffen ihre Bedeutung zu [1].
3. Beschreibt die Ausrufung des Kaiserreichs nach Abbildung [2].

Methodenkompetenz

4. Deutet das Lied „Die Gedanken sind frei“ [3] mithilfe der Methode „Politische Dichtung verstehen“ (siehe S. 109)

Reflexionskompetenz

5. Beurteilt mithilfe des Schaubildes [4] ob die Verfassung von 1871 – nach unserer heutigen Auffassung – als demokratisch angesehen werden kann.

Orientierungskompetenz

6. Skizziert auf einem DIN-A4-Blatt eine Wandzeitung oder ein Plakat zu einem der folgenden Themen: Unterdrückung und Protest, Die Revolution von 1848/49, Die Reichsgründung.

CIGARR
J.Neumann
CIGARREN

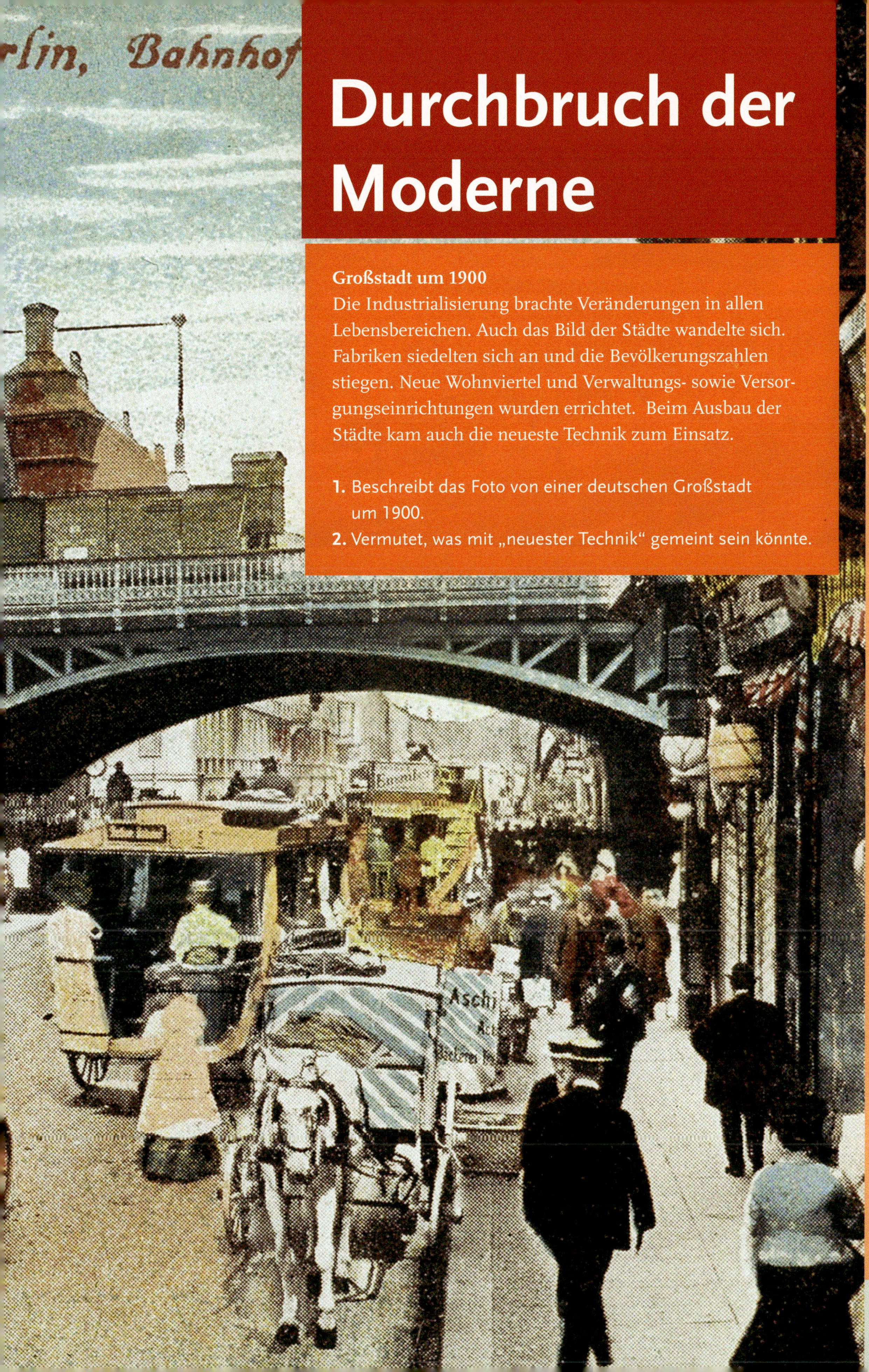

Durchbruch der Moderne

Großstadt um 1900
Die Industrialisierung brachte Veränderungen in allen Lebensbereichen. Auch das Bild der Städte wandelte sich. Fabriken siedelten sich an und die Bevölkerungszahlen stiegen. Neue Wohnviertel und Verwaltungs- sowie Versorgungseinrichtungen wurden errichtet. Beim Ausbau der Städte kam auch die neueste Technik zum Einsatz.

1. Beschreibt das Foto von einer deutschen Großstadt um 1900.
2. Vermutet, was mit „neuester Technik“ gemeint sein könnte.

Schauplatz Großstadt um 1900

[1] Bahnhofsgebäude Mannheim (1876). Mit dem Ausbau des Streckennetzes wuchs auch der Bedarf an Haltepunkten. Besonders die größeren Städte wetteiferten beim Bau von Bahnhöfen, die nun das repräsentative Eingangstor der Stadt bildeten.

1. Beschreibt die Gebäude dieser Doppelseite und gebt euren ersten Eindruck wieder.

Industriestädte

Die Städte änderten im ausgehenden 19. Jahrhundert ihr altes Aussehen. Weil die hier entstandenen Fabriken bessere Verdienstmöglichkeiten boten, zogen viele Menschen vom Land in die Stadt. Diese Industriearbeiter bildeten eine neue Bevölkerungsgruppe. Obwohl viel gebaut wurde und neue Stadtviertel entstanden, herrschte Wohnungsnot. Grundstücks- und Baupreise stiegen. Auch die Preise für Lebensmittel waren in der Stadt höher als auf dem Land.

2. Erklärt was mit dem „alten Aussehen" der Städte gemeint ist; denkt dabei an die mittelalterliche Stadt.

„Paläste" für die Bürger

Mit dem Anwachsen der Städte nahmen auch die Verwaltungsaufgaben zu. Neue öffentliche Gebäude wie z. B. Postämter, Bahnhöfe, Museen oder Versicherungs- und Gerichtsgebäude wurden errichtet. Sie waren aufwändig verziert, so dass auch Schulen, Turnhallen oder Schwimmbäder alten Palästen ähnelten. Die Bauherren wollten damit die Bedeutung ihrer Stadt unterstreichen, ihre Macht demonstrieren und auf ihre Zuverlässigkeit hinweisen.

[2] Rathaus Stuttgart (um 1900). *Foto.*

[3] Postamt Karlsruhe (um 1900). *Foto.*

[4] Mannheim um 1900. *Historische Postkarten.*

Moderne Technik

In den Stadtzentren siedelten sich Banken, Warenhäuser und Verwaltungseinrichtungen an. Daneben gab es Kleinbetriebe und bürgerliche Wohnhäuser. Draußen im Grünen entstanden die Villenviertel der wohlhabenden Bevölkerung. Sie alle hatten Teil an moderner Technik wie z.B Hausanschlüsse für Gas, Elektrizität oder Wasser. Mit modernen Gas-, Wasser- und Elektrizitätswerken versorgten die Stadtverwaltungen ihre Bürger.

Seit Mitte des 19. Jahrhunderts waren Gaslaternen für die Straßenbeleuchtung die Regel, in Nürnberg ging 1882 die erste elektrische Beleuchtung in Betrieb.

[5] Die erste Fahrt der elektrischen Straßenbahn in Berlin, 1881. *Holzstich.*

Größere Städte bedeuten aber auch weitere Wege. Seit 1881 in Berlin die erste elektrische Straßenbahn fuhr, zogen andere Städte schnell nach. 1894 erhielt Karlsruhe, 1895 Stuttgart und 1900 Mannheim eine elektrische Straßenbahn.

3. Vergleicht die Stadt um 1900 mit heutigen Städten (was kann man wo erledigen, wer wohnt heute wo?).

[6] Die Rheinbrücke in Mannheim um 1900. *Foto.*

Wählt einen der folgenden Arbeitsaufträge aus:

- Notiert, welche öffentlichen Gebäude ihr aus einer Stadt in eurer Nähe kennt.
- Ein junger Mann aus dem Dorf kommt zum Arbeiten in die Stadt um 1900. Schreibt seinen Brief an die Familie.
- Berichtet über den Besuch in einer „modernen" Stadt um 1900 im Stil einer Reportage.

Was ihr noch tun könnt:

- Gebäude aus der Zeit um 1900 in eurer oder der nächst gelegenen Stadt suchen; zeichnet/fotografiert sie.

Orientierung

[1] Industriegebiete in Europa. 1800–1900. *Wirtschaftskarte.*

1. Wertet Karte [1] aus; legt eine Tabelle der Industriegebiete an.

Deutschland um 1900

- Seit den 1880er Jahren erhielt die „Industrielle Revolution“ einen bedeutsamen Anstoß durch die neuen Schlüsselindustrien Elektrotechnik, Chemie und Maschinenbau.
- Der Bevölkerungsanstieg und die Abwanderungen vom Land in die Städte trugen zu starken Veränderungen in der Gesellschaft, aber auch im gesamten Erscheinungsbild der Städte bei.
- Politisch gab es um diese Zeit überall in Europa nationalistische Strömungen. In Deutschland war der Nationalismus besonders ausgeprägt. Das hing u.a. zusammen mit der Besetzung durch französische Truppen unter Napoleon. Damals erwachte der Wunsch nach Freiheit und nationaler Einheit. Er konnte durch die Gründung des Kaiserreiches im Jahre 1871 erfüllt werden. Auch das Großherzogtum Baden und das Königreich Württemberg hatten sich dem Reich als Gliedstaaten angeschlossen.

Technischer Fortschritt in Baden-Württemberg

Bis zum Ersten Weltkrieg wuchsen Baden und Württemberg zu einem der führenden Industriegebiete in Europa heran. Das wurde durch zahlreiche Erfindungen und Entwicklungen im Bereich der neuen Schlüsselindustrien erreicht. Generatoren, Elektromotoren und Turbinen gingen von Südwestdeutschland aus in alle Welt. Mit der Elektrifizierung konnten fehlende Rohstoffe ausgeglichen werden. Zuvor war man auf die Einfuhr von Kohle angewiesen. Nun entstanden in schneller Folge Kraftwerke, Überlandleitungen und Fernsprechnetze.
Es kam besonders im Automobilbau zu zahlreichen bahnbrechenden Erfindungen.

Soziale Situation

Die wirtschaftliche Entwicklung im damaligen Deutschland war insgesamt positiv. Aber die großen Unterschiede zwischen dem Bürgertum und der Arbeiterschaft beim Einkommen und bei der sozialen Absicherung wurden spürbar. Die Folge waren erste Streiks. Im Ergebnis kam es zu Verbesserungen der Arbeits- und Lebensbedingungen.

2. Notiert drei Fragen zur Lage in Deutschland um 1900 auf einem Zettel. Reicht die Zettel weiter an eure Nachbarn rechts von euch. Diese müssen versuchen, alle Fragen zu beantworten.

▶ **1769**
Dampfmaschine
▶ **1835**
Eisenbahn in Deutschland
▶ **1837**
Telegrafie
▶ **1838**
Fotografie
▶ **1851**
erste Weltausstellung
▶ **1853**
elektrische Straßenbeleuchtung
▶ **1861**
Telefon
▶ **1863**
erste dt. Arbeiterpartei
▶ **1866**
transatlantisches Kabel Europa–USA
▶ **1869**
Eröffnung Suezkanal
▶ **1871**
Gründung des Dt. Reiches
▶ **1876**
Telefon im praktischen Einsatz
▶ **1879**
elektrische Lokomotive
▶ **1881**
Fernsprechnetze;
elektrische Straßenbahn
▶ **1883**
Sozialversicherungen
▶ **1886**
Automobil
▶ **1893**
Dieselmotor
▶ **1894**
Flugapparat
▶ **1895**
erste Kinovorstellung
▶ **1903**
Motorflug
▶ **1913**
Fließbandarbeit
▶ **1914**
Beginn Erster Weltkrieg

[2] Zeittafel. Technische Entwicklungen bis 1914.

▶ Durchbruch der Moderne

In diesem Kapitel geht es um folgende Fragen: **Wie lebten Großstadtmenschen um 1900? Welche Auffassungen vertraten sie damals? Wie veränderten Fabriken die Arbeitswelt? Welche Rolle spielte die Eisenbahn in der Industriegeschichte? Wie kam es zu Massenkonsum, weltweiter Kommunikation und Welthandel? Welche sozialen Veränderungen brachte die Industrialisierung?**

Wichtige Kompetenzen in diesem Kapitel

Fragekompetenz
- Fragen zum Thema formulieren, vergleichen und eigene Fragestellung begründen

Methodenkompetenz
- Industriefotos als zeittypische Quelle einordnen und nutzen

Reflexionskompetenz
- Auswirkungen von politischen, wirtschaftlichen und gesellschaftlichen Gegebenheiten auf die Lebenswelt der Menschen erkennen und erläutern

Orientierungskompetenz
- die jeweiligen Rahmenbedingungen in Vergangenheit und Gegenwart analysieren und vergleichen
- die eigene kulturelle Entwicklung mit anderen vergleichen und bewerten
- eigene und fremde Wertorientierungen in ihrem jeweiligen Bedingungsrahmen erklären

Sachkompetenz
- regionale Beispiele für Gewerbebetriebe in übergeordnete Zusammenhänge einordnen
- die Auswirkungen industrieller Erfindungen auf alle Lebensbereiche erkennen
- über den Kampf der Arbeiter um Gerechtigkeit in der Arbeitswelt berichten
- historische Sachverhalte unter Verwendung entsprechender Fachbegriffe erläutern

Die Industrialisierung …

Wie hat die Dampfmaschine die Welt verändert?

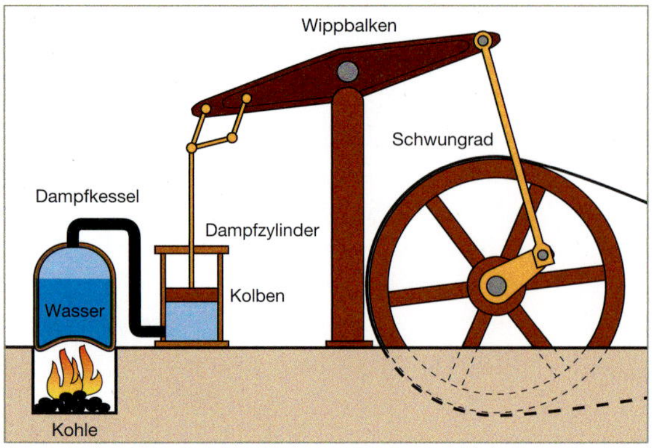

[1] Modell der Dampfmaschine von James Watt. *Schema.*

1. Versucht zu erklären, wie die Dampfmaschine in [1] funktioniert.

Von England aus in die Welt

Dem Engländer James Watt gelang es 1769, eine leistungsfähige Dampfmaschine zu konstruieren. Den notwendigen Brennstoff für die Dampferzeugung lieferte die Steinkohle. Mit Dampfmaschinen konnte man eine Reihe anderer Maschinen und Geräte antreiben. Schon bald wurde sie im Bergbau ebenso eingesetzt wie in der Landwirtschaft. Vor allem aber bildeten Dampfmaschinen die technische Grundlage für die nun zahlreich entstehenden Fabriken in den schnell wachsenden Industriestädten.

Die Dampfmaschine kommt in Fahrt

1814 schaffte es der Engländer George Stephenson, die Dampfmaschine auf Räder zu setzen und sie so in eine kraftvolle Zugmaschine zu verwandeln.

Bereits 1807 hatte sein amerikanischer Kollege Robert Fulton das erste Dampfschiff gebaut. Neun Jahre später fuhr der erste Dampfer auf dem Rhein. Für lange Zeit wurden die größeren Flüsse zu wichtigen Verkehrswegen für Güter- und Personentransporte.

Hauptsächlich auf Schiffen wurde dann auch 1835 das Material für den Bau der ersten deutschen Eisenbahn (Nürnberg – Fürth) aus England herbeigeschafft. Auch der erste Lokführer war Engländer und wurde „mitgeliefert“.

Nach anfänglichem Zögern wuchs das Schienennetz mit atemberaubendem Tempo. Die Eisenbahn wurde zum Wegbereiter der Industrialisierung, die in Deutschland um 1835 einsetzte. Die ersten großen Industriebetriebe entstanden – wie in England – in Gebieten mit reichen Kohlevorkommen, z. B. an Ruhr und Saar. Kohle war nicht nur wichtig zum Betreiben der Dampfmaschinen, sondern auch für die Hochöfen, in denen das Eisenerz für die Schwerindustrie geschmolzen wurde.

Lokomotiven aus Esslingen

„Ich habe noch dort gearbeitet, bevor die Fabrik in den 1960er Jahren geschlossen wurde. Der Ingenieur Emil Keßler hat die Maschinenfabrik 1846 gegründet und schon ein Jahr später die erste Lokomotive an die Königlich Württembergische Staatseisenbahn liefern können. 1870 wurde dann die tausendste Lok gebaut. Außer Lokomotiven und Triebwagen aller Art wurden bei uns unter anderem auch Eisenbahnwaggons, Straßenbahnen, Brücken und sogar Schiffe für Donau, Neckar und Bodensee gebaut.“

[2] Dampfschiff auf dem Bodensee um 1900. *Foto.*

[3] Lokomotive von 1856 aus der Fabrik in Esslingen (Eisenbahnmuseum Mulhouse, Doris Lochert AP.). *Foto.*

... und ihre Folgen

[4] Maschinenfabrik in Esslingen um 1860.

2. Begründet die Lage der Fabrik [4] unmittelbar am Neckar.

Wirtschaftsliberalismus

Die Theorie des Wirtschaftsliberalismus wurde vom schottischen Philosophen und Ökonomen Adam Smith (1723–1790) entwickelt. Nach dieser Idee kann sich die individuelle Freiheit eines Menschen nur entfalten, wenn sich der Staat aus weitgehend allen privaten Dingen heraushält. Das gilt vor allem auch für die wirtschaftliche Entwicklung. Dabei soll sich das Wirtschaftsgeschehen allein durch Angebot und Nachfrage regulieren. Hersteller bzw. Anbieter sind an höchstmöglichen Gewinnen interessiert, während Verbraucher einen möglichst geringen Preis zahlen wollen.
Dies setzt aber voraus, dass die handelnden Menschen den vollständigen Überblick haben. Die Idee fand Anhänger und wirkte sich vor allem in der Arbeitswelt negativ aus: Da viele Arbeitskräfte vom Land in die neu entstehenden Fabriken strömten, konnten die Löhne der Arbeiter lange Zeit auf sehr niedrigem Niveau gehalten werden.

Ein neuartiger Arbeitsplatz

Die Arbeit in der Fabrik unterschied sich stark von den bis dahin gewohnten Arbeitsplätzen im Handwerk oder in der Landwirtschaft. Junge Leute kamen vom Land in die neuen Industriegebiete. Hier fanden sie straff geregelte Arbeitszeiten, ungewohnt lange Anmarschwege von der Wohnung zur Fabrik und eine Arbeit, die vom Takt der Maschinen bestimmt wurde. In manchen Betrieben regelten strenge Arbeitsordnungen die Abläufe. Darin waren auch Geldstrafen festgelegt, beispielsweise für Zuspätkommen. Für viele war das eine große Umstellung im Vergleich zu ihren bisherigen Tätigkeiten.

Rangordnung im Betrieb

Erfolgreiche **Unternehmer** gehörten schon bald zur Führungsschicht der Gesellschaft. Sie waren oft gleichzeitig Techniker und Erfinder und ihre Mitarbeit im Betrieb wurde sehr geschätzt.
Für die Verwaltungsarbeit in den Büros wurden Buchhalter und Schreibkräfte eingestellt. Sie hatten den Arbeitern gegenüber viele Vorteile: **Angestellte** wurden nicht so schnell entlassen, sie erhielten bezahlten Urlaub und ein ansteigendes Gehalt. Zu dieser Gruppe gehörten auch Ingenieure und Werkmeister.
Der Lohn der **Arbeiterinnen und Arbeiter** war dagegen meist sehr niedrig, ihre Arbeitszeit höher und ihre Versorgung bei Krankheit oder im Alter schlechter. Arbeiter bildeten aber keine einheitliche Gruppe, die Spanne reichte von ungelernten Hilfskräften bis hin zu Handwerksmeistern.

3. Erläutert die Unterschiede zwischen den einzelnen Gruppen in einem Betrieb des 19. Jh.

Wählt einen der folgenden Arbeitsaufträge aus:

- Notiert Stichworte für ein kleines Rollenspiel und versucht eure Mitschüler von der Bedeutung der Dampfschifffahrt zu überzeugen.
- Gestaltet eine Werbebroschüre für eine Dampfmaschine eurer Wahl.
- Begründet in einem Kurzvortrag die Rolle der Eisenbahn für die Industrialisierung (z. B. *Transport von Arbeitskräften, Rohstoffen und Produkten ...*)

Eine neue Energiequelle

Welche Möglichkeiten bietet die Elektrizität?

[1] Elektrisch beleuchtete Fabrikhalle. *Foto, 1900.*

1. Betrachtet das Foto (1) und vermutet, was sich hier durch die elektrische Beleuchtung änderte. Nennt Vor- und Nachteile.

Elektrizität verändert den Arbeitsalltag

Im Gegensatz zu den Fabriken setzte sich das elektrische Licht in den Privathaushalten nur zögernd durch. Viele sahen keinen Vorteil darin, die bisherige Gasbeleuchtung durch Elektrizität zu ersetzen. Ähnlich schleppend tauschten die Stadtverwaltungen ihre Gaslaternen gegen elektrische Straßenbeleuchtung.

Um 1900 ersetzten in den Fabriken Elektromotoren allmählich die Dampfmaschinen. Sie waren flexibel einsetzbar und trieben einzelne Maschinen an. Zuvor musste eine Dampfmaschine über Wellen und Transformationsriemen eine ganze Fabrikhalle mit all ihren Maschinen zentral mit Energie versorgen.

Elektromotoren vereinfachten die Produktion und das wiederum führte zu immer neuen Entwicklungen. Die Elektrotechnik wurde ein Industriezweig, der deutschen Firmen weltweit Anerkennung und Aufträge brachte.

2. Vermutet, was alles mit ständig verbesserten und kleineren Elektromotoren betrieben werden konnte und immer noch kann.

Grenzenlose Kommunikation

- Der amerikanische Erfinder **Samuel Morse** stellte 1837 den ersten Telegrafen vor. Damit war die Bahn frei für die elektrische Übertragung von Texten.
- Auch die Erfindung des Telefons reicht weit ins 19. Jahrhundert zurück. Amerikanische und europäische Erfinder arbeiteten zeitgleich an der Möglichkeit, die menschliche Stimme zu übertragen. Der deutsche Erfinder **Philipp Reis** nannte seine Konstruktion von 1876 „Telefon". Die praktische Einführung gelang in den USA auf der Basis eines Patents von Alexander Graham Bell.

Das Bell-Telefon wurde ab 1877 auch in Deutschland von der Firma Siemens & Halske getestet und weiterentwickelt. Auch hier entstanden ab 1881 Fernsprechnetze. Erste Ortsnetze gab es z. B. in Berlin, Köln und Mannheim. Ab 1883 wurden sie durch Fernleitungen miteinander verbunden. Das gesamte Fernmeldewesen lag damals bei der Post.

Durch Telegraf und Telefon entstanden viele neue Arbeitsplätze. Telegrafische Texte (= Telegramme) mussten Zeichen für Zeichen von Hand eingegeben werden. Auch die Verbindung zwischen den Telefonnetzen wurde von Menschen gestöpselt, meist von jungen Frauen, dem „Fräulein vom Amt".

3. Berichtet, welche Veränderungen Telegraf und Telefon im Alltag hervorgerufen haben.

[2] Fernsprechapparat und Telefonvermittlung. *Foto, um 1900*

[3] Die erste elektrische Straßenbahn und elektrische Straßenbeleuchtung um 1880. *Zeichnungen.*

4. Betrachtet die Bilder und beschreibt die Gesichtsausdrücke der Menschen. Welche Gefühle werden sichtbar?

Neuerungen im Alltag

Eine fahrende Straßenbahn oder die Straßenbeleuchtung bei Dunkelheit sind für uns heute selbstverständlich. Für die Menschen um 1900 war Elektrizität neu und faszinierend. Sie bewunderten das elektrische Licht und die neue Energiequelle, die vieles ermöglichte. Die wachsenden Städte brauchten leistungsfähige Verkehrsmittel. 1881 fuhr in Berlin die erste elektrisch betriebene Bahn. Straßenbahnen erhielten ihren Strom über einen Fahrdraht.

Um 1900 konnte dasselbe Prinzip auch auf schienenlose Straßenfahrzeuge übertragen werden. Der Oberleitungsbus (O-Bus) wurde in vielen Städten zum beliebten Verkehrsmittel.

Elektrisch betriebene Haushaltshelfer waren um 1900 zwar noch keine allgemein verbreitete Massenware, doch es gab bereits Geräte wie Heizöfen, Kochplatten, Tauchsieder, Haartrockner, Bügeleisen, Bohrmaschinen oder Staubsauger.

Wählt einen der folgenden Arbeitsaufträge aus:

- Listet Veränderungen auf, die durch den Einsatz der Elektrizität auftraten.
- Entwerft einen Werbeprospekt für eins der unten abgebildeten Elektrogeräte (4).
- Schreibt den Brief mit den Eindrücken einer Hausgehilfin, die vom Dorf in einen „feinen“ Haushalt in der Großstadt kommt.

Was ihr noch tun könnt:

- Abbildungen und Informationen von frühen Elektroartikeln sammeln.

[4] Elektrische Helfer im Haushalt um 1900. *Illustrationen.*

Neue Industriezweige und Welthandel

Was bewirkten wissenschaftlicher und technischer Fortschritt?

[1] Badische Anilin- und Sodafabrik (BASF), Ludwigshafen, gegründet 1865. *Etikett für Chemikalien um 1900.*

1. Beschreibt das Bild; achtet dabei auf die Lage des Firmengeländes.

Vom Rhein in die Welt

Ab etwa 1850 entwickelte sich die chemische Industrie zu einem eigenständigen Wirtschaftszweig. Ihre Produkte sind Ausgangsstoffe für andere Industriezweige wie z. B. die Kunststoff-, Lebensmittel- und Baustoffindustrie oder den Motoren- und Automobilbau. Weltfirmen der chemischen Industrie entstanden am Rhein in Leverkusen (Bayer), Mannheim (Boehringer), Ludwigshafen (BASF) und im Rhein-Main-Gebiet (Hoechst).

[2] **Walter P., 82 Jahre, ehemals Arbeiter bei der BASF in Ludwigshafen, erzählt:**

Es ist schon spannend, wie aus dem kleinen Betrieb von 1865 mit 30 Beschäftigten jetzt ein Weltunternehmen mit mehr als 110 000 Leuten geworden ist.

Gegründet wurde die BASF ja in Mannheim. Aber das Bauland auf der anderen Rheinseite war günstiger. Der Rhein war hier begradigt worden und die Transportschiffe konnten am Firmengelände gut anlegen. Die Rohstoffe für die Produktion konnten somit herangeschafft werden.

Die Chemie war anfangs noch gar nicht so richtig als Wissenschaft anerkannt. Aber das änderte sich schnell. Die Textilindustrie brauchte massenhaft Bleichmittel und Farben, so wurden künstliche Farben in Labors entwickelt. Zu meiner Zeit kamen dann noch die Kunststoffe dazu ...

Gespräch mit der Autorin, 2001

Eine revolutionäre Erfindung

[3] Motorkutsche von Gottlieb Daimler, 1886 (Nachbildung). *Foto.*

[4] **Und das könnte ein Arbeiter bei Daimler in Stuttgart über die Geschichte seiner Firma erzählen:**

Die Erfindung des Automobils gehört ja wohl zu den wichtigsten überhaupt. Nahezu zeitgleich entwickelten 1886 Gottlieb Daimler und Carl Benz unabhängig voneinander die ersten Automobile der Welt! Der Motorwagen von Carl Benz aus Mannheim war die Nummer 1, ein Dreirad, während wenig später Gottlieb Daimler in Cannstatt bei Stuttgart eine vierrädrige „Motorkutsche" konstruierte. Zunächst wurden die beiden als Konkurrenten zu international führenden Herstellern von Automobilen. Erst 1926 schlossen sich die Unternehmen zusammen und es entstand die Marke Mercedes-Benz.

[5] Fließband in der Autofabrik von Henry Ford (USA). *Foto.*

Die Welt wird mobil

In wenigen Jahren ersetzten Automobile in nahezu allen Bereichen die Pferdewagen. Autofabriken entstanden in vielen europäischen Ländern sowie in den USA. Autos wurden in die ganze Welt verkauft.

In den USA entwickelte Henry Ford 1913 als Erster die Fließbandproduktion. Dadurch und durch den Bau eines sehr einfachen Modells waren die Preise so niedrig geworden, dass sich auch die Ford-Arbeiter eigene Wagen leisten konnten.

2. Vermutet, was das Fließband für die Arbeiter bedeutet hat.

Welthandel

Wegen des gestiegenen Warenaustauschs wuchs um 1900 die Bedeutung der Verkehrsmittel. Post, Eisenbahn, Schiffs- und Telegrafenwesen wurden stark ausgebaut. Zwischen 1871 und 1900 nahm z.B. der Bestand an Segelschiffen der deutschen Handelsflotte um die Hälfte ab. An ihre Stelle traten Dampfschiffe, die zudem noch erheblich größer gewesen sind. Der Welthandel wurde um 1900 zu etwa 75 Prozent auf den Meeren abgewickelt. Die ersten Schritte zur weltweiten Arbeitsteilung waren gemacht. Heute nennen wir das Globalisierung.

Weltausstellungen

Die erste technische Schau fand 1851 in London statt. Ziel war das „Zusammenführen der Gewerbeerzeugnisse aller Völker an einem Ort". Die Aussteller hofften dadurch auf neue Absatzmärkte für ihre Industrieprodukte.

Die erfolgreichste Weltausstellung war 1900 in Paris. Der damalige Besucherrekord von 50 Millionen konnte bis heute nicht mehr erreicht werden. Hier wurden u.a. die erste Rolltreppe und das erste elektrische Hybridauto vorgestellt. Zu diesem Anlass wurde auch die erste Strecke der Metro (U-Bahn) eröffnet.

[6] Für die Weltausstellung 1889 in Paris wurde der Eiffelturm konstruiert – heute das Wahrzeichen der Stadt. *Foto.*

3. Weltweite Arbeitsteilung bedeutet Abhängigkeit der Staaten voneinander. Begründet diese Behauptung mit einem Beispiel.

Wählt einen der folgenden Arbeitsaufträge aus:

- Beschreibt die Bedeutung der Erfindung des Automobils. Notiert positive und negative Auswirkungen.
- Erkläre am Beispiel der Firma BASF, welche Bedingungen bei der Gründung einer Firma eine wesentliche Rolle spielten (Text [2]).
- Entwerft einen Werbeprospekt oder notiert Stichworte für ein Verkaufsgespräch zur Motorkutsche von Daimler (Bild [3]).

Was ihr noch tun könnt:

- die Firmengeschichte einer Automobilfabrik recherchieren und vorstellen
- euch über Weltausstellungen und dort gezeigte Neuerungen informieren

Fenster zur Welt: Die Welt um 1900

[1] Straßenszene in New York, Mulberry Street. *Fotochrom, um 1900.*

Weltweite Industrialisierung
Die Industrialisierung veränderte im Laufe des 19. Jahrhunderts den Lebensraum der Menschen auf der ganzen Erde. Vorreiter war Europa, bald schon eingeholt von den USA. Asien folgte mit Verzögerung zum Ende des 19. und Anfang des 20. Jahrhunderts.

Einwanderungsland USA
Die USA waren gegen Ende des 19. Jahrhunderts auf dem Wege, die größte Wirtschaftsmacht der Erde zu werden. Die Einwanderungen aus Europa hatten im Laufe des 19. Jahrhunderts ständig zugenommen und lieferten die nötigen Arbeitskräfte für die schnell wachsende Industrialisierung.
Während die Europäer vorzugsweise im Osten der USA siedelten, wurde auch der Westen von einer Einwanderungswelle erreicht, die Arbeitskräfte aus Indien und Südchina brachte. Die Europäer ließen sich in der Regel dauerhaft in der neuen Heimat nieder. Viele Asiaten dagegen kamen auf Zeit, sie kehrten nach einigen Jahren in die alte Heimat zurück.
Allein zwischen 1901 und 1910 ließen sich mehr als 13 Millionen Europäer in den USA nieder. Dem entsprechend hatten sich die Schifffahrtslinien auf diesen Massenansturm eingestellt. Sie bauten leistungsfähigere und größere Schiffe, erhöhten so die Transportkapazität und senkten gleichzeitig die Tarife für Güter- und Personentransporte.
Die USA waren um 1900 der weltgrößte Industrieproduzent und gleichzeitig auch Spitzenreiter im Export landwirtschaftlicher Erzeugnisse.

1. Beurteilt die Rolle der Einwanderer für die Wirtschaft der USA.

Globalisierung
Der weltweite Warenaustausch war in Gang gekommen und erreichte um die Jahrhundertwende einen Höhepunkt. Die neuen Verkehrsmittel wie Dampfschiffe und Eisenbahn ließen die Entfernungen schrumpfen. Telefon und Telegraf bildeten die Grundlage für die Globalisierung, indem sie für eine weltweite Kommunikation sorgten.
Die Globalisierung erstreckte sich auch auf den Finanzmarkt. Es war für europäische Anleger völlig normal geworden, ihr Geld z. B. in amerikanischen Eisenbahnaktien anzulegen.

[2] Bau der ersten transkontinentalen Eisenbahn in den USA, 1869. *Foto.*

Weltpostverein
Ein wichtiger Schritt hin zur internationalen Vernetzung war die Gründung des Weltpostvereins. 1874 wurde er in Bern (Schweiz) mit zunächst 22 Mitgliedstaaten gegründet. Er regelt bis heute den internationalen Postverkehr. Mit seinen nunmehr 192 Mitgliedstaaten ist er eine globale Einrichtung und seit 1947 eine Sonderorganisation der Vereinten Nationen. Ohne den Weltpostverein wäre die weltweite Kommunikation mit allen Aspekten des Brief- und Paketverkehrs recht schwierig.

Veränderungen in Russland
Um 1900 war das Zarenreich noch überwiegend landwirtschaftlich ausgerichtet. Doch auch in Russland kam es Ende des 19. Jahrhunderts zu einer schnellen industriellen Entwicklung. Das führte zu großen wirtschaftlichen und gesellschaftlichen Veränderungen. Die treibenden Kräfte waren der Eisenbahnbau und die Öffnung des Banken- und Kreditgeschäftes zum westlichen Ausland. Industriezentren entstanden um die Städte St. Petersburg und Moskau, in der südlichen Ukraine und im Ural. Vor allem die Transsibirische Eisenbahn bot neue Möglichkeiten der Erschließung Zentralasiens.

[3] Haltepunkt der Transsibirischen Eisenbahn. *Foto, um 1900.*

Industrialisierung in Asien
Japan war das erste asiatische Land, wo um 1870 eine industrielle Entwicklung nach westlichem Vorbild einsetzte. Neue Techniken wurden übernommen und gleichzeitig ständig verbessert. Das betraf vor allem die Textil- und Schwerindustrie. Diese Öffnung für neue Ideen wirkte sich auch auf kulturellem Gebiet aus.
Auch China begann um 1900, sich nach westlichem und japanischem Vorbild zu industrialisieren. Der Schwerpunkt lag hier auf der Stahlproduktion. Diese Entwicklung wurde durch die japanische Besetzung gestoppt. Japan profitierte nun von den reichen chinesischen Eisenerz- und Kohlevorkommen.

[4] Straßenszene in Tokio um 1900. *Foto.*

2. Beschreibt die Öffnung asiatischer Staaten für westliche Ideen.
3. Beurteilt diese Entwicklung mit ihren Auswirkungen für Ost und West.

Wählt einen der folgenden Arbeitsaufträge aus:

- Beschreibt in kurzen Merksätzen die wichtigsten Punkte über die Entwicklung in Ost und West.
- Berichtet über die vernetzte Welt um 1900 im Stil einer Reportage.
- Ein Industrieller aus Russland telefoniert 1905 mit einem Geschäftspartner in Deutschland; notiert Stichworte und führt das Gespräch vor.

Methode Fotos als Geschichtsquellen

Fotografie – eine neue Erfindung

Um 1835 gelang es dem Maler Louis Daguerre, auf lichtempfindlichen Kupferplatten aufgenommene Bilder dauerhaft zu fixieren. Auf dieser Basis wurde die Fotografie weiterentwickelt. Bereits in den 1850er Jahren verdrängte die Papierfotografie die „Daguerreotypie“. Als Negativ wurde zunächst eine Glasplatte verwendet. Wegen der aufwendigen Technik blieb die Fotografie erst einmal auf Fotografen und Studios beschränkt. Der Amerikaner George Eastman erfand Ende des 19. Jahrhunderts den Rollfilm auf Gelatinebasis. Er ersetzte die schweren Glasplatten. Was nun noch fehlte, war eine einfache Kamera. Sie kam mit der Kodak, die Eastman 1888 mit dem Slogan auf den Markt brachte: „You press the button – we do the rest!“

Wie objektiv ist das Objektiv?

Abbildungen in unterschiedlichen Techniken sind wichtige Geschichtsquellen. Sie zeigen die Dinge anschaulicher, als das mit Texten möglich ist. Die frühe Fotografie, die selber ein „Kind“ der Industrialisierung ist, lehnte sich in ihrer Ausdrucksweise zunächst eng an die Malerei an. Für Porträts beispielsweise wurden die Personen in feierlicher Haltung vor einem besonderen Hintergrund arrangiert. Teilweise hatte das aber auch technische Gründe. Lange Belichtungszeiten machten es erforderlich, dass die Kamera auf einem Stativ in Position gebracht wurde. Die zu fotografierenden Personen mussten geduldig sein und minutenlang stillhalten. Schnappschüsse und überraschende Situationsaufnahmen waren unter diesen Umständen gar nicht möglich. Wie bei Texten gilt daher auch hier: Zu ein und demselben Thema solltet ihr möglichst viele Bildbeispiele miteinander vergleichen.
Mithilfe der folgenden Arbeitsschritte könnt ihr Fotos untersuchen. Zumeist stehen nicht alle Informationen zum einzelnen Bild zur Verfügung. Dennoch werden euch wenige Angaben – zusammen mit der Prüfung des Motivs und der Bildaussage – reichen, um festzustellen, wie „objektiv“ das Objektiv ist.

1. Wertet einige der Beispielfotos mithilfe der Schritte auf der rechten Seite aus.
2. Erprobt die Auswertungstechnik an weiteren Fotos aus diesem Buch.

Auswertungsschritte

1. Schritt: Bedingungen klären

- Wer hat fotografiert (Fotograf/Fotokünstler, Amateur/Privatperson; in wessen Auftrag)? Wann wurde die Fotografie gemacht (Datum, Tages-/Jahreszeit, Anlass)?
- Wo wurde fotografiert (Innenraum: Atelier oder „normales“ Umfeld; Außenaufnahme)?
- Wie wurde fotografiert (Blickwinkel: Augenhöhe, von unten/oben; Tele- oder Weitwinkelaufnahme)?
- Natürliches oder künstliches Licht? Sind Bearbeitungen erkennbar oder zu vermuten (Fotomontage, Retusche, Kolorierung)?

2. Schritt: Motiv beschreiben

- Was ist dargestellt (Personen, Gegenstände/Gebäude, Landschaft)? Ist ein Thema erkennbar?
- Welche Bildteile sind vorhanden und wie sind sie aufeinander bezogen (z. B. Personengruppen, Personen und Gegenstände/Gebäude ...; im Vorder-/Hintergrund, im Mittelfeld ...)?
- Welche Einzelheiten sind für meine Fragestellung wichtig (z. B. Gebäude oder Fahrzeuge im Hintergrund, Kleidung, Frisuren ...)?

3. Schritt: Bildaussage deuten

- Welche Gesamtaussage macht das Bild?
- Wie genau informiert es über die eigene Fragestellung?
- Wird die Aussage durch Vergleich mit anderen Abbildungen bestätigt, ergänzt oder widerlegt?
- Welche Zusatzinformationen sind nötig?
- Welche Absicht ist erkennbar?
- Was soll gezeigt, was verborgen werden?

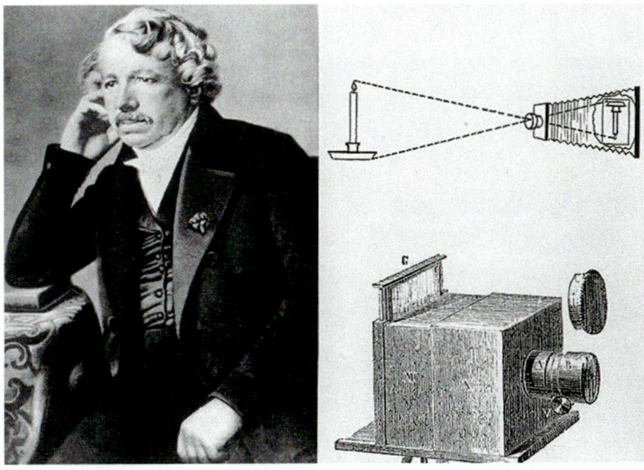

[1] L. Daguerre mit Kamera. *Foto.*

[3] Abfüllen und Verpacken von Chinin, Firma Boehringer in Mannheim. *Foto, um 1900.*

[2] Leitende Angestellte der Firma Boehringer in Mannheim. *Foto, um 1900.*

[4] Großbüro der Firma Boehringer in Mannheim. *Foto, um 1900.*

[5] Zusammentreffen der ersten Eisenbahnlinie der USA zwischen Atlantik und Pazifik. *Für die Presse gestelltes Foto, 1869.*

Das Deutsche Kaiserreich um 1900

Wie sah es im Inneren des Nationalstaates aus?

[1] Reichstagssitzung. *Foto, 1912.*

1. Beschreibt die Abbildung [1].

Das politische System

Das 1871 gegründete Deutsche Kaiserreich war ein Fürstenbund unter preußischer Führung. Es war seinen unmittelbaren Nachbarn Frankreich und Österreich-Ungarn an Fläche, Bevölkerungszahl, Militärstärke und Wirtschaftskraft überlegen. Die Bevölkerung des Reiches wuchs von 41 Millionen im Jahr der Reichsgründung auf 68 Millionen im Jahre 1914.

Das Kaiserreich war eine Monarchie. Dem Kaiser stand jedoch mit dem Reichstag eine Volksvertretung gegenüber. In freien, gleichen und allgemeinen Wahlen wurde das Parlament von der männlichen Bevölkerung ab dem 25. Lebensjahr gewählt. Diese Regierungsform mit Parlament und einem Monarchen nennt man konstitutionelle Monarchie.

2. Erläutert das politische System im Deutschen Reich um 1900.

Gesellschaftliche Veränderungen

Die Gesellschaft im Reich hatte sich durch Anwachsen der Arbeiterschicht und die Entstehung eines neuen Mittelstandes aus Technikern, Angestellten und mittleren Beamten verändert. Die Bedeutung des Handwerks und der Landwirtschaft ging zurück. Der Adel behielt sein hohes Ansehen und spielte weiterhin eine führende Rolle beim Militär, im diplomatischen Dienst und in der höheren Verwaltung.

Eine Klassengesellschaft entsteht

Als „Klasse“ wird in den Sozialwissenschaften eine Gruppe von Menschen mit gemeinsamen sozialen Merkmalen, vor allem wirtschaftlicher Art bezeichnet. Für die Gesellschaft im Deutschen Kaiserreich um 1900 wird dieser Begriff oft verwendet, insbesondere für die neu entstehende Arbeiterklasse. Die Arbeiter bildeten jedoch nach ihrer Herkunft oder Ausbildung keine einheitliche Gruppe, die Spanne reichte von ungelernten Hilfskräften bis hin zu gut ausgebildeten Handwerksmeister. Fast alle Industriearbeiter machten aber die Erfahrung, dass sie vom Unternehmer anhängig waren. Ihr Lohn war meist sehr niedrig, ihre Arbeitszeiten sehr hoch und ihre Wohnverhältnisse meistens schlecht. Ihre Versorgung bei Krankheit oder im Alter wurde nicht gesichert. Durch diese Erfahrungen entwickelte sich ein Gefühl von Zusammengehörigkeit. Die Arbeiter erkannten, dass sie nur gemeinsam ihre Interessen durchsetzen konnten.

Judenemanzipation

Seit dem Mittelalter wurden die Juden als religiöse Minderheit in Deutschland verfolgt. Sie mussten sich besonderen Vorschriften und Gesetzen unterwerfen, was z. B. die Ausübung von bestimmten Berufen oder ihre Wohnverhältnisse betraf. Zu Beginn des 19. Jahrhunderts wurden diese Beschränkungen aufgehoben. Erste Schritte zur rechtlichen Gleichstellung der jüdischen Bevölkerung wurden auf Länderebene unternommen. So erließ Baden 1809 ein „Judenedikt“,

Preußen folgte 1812 und Württemberg 1828. Nun wurde auch in der neuen Reichsverfassung von 1871 die rechtliche und soziale Gleichstellung für den jüdischen Bevölkerungsanteil verankert. Damit endeten offiziell die jahrhundertelangen Einschränkungen. Trotzdem wurden oft antisemitische Stimmen laut.

Wilhelm II. wird neuer Kaiser

Seit 1888 war Wilhelm II. Deutscher Kaiser und damit auch oberster Kriegsherr. Der junge Kaiser liebte alles Militärische, eine besondere Vorliebe hatte er für die Marine. Besonders intensiv widmete er sich dem Flottenbau. Sein Ziel war es, Deutschland als Seemacht zu etablieren – ähnlich wie England. Wilhelm II. galt als junger, eigenwilliger Monarch, der oft durch Alleingänge in der Politik und sein großspuriges Auftreten auffiel. So führte sein „persönliches Regiment" oft zu Meinungsverschiedenheiten mit dem damaligen Reichskanzler Bismarck. 1890 trat Bismarck daher von seinem Amt zurück. Wilhelm gestaltete nun fast im Alleingang die deutsche Außenpolitik.

Obrigkeitsstaat

Mit seinem Regierungsstil beeinflusste Wilhelm auch den Alltag der gesamten Gesellschaft. Weit verbreitet im Alltag der Menschen war die Vorstellung, dass Gehorsam und Pflichterfüllung die wichtigsten Aufgaben eines guten Bürgers waren. Diese Einstellung war dem Denken im Militär sehr ähnlich. Eine höher gestellte Person oder eine Institution sollten nicht hinterfragt werden. Auch in der Schule und der Erziehung von Kindern wurde das Befolgen von Regeln eingeübt.

[2] **Der Schriftsteller Erich Kästner (1899–1974) schrieb über seine Kindheit im Kaiserreich:**
... In jener Zeit sahen alle Schulen düster aus, dunkelrot oder schwärzlich grau, steif und unheimlich. Wahrscheinlich waren sie von denselben Baumeistern gebaut worden, die auch die Kasernen gebaut hatten. Die Schulen sahen aus wie Kinderkasernen. Man wollte wohl schon die Kinder durch Furcht zu folgsamen Staatsbürgern erziehen ...

Erich Kästner: Als ich ein kleiner Junge war. Zürich (Atrium), 1957

3. Erklärt den Begriff „Obrigkeitsstaat" in eigenen Worten.

[3] Kaiser Wilhelm II. *Gemälde von Max Koner, 1890.*

4. Arbeitet die Rolle des Kaisers im Deutschen Reich heraus.
5. Beschreibt das Gemälde [3]. Wie wirkt es auf euch?

Wählt einen der folgenden Arbeitsaufträge aus:

- Notiert neue Begriffe aus dem Text und schreibt jeweils die Erklärung dazu.
- Charakterisiert die gesellschaftlichen Veränderungen im Deutschen Reich um 1900.
- Vergleicht die politische und gesellschaftliche Entwicklung des Deutschen Reichs bei seiner Gründung und etwa 30 Jahre später. (Benutzt dafür auch die Seiten 118/119).

Wahlseite: Unternehmer

1. Informiert euch auf dieser Seite über die Unternehmer um 1900.
2. Präsentiert eure Ergebnisse in der Klasse.

[1] Villa Hügel: Ehemaliges Wohnhaus der Familie Krupp in Essen. *Postkarte, um 1900.*

Unternehmer – die neuen „Fürsten"?

In der Zeit vor der Industrialisierung spielte der **Adel** eine führende Rolle in der Gesellschaft. Adlige verfügten über **Eigentum an Grund und Boden**. Seit dem Beginn der **Industrialisierung** wurde **das Geldvermögen** (Kapital) immer wichtiger. So entstand eine neue gesellschaftliche Schicht: das **Wirtschaftsbürgertum**.

Fabrikbesitzer und erfolgreiche Unternehmer gewannen immer größere Bedeutung in der Gesellschaft.

Zu diesem Kreis gehörte auch die Familie Krupp. Alfred Krupp gelang es, die Gusseisenfabrik seines Vaters zu einem bedeutenden Unternehmen der Stahlindustrie auszubauen. In den Werkhallen der Firma Krupp arbeiteten tausende von Menschen.

[2] **Im Jahre 1877 ließ Alfred Krupp an seine Arbeiter und Arbeiterinnen eine Schrift verteilen mit dem Titel „Ein Wort an meine Angehörigen". Darin steht:**

... Ihr wisst, was ihr an eurem Herrn habt, und wenn derselbe sich mit warnenden und mahnenden Worten an euch wendet, dann fühlt ihr alle, dass nicht ein stolzer Besitzer zu euch spricht. Wie ein Vater zu seinen Kindern, so klingen euch meine Worte, und weil sie von Herzen kommen, finden sie bei euch offene Ohren ...

Alfred Krupps Briefe: 1826–1887. hrsg. von Wilhelm Berdrow. Berlin, 1928, S. 343–348

3. Beschreibt, wie Alfred Krupp seine Arbeiter anredet und wie er sich selbst sieht.

Tipps für die Erarbeitung:
- Ihr könnt beim Lesen die Schritte des Textknackers anwenden.
- Was habt ihr über Unternehmer erfahren?

Tipps für die Präsentation:
- Bild beschreiben – Fachbegriffe klären – Zitat Krupp vorlesen und erklären – weitere Beispiele für große Unternehmer suchen und vorstellen (z. B. Siemens, Bosch, Daimler)

Wahlseite

Arbeiterinnen und Arbeiter

1. Informiert euch auf dieser Seite über Arbeitskräfte in der Industrie um 1900.
2. Präsentiert eure Ergebnisse in der Klasse

[1] Arbeiterin an der Maschine im Seidenspulraum. *Foto, um 1900.*

Rollenkarte 1
Fabrikarbeiterin im frühen 20. Jahrhundert

Stichpunkte für die Textilarbeiterin
Agnes R. (1891–1974)
- keine Lehre, sofort an die Maschinen
- Arbeitsbeginn um 7 Uhr, um 11:30 Uhr eine halbe Stunde Pause, dann ohne Unterbrechung weiter bis 16 Uhr
- in der Weberei an zwei Stühlen gleichzeitig
- immer wieder über einem der Stühle hängen und gerissene Fäden anknüpfen
- ständig Rückenschmerzen, besonders hart, wenn schwanger
- nach Geburt schnell wieder zur Arbeit
- nachmittags in einer halben Stunde zwei Webstühle reinigen, dabei Dreck, Leim und Stärkestaub einatmen
- strenge Kontrolle: wenn nicht perfekt, neu machen
- Bezahlung im Akkord
- Lohnausfall bei Störungen
- Mann Lagerverwalter
- Dreizimmerwohnung mit vier Kindern und Großmutter

Rollenkarte 2
Metallarbeiter im 19. Jahrhundert

Stichpunkte für Arbeiter
Erwin W. (1853–1911):
- Ältester von 11 Kindern
- mit 12 Jahren in Ziegelei gearbeitet
- Arbeitsbeginn dort 4:30 Uhr
- mit 14 Lehre in der Gießerei
- schwere Arbeit, immer wieder Unfälle
- Arbeitsordnung regelt Verhalten
- Gehorsam und Pünktlichkeit
- zweimal hintereinander Zuspätkommen ist Kündigungsgrund
- Aufwiegelung zum Streik führt sofort zur Entlassung
- Geldstrafen für kleinere Vergehen
- zuerst 13 Stunden am Tag für 2 Mark Tageslohn, seit 1903 noch 11 Stunden
- Sonn- und Feiertage frei
- kein bezahlter Urlaub wie fast überall
- im Notfall frei nehmen aber Lohnabzug
- Lohn knapp, reicht kaum zum Leben
- Frau muss mitarbeiten für 1,20 Tagelohn in der Steingutfabrik
- mit 5 Kindern preiswerte Werkswohnung, Küche, zwei Zimmer, kleiner Garten für Gemüse und Kaninchen
- Krankenversicherung und Altersrente

[2] Metallarbeiter in der Werkhalle der Krupp-Werke in Essen. *Foto, um 1900.*

Tipps für die Erarbeitung:
- Arbeitsplätze beschreiben
- Überblick über Stand der Technik geben

Tipps für die Präsentation:
- in die Rollen der Arbeiterin und des Arbeiters schlüpfen und die jeweiligen Lebensumstände vorstellen

Wahlseite Kinderarbeit

1. Informiert euch auf dieser Seite über Kinderarbeit um 1900.
2. Präsentiert eure Ergebnisse in der Klasse.

[1] Kinderarbeit in einer Spinnerei. *Foto, 1909.*

[2/3] Arbeitende Kinder in der Baumwollspinnerei und im Bergbau. *Fotos, um 1910.*

Kinderarbeit

Die Einkommen der Arbeiterfamilien um 1900 waren oft so gering, dass auch die Kinder zum Lebensunterhalt beitragen mussten. Besonders in der Textilindustrie und im Bergbau wurden ihre kleinen Hände oder die geringe Körpergröße gebraucht. Vor allem waren sie von den Unternehmern als billige Arbeitskräfte geschätzt. Auf dem Land und in handwerklichen Familienbetrieben war die Mitarbeit der Kinder selbstverständlich.

Schutzgesetze

Nur allmählich wurde Kinderarbeit durch Gesetze eingeschränkt. So durften in Preußen seit 1839 keine Kinder unter 10 Jahren mehr in Fabriken beschäftigt werden, 1878 wurde in der Gewerbeordnung des Deutschen Reiches die Altersgrenze auf 12 Jahre gesetzt und die Höchstarbeitszeit auf 10 Stunden. Ab 1891 wurde das Mindestalter nochmals heraufgesetzt, jetzt auf 14 Jahre. Die Regelung galt jedoch nicht für die damals sehr verbreitete Heimarbeit und die Landwirtschaft. Ein Kinderschutzgesetz gegen Heimarbeit kam erst 1903. Und erst 1960 wurde in der Bundesrepublik Deutschland Kinderarbeit auch in der Landwirtschaft verboten!

Gesetze schützen?

Gesetzliche Verbote bedeuteten nicht, dass sich alle daran gehalten hätten. Die Lehrer der Volksschulen beklagten bis über die Jahrhundertwende (19./20. Jh.) hinaus, dass viele Schulkinder vor oder nach der Schule und an den schulfreien Tagen Erwerbsarbeit für den Unterhalt der Familie leisten mussten.

[4] Kleine Landarbeiterin. *Foto, um 1910.*

Tipps für die Erarbeitung:
- Abbildungen beschreiben und in Zusammenhang mit den Texten bringen
- Interview mit einem der Kinder aus den Abbildungen führen

Tipps für die Präsentation:
- euch über das Jugendarbeitsschutzgesetz informieren (www.bma.bund.de)
- Kinderarbeit heute und um 1900 vergleichen und über die Unterschiede diskutieren

Wahlseite Militärangehörige

1. Informiert euch auf dieser Seite über den Stellenwert des Militärs um 1900.
2. Präsentiert eure Ergebnisse in der Klasse.

[1] Preußische Kadetten und Militärschüler auf einem Bahnsteig um 1900. *Zeichnung.*

Total erfasst

Jeder deutsche Mann zwischen dem 17. und 45. Lebensjahr war im Deutschen Kaiserreich wehrpflichtig. Ein Recht auf Wehrdienstverweigerung gab es nicht. Der allgemeine Wehrdienst dauerte zwei Jahre, bei der Kavallerie drei Jahre. Anschließend kam die Verpflichtung zum Reservedienst mit Übungen von je acht Wochen Dauer. Zusammen mit dem aktiven Dienst waren insgesamt sieben Jahre abzuleisten. Nach der Reservezeit gehörten die Männer noch bis zum 39. Lebensjahr einer Landwehr an, sodass im Kriegsfall auf einen hohen Bestand an ausgebildeten Soldaten zurückgegriffen werden konnte.

Militär und Gesellschaft

Das Militär genoss im Kaiserreich hohes Ansehen. Kritik war kaum denkbar und galt als unpatriotisch. Insbesondere das Offizierscorps hatte eine starke gesellschaftliche Stellung. Offiziere verkörperten die „preußischen" Tugenden wie Treue zur Monarchie und Zuverlässigkeit. Sie galten als konservativ, antisozialistisch und gegen die parlamentarische Demokratie eingestellt.

Berufliche Möglichkeiten

Führungsränge waren stets mit Adligen besetzt. Mit der Vergrößerung der Armee und der Flotte nahm in den unteren Rängen auch der bürgerliche Anteil zu. Für Angehörige der Mittel- und Oberschicht mit gymnasialer Schulbildung war die Offizierslaufbahn ein erstrebenswertes Ziel.
Aber auch für einfache Soldaten bot das Militär berufliche Perspektiven. Es gab hier die Möglichkeit, sich für bis zu 12 Jahre zu verpflichten und in die Unteroffiziersränge aufzusteigen.
Vor allem boten neue Truppengattungen neue Möglichkeiten, denn der technische Fortschritt erreichte auch das Militär. Es gab Eisenbahntruppen, die nicht nur bestehende Bahnlinien betreiben, sondern auch neue bauen konnten, die Feldbahnen. Ferner wurden Abteilungen für das Nachrichtenwesen eingerichtet. Seit 1887 gab es Luftschifferabteilungen und 1912 wurde die Königlich-preußische Fliegertruppe gegründet.

[2] Uniformen aus der Kaiserzeit: 1. Garderegiment zu Fuß in Paradeuniform um 1880. *Zeichnung.*

[3] Waffenrock für einen württembergischen Kriegsgerichtsrat um 1900. *Foto.*

Tipps für die Erarbeitung und Präsentation:
- Rolle des Militärs im Zivilbereich vorstellen
- Aufstiegsmöglichkeiten beim Militär zeigen
- Militär und Technik ansprechen
- Diskussionsrunde zur Rolle des Militärs in der heutigen Gesellschaft anregen

Die Soziale Frage

Wie konnte die Not der Arbeiterfamilien gelöst werden?

[1] Arbeiterwohnung in Berlin. *Foto, 1915.*

Wohnungsnot

Die Städte änderten im 19. Jahrhundert ihr altes Aussehen. Weil die Fabriken Verdienstmöglichkeiten boten, zogen viele Menschen vom Land in die Städte. Diese Industriearbeiter bildeten eine völlig neue Bevölkerungsgruppe. Obwohl fleißig gebaut wurde und neue Stadtviertel entstanden, herrschte Wohnungsnot. Grundstücks- und Baupreise stiegen.

Wohnverhältnisse

[2] **Aus einem Bericht eines Arztes von 1908:**

... Fast 40–50 Prozent aller Arbeiterwohnungen bestehen aus 2 Zimmern, werden bewohnt von Familien, die 6–10 Köpfe stark sind und ... noch 2–3 Kostgänger beherbergen. In gesundheitlicher Beziehung jeder Beschreibung spottend, wie den elenden, krankhaft aussehenden Insassen unschwer anzusehen ist ... In einem Schlafraum mit zwei Bettgestellen ausgestattet, der nie gelüftet, noch seltener gereinigt wird (...), kampieren oft bis 10 Personen, vier Kinder in einem Bette, zwei am Kopf und zwei am Fußende, ohne Rücksicht auf Alter und Geschlecht.

Zit. nach: de Buhr, Hermann/Regenbrecht, Michael (Hrsg.): Industrielle Revolution und Industriegesellschaft, Frankfurt/M. (Hirschgraben) 1983, S. 46.

Frauen und Beruf

In der frühen Zeit der Industrialisierung konnten Arbeiter häufig kaum für den Unterhalt einer ganzen Familie aufkommen. Notgedrungen machten ihre Frauen Heimarbeit oder gingen selber in die Fabrik. Die Arbeit dort war körperlich anstrengend und an vielen Maschinen auch gefährlich. Es gab weder Mutterschutz noch bezahlten Urlaub.

Vor und nach der Lohnarbeit hatte die Frau ihren Haushalt zu versorgen. So dauerte ihr Arbeitstag oftmals 17 oder 18 Stunden. Die Kinder waren tagsüber alleine, sodass oft schon die Sechsjährigen auf die noch kleineren aufpassen mussten.

[3] **Aussage einer Heimarbeiterin:**

Kaum ist früh der Mann auf Arbeit, da wachen die Kinder auf und wollen angezogen sein, eine Flasche und zu essen haben. Dann setzt man sich hin und näht, denn es ist eilig zu liefern. Zwischendrin muss man wieder die Kinder baden usw. und wieder nähen, Geld verdienen, das Essen muss besorgt werden. Schnell wird etwas bereitet, das nicht viel Arbeit macht, denn man muss nähen ...

Zit. nach: Else Sander, Lebenskunde, Leipzig 1922, S. 185

Lösungsversuche

Christliche Fürsorge

Das Elend der Arbeiter und deren Familien spitzte sich zu. Es stellte sich immer dringender die Frage: Was muss getan werden, um die Lebensverhältnisse der Arbeiter sowie ihrer Frauen und Kinder zu bessern? Diese Frage bezeichnete man als „Arbeiterfrage“ oder auch als „soziale Frage“. Die christlichen Kirchen setzten sich mit diesem Problem auseinander.

Der evangelische Theologe Johann Heinrich Wichern gründete in Hamburg das „Rauhe Haus“, in dem er verwaiste und obdachlose Kinder aufnahm.

[1] Werkstatt „Rauhes Haus“, Hamburg. *Illustration, 1845.*

Der Mainzer Bischof Ketteler forderte von den Unternehmern, die Arbeiter am Gewinn zu beteiligen sowie Frauen- und Kinderarbeit einzuschränken. Den Arbeitern riet er, Vereine zu gründen und gegenseitige Hilfe zu organisieren. Besonders bekannt sind die „Kolpinghäuser“. Ihr Initiator Adolph Kolping hat sie als katholische Gesellenvereinshäuser gegründet. Hier konnten Handwerksgesellen wohnen und essen.

1. Beschreibt die Wohnverhältnisse der Arbeiterfamilien. Welche gesundheitlichen Probleme ergaben sich daraus?
2. Stellt die Situation der berufstätigen Frauen dar. Wie sah ihr Alltag aus?
3. Schildert die Lage der Arbeiterkinder. Erklärt, aus welchen Gründen sie arbeiten mussten.
4. Nennt Beispiele für die Lösungsversuche von der Seite der christlichen Kirche.

Fürsorge von Unternehmern

[2] Die Bergarbeitersiedlung in Duisburg-Hamborn. *Foto, 1961.*

Es gab auch einige Fabrikbesitzer und Unternehmer, die versucht haben, das Elend ihrer Arbeiter zu mildern. Dazu gehörten unter anderem August Borsig in Berlin, Robert Bosch in Stuttgart oder die Familie Krupp in Essen.

Als eine der Ersten im Rheinland richtete die Siegburger Kattunfabrik Rolffs im Jahr 1843 eine Kranken- und Invalidenversicherung ein.

1854 richtete die Kattunfabrik eine „Speiseanstalt“ und einen Konsumladen mit verbilligten Waren ein. 1865 gründete man für ledige Arbeiterinnen eine Näh- und Strickschule. Arbeitern mit weitem Heimweg baute man auf dem Fabrikgelände Schlafsäle mit Badestuben. Solange aber soziale Leistungen der Firmen noch freiwillig waren, bedeutete der Verlust des Arbeitsplatzes gleichzeitig den totalen Absturz in Armut und Elend.

5. Listet auf, welche Ziele die Kattunfabrik Rolffs mit ihren sozialen Einrichtungen verfolgte.

Wählt einen der folgenden Arbeitsaufträge aus:

- Versetzt euch in die Lage eines Arbeiterkindes. Verfasst einen Tagebucheintrag, indem ihr einen Arbeitstag des Kindes schildert.
- Macht eine Umfrage in der Klasse: Wer hat von euch schon einen Schülerjob ausgeübt? Sprecht über die Gründe und die Unterschiede zur Kinderarbeit im 19. Jahrhundert.

Kampf um Verbesserungen

[1] Ein Streik bricht aus. *Gemälde von Robert Köhler, 1886.*

1. Schildert die Situation in Bild [1] und lest die Sprechblasen; erstellt daraus eine Liste mit den Forderungen der Menschen.

Arbeitnehmer organisieren sich

Wegen der Kosten sperrten sich viele Unternehmer gegen Verbesserungen der Arbeitsbedingungen. Die Industriearbeiter erkannten, dass sie nur gemeinsam etwas erreichen konnten. In zahlreichen Streiks zeigten sie, wie ernst sie ihre Forderungen meinten. Streik jedoch bedeutete Lohnausfall. Die Arbeiter vereinigten sich daher zur gegenseitigen Unterstützung und Bekräftigung ihrer Forderungen zu Gewerkschaften. In England entstanden sie gegen große Widerstände seit 1824. In Deutschland gab es seit 1848 Gewerkschaften. Anfangs hatten sie mit vielen Schwierigkeiten zu kämpfen. Offiziell waren sie erst ab 1872 erlaubt. Um die Chancen der Arbeiterinnen und Arbeiter zu erhöhen, sorgten Gewerkschaften und Arbeitervereine für eine bessere Bildung ihrer Mitglieder.

2. Erläutert, welche Anliegen die Gewerkschaften hatten, und vermutet, gegen welche Schwierigkeiten sie kämpfen mussten.

Was ihr noch tun könnt ...

- euch genauer über Karl Marx und Friedrich Engels sowie ihre Ideen informieren

Vorkämpfer für Gerechtigkeit

Marx und Engels prangerten die Missstände in der Arbeitswelt des frühen Industriezeitalters an. Ihr Anliegen war eine radikale Umwälzung der politischen und gesellschaftlichen Ordnung. Ihre revolutionären Schriften – z. B. das „Kommunistische Manifest" – hatten großen Einfluss auf die gerade entstehenden Arbeiterparteien und auf die politische Entwicklung Europas im 20. Jahrhundert.

[2] Karl Marx (links 1818–1883) aus Trier und Friedrich Engels (rechts 1820–1895), dessen Vater eine Fabrik in Engelskirchen besaß. *Gemälde.*

Eine Partei für die Arbeiter

Im Jahre 1863 gründete der Journalist Ferdinand Lassalle den Allgemeinen Deutschen Arbeiterverein. 1869 riefen August Bebel und Wilhelm Liebknecht ebenfalls eine Arbeiterpartei ins Leben.
Beide Parteien wollten einen demokratischen Staat verwirklichen und eine gerechtere Verteilung des Eigentums erreichen. 1875 schlossen sie sich zur Sozialistischen Arbeiterpartei Deutschlands zusammen.
Ab 1891 nannte sie sich Sozialdemokratische Partei Deutschlands (SPD). Nach der Vereinigung stieg die Mitgliederzahl rasch an.
Die SPD trat auch für das Frauenwahlrecht ein.

[3] SPD-Parteifahne. *Foto.*

3. Erklärt die Inschrift der Parteifahne. Kommen euch die ersten drei Begriffe bekannt vor? In welchem Zusammenhang habt ihr diese Begriffe kennen gelernt?

[4] **Forderungen aus dem „Erfurter Programm" der SPD von 1891:**

4. Abschaffung aller Gesetze, welche die freie Meinungsäußerung und das Recht der Vereinigung und Versammlung einschränken oder unterdrücken.
5. Abschaffung aller Gesetze, welche die Frau in öffentlicher und privatrechtlicher Beziehung gegenüber dem Manne benachteiligt.
6. Erklärung der Religion zur Privatsache.
7. Weltlichkeit der Schule. Obligatorischer Besuch der öffentlichen Volksschulen. Unentgeltlichkeit des Unterrichts, der Lehrmittel und der Verpflegung ...

Zit. nach: Dieter Dowe/Kurt Klotzbach (Hg.), Programmatische Dokumente der deutschen Sozialdemokratie. J. H. W Dietz Nachf., Bonn 1990, S. 186 ff.

4. Listet die Forderungen der SPD auf. Diskutiert in der Klasse, ob diese Forderungen heute umgesetzt sind.

Die Sozialgesetzgebung

Die deutsche Reichsregierung entwickelte als Gegengewicht zur Arbeiterbewegung unter ihrem Kanzler Otto von Bismarck ein neues Gesetzeswerk. Die Arbeiter sollten eine Absicherung gegen Krankheit, Unfälle und Arbeitsunfähigkeit durch Alter oder Invalidität erhalten. Ein weltweit einzigartiges Sozialversicherungssystem trat Schritt für Schritt in Kraft. Hierdurch wollte der Staat beweisen, dass auch er sich um die Arbeiterschaft bemüht. Somit wäre eine besondere Arbeiterpartei im Grunde überflüssig. Die Reichsregierung führte eine „Reform von oben" durch und wollte damit die Arbeiterbewegung einschränken.

Entwicklung der Sozialversicherung	
1883–1884	Kranken- und Unfallversicherung für Arbeiter
1889	Rentenversicherung für Arbeiter
1892	Krankenversicherung für Angestellte
1911	Rentenversicherung für Angestellte
1927	Arbeitslosenversicherung
1957	Lohnfortzahlung bei Krankheit
1995	Pflegeversicherung

5. Begründet, warum die Sozialgesetzgebung von Bismarck eine „Reform von oben" war. Welche Auswirkungen hatte das neue Gesetzeswerk?

Wählt einen der folgenden Arbeitsaufträge aus:

- Entwerft ein Plakat mit den Forderungen der SPD (siehe dazu den Text in [4]).
- Schreibt Rollenkarten und spielt folgende Szene: Bismarck macht seinem Kaiser die Notwendigkeit der Sozialgesetzgebung klar.

Was ihr noch tun könnt ...

- berufstätige Erwachsene befragen und euch über die heutige Sozialversicherung informieren

WEBCODE: MZ648924-151

Lebenswelten und Alltag um 1900

Wodurch wurde der Alltag um 1900 in Deutschland bestimmt?

[1] Junge Hausfrau um 1910. *Foto.*

Im „goldenen Käfig“ ...

In bürgerlichen Familien sorgte der Hausherr für den Lebensunterhalt. Seine Frau „hatte es nicht nötig“, mit Arbeit Geld zu verdienen. Mädchen durften nur in Ausnahmefällen einen Beruf lernen oder gar studieren. Ob sie dann den Beruf auch wirklich ausüben konnten, war noch bis ins Jahr 1957(!) von der Zustimmung des Ehegatten abhängig.

Die Erziehung der Mädchen war darauf ausgerichtet, Hausfrau und Mutter zu sein. Dabei stand ihr im bürgerlichen Haushalt Dienstpersonal zur Seite. Ein „Mädchen für alles“ war das Mindeste. Am Waschtag kam die Waschfrau, zu wichtigen Essen wurde eine Köchin engagiert, und solange Kleinkinder im Haus waren, konnte sich die Mutter auf die Unterstützung eines Kindermädchens verlassen.

1. Beschreibt die Situation einer jungen bürgerlichen Ehefrau mit Hilfe von Bild [1] und dem Autorentext.

... oder im „Hamsterrad“ zwischen Arbeit und Familie

Nur wenige Frauen von Arbeitern konnten sich ausschließlich dem Haushalt und ihren Kindern widmen. Sie waren zur Mitarbeit gezwungen, weil die Männer nur ein geringes Einkommen hatten. Frauen wurden als Arbeitskräfte von den Unternehmern geschätzt, denn sie erhielten oft nur die Hälfte des Arbeitslohnes ihrer männlichen Kollegen.

[2] **In dem Bericht einer Gewerbeaufsicht aus dem Jahre 1899 heißt es:**

... Es gibt viele Arbeiterinnen, die täglich zehn bis zwölf Kilometer zu Fuß zur Fabrik zurücklegen müssen. Ist die Entfernung zur Fabrik nicht so weit, eilt sie in der Mittagspause ... heim, macht Feuer ..., wärmt das vorher fertiggestellte Essen auf und isst mit den Angehörigen. Abends dasselbe: Abendessen, Schularbeiten der Kinder, Flicken und Waschen der Kleider und Wäsche, Vorbereitung des Essens für den anderen Tag. Vor neun Uhr abends endet der Arbeitstag nie ..., oft erst nach 23 Uhr ...

In: Henriette Führt: Die Fabrikarbeit verheirateter Frauen. Frankfurt a. M., 1902, S. 42 f.

Eine Sache war bei allen Frauen gemeinsam, im gesamten öffentlichen Leben spielten sie kaum eine Rolle. Sie hatten kein Wahlrecht und durften sich politisch nicht beteiligen.

2. Vergleicht das Leben einer Frau aus der Mittelschicht mit dem einer Arbeiterin.

Frauenemanzipation

1850 Politischen Vereinen ist die Aufnahme von „Frauenspersonen“ ... verboten. (gültig bis 1908).

1900 Nach dem neuen Bürgerlichen Gesetzbuch (BGB) kommt dem Ehemann das Entscheidungsrecht in allen Fragen des Ehe- und Familienlebens zu.

1901 Als erstes deutsches Land erlaubt Baden das Studium für Mädchen. Preußen folgt 1908.

1918 Frauen erhalten in Deutschland das aktive und passive Wahlrecht.

[3] Versammlung sozialdemokratischer Frauen. *Lithographie, 1890.*

[4] „Unser Kaiserpaar im Familienkreise". Die kaiserliche Familie diente als Vorbild. *Fotografische Reproduktion, 1892.*

Das Militär prägt den Alltag

Im Deutschen Reich hing um 1900 in fast jeder Wohnung ein Bild des Kaisers oder der kaiserlichen Familie. In der Öffentlichkeit traten der Kaiser und seine Söhne stets in Uniform auf. Weil die Marine die Lieblingswaffengattung des Kaisers war, trugen viele Kinder als „Sonntagskleidung" Matrosenanzüge bzw. -kleidchen.

Eine Uniform zu tragen galt als erstrebenswert. Wer wegen Krankheit oder irgendwelcher Gebrechen untauglich für das Militär war, sah dies in den meisten Fällen als Schande an. Er fühlte sich minderwertig. So sah es auch die Öffentlichkeit.

Militär prägte auch das Bild der Städte. Vor allem in den zahlreichen Garnisonsstädten mit den Kasernen war das Militär mit seinen Aufmärschen Bestandteil des Alltags.

3. Charakterisiert die Rolle des Militärs im Deutschen Kaiserreich um 1900.

Nationalismus und Antisemitismus

Der Nationalismus, also die übertriebene Ausprägung des Nationalgefühls, zeigte sich in allen Lebensbereichen. An vielen Stellen im Land entstanden Nationaldenkmäler. Auch Liedtexte und Schriften, ja sogar Kinderbücher griffen die Verherrlichung der Nation als Thema auf.

Die seit dem christlichen Mittelalter bestehenden Vorurteile gegenüber der jüdischen Bevölkerung richteten sich damals gegen deren Glauben. Im 19. Jahrhundert dagegen hob man eine angeblich rassische Andersartigkeit hervor. Man spricht daher vom Rassen-Antisemitismus als neuer Form der Judenfeindlichkeit. Den Juden wurde zudem ein international ausgerichteter Charakter zugeschrieben, der sich nicht mit dem Nationalgedanken im Kaiserreich vereinbaren ließ.

4. Vermutet, wohin eine übertriebene Verherrlichung der eigenen Nation führen kann.

Wählt einen der folgenden Arbeitsaufträge aus:

- ⚀ Beschreibt das Bild [3] und notiert stichwortartig die Schritte zur Frauenemanzipation.
- ⚁ Schreibt kurze Lexikonartikel zu den Begriffen „Militarismus" und „Nationalismus".
- ⚂ Verdeutlicht in einer Gegenüberstellung den religiös begründeten Judenhass des Mittelalters und den Rassenantisemitismus des 19. Jahrhunderts.

Erinnerungskultur

Wie beging man nationale Feiertage in Frankreich und Deutschland?

[1] Schüler bei der Projektarbeit. *Foto.*

Ein interessantes Projekt
Die Gruppe ist mit ihren Recherchen nahezu fertig. Notizen, Kopien, Fotos und Merkzettel sammeln sich in den Mappen und auf den Arbeitstischen. Die Klasse wollte herausfinden, wie es um 1900 bei unseren europäischen Nachbarn aussah. Lenas Gruppe hatte sich für einen Vergleich mit Frankreich entschieden.

1. Helft Lenas Gruppe dabei, Ordnung in die Notizen zu bringen und eine spannende Präsentation zu erarbeiten.
2. Vergleicht dabei möglichst immer Frankreich–Deutschland (Regierungssystem, nationales Selbstverständnis, Anlass für den Nationalfeiertag ...).

Nationalfeiertag
Der wichtigste gesetzliche Feiertag der Franzosen ist seit 1880 der 14. Juli (14. juillet). Der Tag erinnert an den Auftakt zur Französischen Revolution in Paris mit dem Volkssturm auf das Gefängnis Bastille am 14. Juli 1789. An diesem Tag ist auch heute noch die gesamte Bevölkerung in Feierlaune. Es gibt im ganzen Land viele Veranstaltungen: Paraden, Konzerte, Bälle und Feuerwerke. Besonders spektakulär ist die große Militärparade in Paris. Im Jahre 1895 z. B. wurden rund 400 000 Zuschauer geschätzt.

Sedantag
Die Schlacht bei Sedan (2. 9. 1870) hatte im Deutsch-Französischen Krieg von 1870/71 die Entscheidung für Preußen gebracht. Der französische Kaiser Napoleon III. wurde gefangen genommen. In Deutschland löste diese Nachricht damals große Begeisterung aus.
Der 2. September wurde seit 1873 als nationaler Gedenktag begangen, auch weil er eng mit der Reichsgründung zusammenhing. Allerdings wurde er nie offiziell zum Feiertag erklärt.
In den Gemeinden des Deutschen Reiches wurde der Tag mit Glockengeläut und Gottesdiensten, Kanonendonner, Schulfeiern und Umzügen begangen. Die Menschen versammelten sich um Kriegerdenkmäler und es wurden patriotische Reden gehalten.

Kriegerdenkmal für die Gefallenen des Krieges 1870/71.

Napoleon III.
1848 Louis Napoleon Bonaparte zum Präsidenten gewählt (Neffe von Napoleon I) – krönte sich 1852 selber als Napoleon III. zum Kaiser – 2. Kaiserreich scheiterte nach verlorenem Krieg 1870 gegen Deutschland – Napoleon III. in Gefangenschaft – Frankreich wird Republik.

Wie Frankreich um 1900 regiert wurde
- 1871–1940 Dritte Republik (= Regierungsform ohne einen Monarchen)
- Parlament (= Nationalversammlung) mit zwei Kammern: Abgeordnetenkammer, direkt gewählt, und Senat, indirekt über Vertreter aus den Gemeinden und Regionen gewählt
- Staatsoberhaupt ist der Staatspräsident.
- Regierungschef ist der Premierminister.
- Nationalversammlung kontrolliert Regierung, erarbeitet und verabschiedet Gesetze.
- Wahlrecht für alle männlichen Bürger

Sedantag 1895 in Frankfurt/Main

Französischer Nationalfeiertag (14. Juli 1919 in Paris)

Louis Napoleon III. (1808–1873. *Gemälde von Auguste Boulard, 1853.*

Stadtplanung
Das heutige Erscheinungsbild von Paris entstand um die Mitte des 19. Jahrhunderts. Um diese Zeit wurden die mittelalterlichen Bauten abgerissen, 150 km Straßen verbreitert oder neu gebaut und öffentliche Gebäude und Wohnhäuser nach einem einheitlichen Plan errichtet. Diese Maßnahmen waren Vorbild für eine Reihe anderer europäischer Hauptstädte. Berlin stand mit der Stadtplanung immer im Wettbewerb zu Paris, sodass jetzt auch in der Hauptstadt des Deutschen Reiches manche Anregungen aus Paris umgesetzt wurden.

Kaisers Geburtstag
Ein weiterer wichtiger Anlass für patriotische Feierlichkeiten in Deutschland war Kaisers Geburtstag. Von 1888 bis zum Ende des 1. Weltkriegs 1918 war das der 27. Januar.

Was ihr noch tun könnt:
- alle hier genannten Aspekte weiter vertiefen (z. B. Internetrecherche)
- Fotos besorgen und kopieren
- heutige Feierlichkeiten zu den Nationalfeiertagen in Frankreich (14. Juli) und Deutschland (3. Oktober) vergleichen

Geschichte aktiv

1. Erkunden

- Industriedenkmäler, Arbeitersiedlungen, alteingesessene Betriebe am Wohn- oder Schulort besuchen und deren Geschichte recherchieren
- Industriemuseen besuchen (z. B. Automuseum Ladenburg – Technoseum Mannheim – Technikmuseum Sinsheim – Verkehrsmuseum Karlsruhe – Mercedes-Benz-Museum Stuttgart). Einen guten Überblick geben die Webseiten www.museen.de oder www.netmuseum.de.
- Öffentliche Gebäude und Wohnhäuser, Grab- und Kriegerdenkmäler aus der Zeit um 1900 an eurem Schul-/Wohnort aufsuchen und fotografieren

2. Präsentieren

- Mit Fotos (Kopien), Texten, Zeichnungen und Gegenständen eine kleine Ausstellung zum Thema „Deutschland um 1900“ vorbereiten (Schulfest, Elternsprechtag, Eingangshalle …)
- Teilaspekte des Themas zu einem Projekt in der Projektwoche der Schule ausbauen
- Geschichte des Schul-/Wohnortes zur Kaiserzeit genauer recherchieren und kleine Publikation erstellen (Druck, Power-Point, Webseiten …)

3. Lesen und ansehen

- A. v. Seggern Epgenhaus, M. und A. v. Seggern, LEBEN IM KAISERREICH, Deutschland um 1900, Stuttgart (Theiss Verlag) 2012
- D. Lindner, DEUTSCHLAND 1900, Ein historischer Bilderbogen, Palm Verlag
- U. Klussmann, J. Mohr (Hg.), DAS KAISERREICH, Deutschland unter preußischer Herrschaft, DVA (Spiegel Buch), 2014
- M. Schaper, DEUTSCHLAND UM 1900, Von Bismarck bis Wilhelm II: Aufstieg und Fall des Kaiserreichs, Geo Epoche 12/2004
- Ihr könnt bei den Bildstellen die folgenden Filme der FWU (Institut für Film und Bild) auf Video oder DVD besorgen:
  – Bismarcks Sozialistengesetz und die Soziale Frage
  – Industrialisierung im 19. Jahrhundert
  – Das Deutsche Kaiserreich – Staat und Gesellschaft
  – Die Industrielle Revolution in England
  – Industrialisierung und Soziale Frage: Auftakt an der Ruhr

WEBCODE: MZ648924-156

Das kann ich!

[1] **Begriffe und ihre Bedeutung**

Militarismus	Übertriebene Ausprägung des Nationalgefühls
Weltausstellung	Militärische Prägung der gesamten Lebenswelt
Globalisierung	Versicherung gegen Krankheit, Arbeitsunfähigkeit usw.
Nationalismus	Verbot sozialistischer Versammlungen, Schriften und anderer Aktionen
Sozialistengesetze	Weltweite Arbeitsteilung mit wechselseitiger Abhängigkeit
Sozialversicherung	Präsentation technischer Neuerungen aus aller Welt

[2] Arbeiter und Unternehmer. *Gemälde.*

[3] Telefonistinnen im Fernsprechamt. *Foto, 1892.*

[4] Daimler Motorkutsche von 1886. *Foto.*

Fragekompetenz

1. Vergleicht eure Fragen vom Anfang des Kapitels mit dem jetzigen Wissenstand und notiert Dinge, die noch geklärt werden müssen.

Sachkompetenz

2. Zählt technische Neuerungen um 1900 auf.
3. Nennt Veränderungen im Leben der Menschen durch die Industrialisierung.
4. Stellt die Stadt um 1900 vor.
5. Beschreibt den Alltag einer Industriearbeiterin im 19. Jh. und vergleicht mit heute.
6. Ordnet die Begriffe in [1] richtig zu.

Methodenkompetenz

7. Entwickelt ein Rollenspiel zu Abb. [2].
8. Wertet Abbildung [3] aus.
9. Entwerft den Text zu einem Werbeprospekt für das Fahrzeug in Abb. [4].

Reflexionskompetenz

10. Bewertet die damals neue Energiequelle Elektrizität mit ihren Folgen.
11. Erörtert die starke militärische Ausrichtung des Alltags in der Kaiserzeit.
12. Beurteilt die Versuche, den Arbeitern Erleichterungen zu verschaffen:
    a) durch die Arbeitgeber
    b) durch den Staat

Orientierungskompetenz

13. Schildert Kinderarbeit um 1900 und vergleicht mit heute (bei uns – in Asien, Afrika oder Südamerika).
14. Stellt Unterschiede zwischen dem Regierungssystem der Kaiserzeit und der heutigen Demokratie dar.

Imperialismus und Erster Weltkrieg

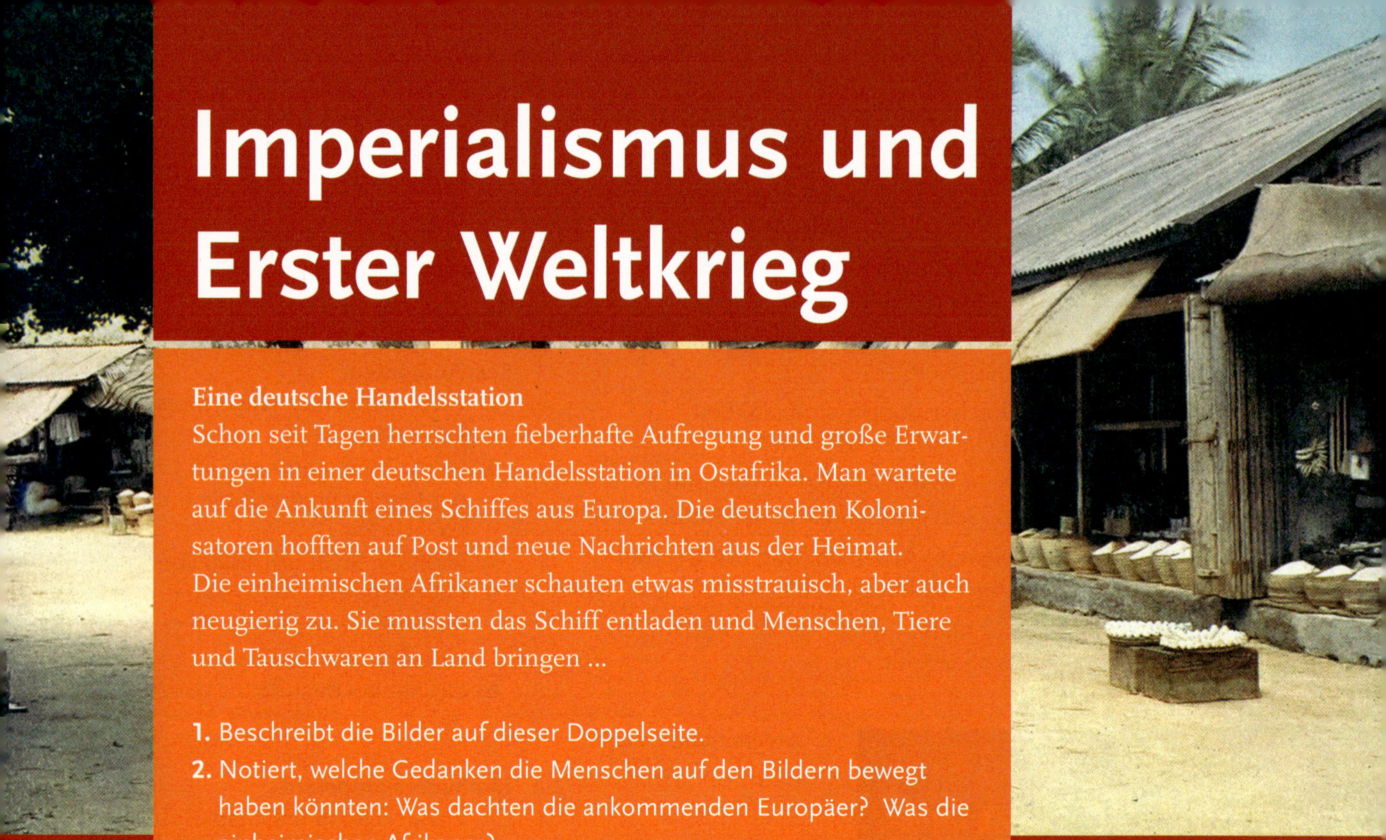

Eine deutsche Handelsstation

Schon seit Tagen herrschten fieberhafte Aufregung und große Erwartungen in einer deutschen Handelsstation in Ostafrika. Man wartete auf die Ankunft eines Schiffes aus Europa. Die deutschen Kolonisatoren hofften auf Post und neue Nachrichten aus der Heimat. Die einheimischen Afrikaner schauten etwas misstrauisch, aber auch neugierig zu. Sie mussten das Schiff entladen und Menschen, Tiere und Tauschwaren an Land bringen …

1. Beschreibt die Bilder auf dieser Doppelseite.
2. Notiert, welche Gedanken die Menschen auf den Bildern bewegt haben könnten: Was dachten die ankommenden Europäer? Was die einheimischen Afrikaner?

Gruss von der
Deutsch-Ostafrikanischen Ausstellung
CAFE
BARRA RASTA
Indier Strasse
in
DARESALAM
KAISERLICHES
Haupt-Zollamt.

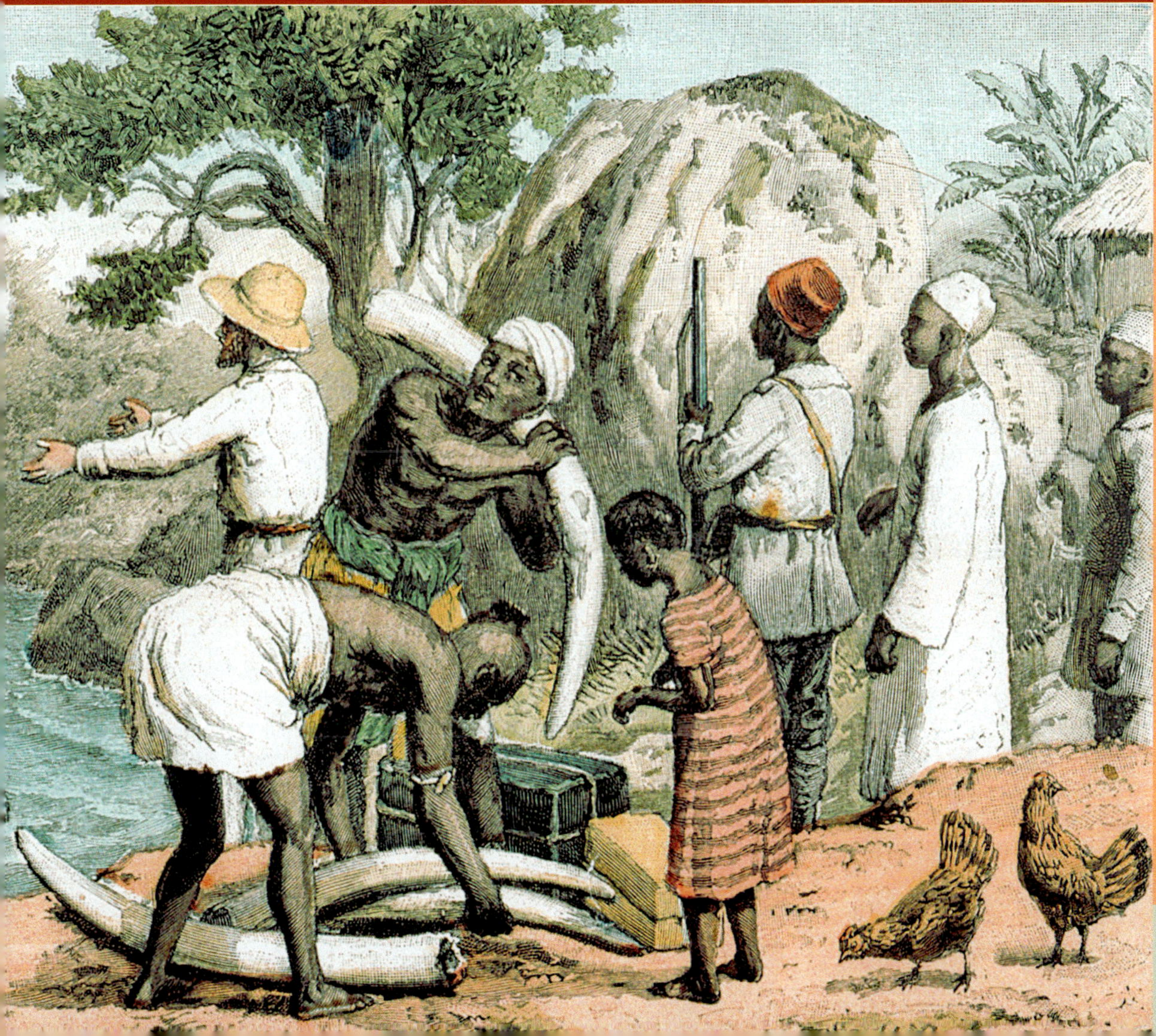

Schauplatz

Eine deutsche Handelsstation

Mit diesen Handelsgütern fing alles an …

[1] Handelsgüter aus den afrikanischen Kolonien: Kakao, Kaffee, Rohkautschuk und Baumwolle. *Fotocollage.*

[2] Deutsche Kolonien in Afrika, 1914. *Karte.*

1. Beschreibt die Handelsgüter in [1]. Welche Produkte habt ihr erkannt?
2. Stellt fest, wo das Deutsche Reich Kolonien in Afrika hatte. Vergleicht die Karte (2) mit einer heutigen Karte von Afrika und findet heraus, wie diese Länder heute heißen.

„Ein Platz an der Sonne"

Deutschland war erst Ende des 19. Jahrhunderts zu einem bedeutenden Nationalstaat geworden. Deshalb erschien es auch als letztes Land im Kreis der Kolonialmächte. Der deutsche Staatssekretär Bernhard von Bülow forderte auch für Deutschland „einen Platz an der Sonne". Viel war vom „Kuchen" der zu verteilenden Kolonien aber nicht mehr übrig. Neben einigen Erwerbungen in China und der Südsee konzentrierte sich die deutsche Politik auf Afrika. Deutsche Kaufleute hatten bereits in Togo, Kamerun, Ost- und Südwestafrika Fuß gefasst.
Ab 1884 erklärte das Deutsche Reich diese Gebiete offiziell zu „Schutzgebieten" und ließ sie von Gouverneuren verwalten. Der Traum von einem „größeren Deutschland" mit Besitzungen in Übersee schien sich zu erfüllen. Der Stolz vieler Deutscher auf die eigenen Kolonien war groß.

3. Stellt euch vor, ihr wäret vor 120 Jahren als Besucher in eine Handelsstation nach Afrika gekommen. Nehmt die Fotos dieser Seite als ersten Eindruck an. Was sagen die Bilder aus?

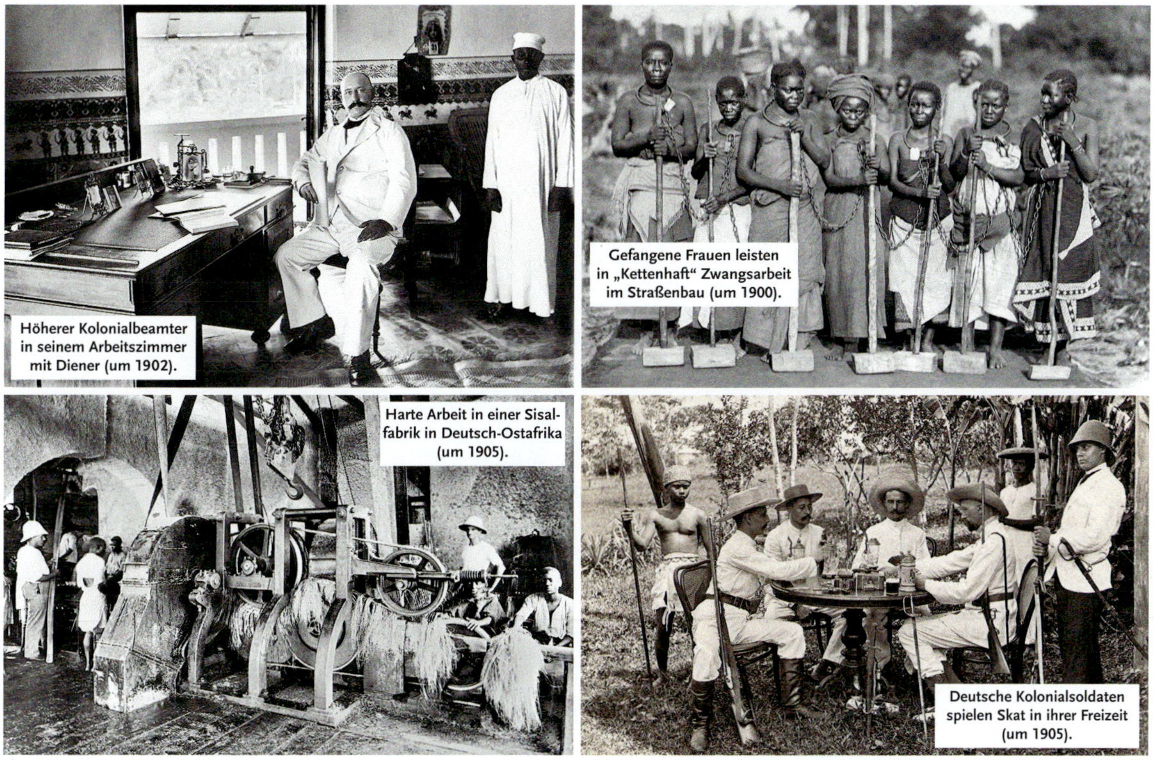

[3] Aus dem Leben der einheimischen Bevölkerung und der europäischen Kolonisten. *Fotocollage.*

Schicksalhafte Begegnung

Europäer und Afrikaner trafen in Handelsstationen, aber auch in Farmen und Missionsniederlassungen aufeinander. Das war für beide Seiten eine Situation, die von vielen Missverständnissen geprägt war. Es gab unter den Europäern edelmütige Menschen. Diese dachten, sie würden das Beste für die Afrikaner tun, wenn sie den „Wilden" europäische Lebens- und Verhaltensweisen beibringen würden. Andere waren bedenkenlose Geschäftemacher, die die Einheimischen verachteten. Sie behandelten sie oft unwürdig und grausam und versuchten, sie zu betrügen.

Auch die einheimischen Menschen verhielten sich unterschiedlich: Die einen bewunderten die Weißen, weil sie bis dahin in Afrika unbekannte Maschinen und Waffen mitbrachten, und glaubten an eine gute Zusammenarbeit – andere verhielten sich misstrauisch und wehrten sich von Anfang an gegen die weißen „Landdiebe" und Unterdrücker.

4. Tauscht euer Vorwissen über Afrika aus: Was wisst ihr über die Kolonialzeit, was über das heutige Afrika?

5. Notiert Fragen, die euch näher interessieren, um sie im Unterricht, als Mini-Projekt oder als Beitrag für das Portfolio zu klären.

Wählt einen der folgenden Arbeitsaufträge aus:

- Schreibt einen Dialog zwischen einem Besucher aus Europa und einem Afrikaner um 1900. Schildert die Eindrücke der Menschen von beiden Seiten.

- Erzählt eine Geschichte/schreibt einen Brief, in dem ihr eure Erlebnisse in einer Kolonie schildert. Ihr könntet wie folgt beginnen: *Wir waren gerade angekommen, da hörten wir aufgeregte Stimmen …*

Orientierung

Ab der Mitte des 19. Jahrhunderts wollten die europäischen Industrieländer, als Folge der europäischen Industrialisierung, ihre Einflussbereiche in Afrika und Asien vergrößern. Hierzu errichteten sie Kolonien*. Besonders die Erwartung von Gewinnen für den Handel und die Ausbeutung von Rohstoffen und Bodenschätzen war dafür entscheidend. Doch mit den Machtbestrebungen und dem Wettrüsten der imperialistischen* Mächte spitze sich die militärische Bedrohung zu. Im Jahre 1914 kam es zur „Urkatastrophe" des 20. Jahrhunderts. Der Erste Weltkrieg brach aus.

Kolonie
Eine Kolonie ist ein auswärtiger Besitz eines Staates, der politisch und wirtschaftlich von ihm abhängig ist.

Imperialismus
Imperialismus bezeichnet das Streben eines Landes nach größtmöglicher Macht über andere Länder, meist mit dem Ziel, das eigene Herrschaftsgebiet zu erweitern.

[1] Die Aufteilung der Welt. *Karte.*

1. Erklärt, warum die europäischen Staaten Kolonien in Afrika errichteten.
2. Welche Staaten besaßen die meisten Kolonien und wo lagen diese? Fertigt hierzu eine Tabelle mithilfe der Karte an:

Staat	Kolonie

3. Tauscht Informationen über Afrika und Asien aus. Was wisst ihr schon von den dort lebenden Völkern und ihrer Geschichte?

Was ihr noch tun könnt ...

- ein Land in Afrika (z.B. Angola, Marokko oder Sudan) und ein Land in Asien (z.B. Indien, Korea oder Vietnam) auswählen und euch ausführlich über die Geschichte, Bevölkerung und Kultur des Landes informieren.

- **1871** Gründung des Deutschen Reiches
- **1881** Tunesien wird französische Kolonie, der Kongo Besitz des belgischen Königs.
- **1882** Ägypten wird britische Kolonie.
- **1884/85** Das Deutsche Reich erwirbt Kolonien (Afrika/Pazifik). Afrikakonferenz in Berlin
- **1898** Das Deutsche Reich rüstet seine Flotte auf.
- **1900** Fremdenfeindlicher Aufstand in China; Niederschlagung u. a. durch deutsche Truppen
- **1912/13** Krisen auf dem Balkan: Europäische Großmächte rüsten auf.
- **1914** Beginn des Ersten Weltkriegs
- **1916** Schlacht bei Verdun
- **1917** Kriegseintritt der USA
- **1918** Waffenstillstand: Ende des Ersten Weltkrieges

[2] Imperialismus und Erster Weltkrieg. *Zeittafel.*

Imperialismus und Erster Weltkrieg

Warum wollten die Europäer Kolonien auf anderen Kontinenten besitzen?
Was bedeutet Imperialismus?
Womit rechtfertigten die Kolonialisten ihre imperialistischen Machtbestrebungen?
Wie kam es zum Ersten Weltkrieg?
Welche Auswirkungen hatte der Krieg auf die Soldaten und auf den Alltag der Menschen in der Heimat?
Mit diesen ähnlichen Fragen beschäftigt sich das folgende Kapitel.

Wichtige Kompetenzen in diesem Kapitel

Fragekompetenz
- Fragen sammeln, die mit dem Griff der Europäer auf Länder in Asien und Afrika und mit dem Ersten Weltkrieg zu tun haben

Methodenkompetenz
- Texte analysieren, die sich mit dem Imperialismus und dem Ersten Weltkrieg beschäftigen
- Karten, Schaubildern und Fotos auswerten
- selbst erarbeitete Inhalte an Mitschüler weitergeben

Reflexionskompetenz
- Auswirkungen von Nationalismus auf das Zusammenleben der Völker erläutern
- Probleme der Bündnisse zwischen europäischen Mächten am Vorabend des Ersten Weltkrieges benennen

Orientierungskompetenz
- die Gefahr für den Frieden durch die Konkurrenz unter den Kolonialmächten erklären

Sachkompetenz
- die verschiedenen Ursachen des Ersten Weltkriegs erklären
- Auswirkungen des Krieges auf die Soldaten und den Alltag der Menschen in der Heimat beurteilen

Wettlauf um Kolonien

Warum war es für viele Staaten so wichtig, Kolonien zu besitzen?

[1] Postkarte der Zentrumspartei zur Wahl 1912 (Vorderseite)
Foto.

1. Deutet die Aussage der Postkarte [1]:
a) Welche Länder schneiden sich ein Stück vom „Kuchen“ ab? (Tipp: Die Figur mit Federbusch am Hut stellt Italien dar.)
b) Wie wird die Beteiligung Deutschlands dargestellt? (Tipp: Figur in Uniform und Pickelhaube soll Deutschland darstellen, die Figuren mit den roten Ballonmützen die SPD.)
c) Welche Aussage macht die Zentrumspartei mit ihrer Postkarte?

Ausdehnung nach Übersee

Schon immer hatten verschiedene Nationen versucht, sich in Übersee-Gebieten festzusetzen und Kolonien zu gründen. Zunächst ging es vor allem um Handelsinteressen. Das änderte sich in den letzten Jahrzehnten des 19. Jahrhunderts – um 1880 – dramatisch. Wie schon vorher die alten Kolonialmächte (Spanien, Portugal, Niederlande, Großbritannien und Frankreich), wollten nun auch Russen, Amerikaner, Japaner, Belgier und Deutsche Kolonien besitzen. Man fürchtete, sonst bei der Verteilung der Welt zu kurz zu kommen.

Nicht nur Vorteile für Handel und Wirtschaft des eigenen Landes lockten. Kolonien bereicherten angeblich auch das Ansehen der Nationen in der Welt. Nun machten sich Wissenschaftler, Politiker, Kirchenleute und Interessenvertreter von Handel und Industrie daran, Begründungen für den Erwerb von Kolonien zu finden. In Deutschland wurde die Kolonialpolitik bald zum Streitgegenstand der Parteien.

Parteienstreit

Verschiedene Parteien betonten die Notwendigkeit von Kolonien – andere widersprachen dem.

[2] **Rede des Abgeordneten Bebel (SPD) vor dem Reichstag am 17. Februar 1894:**
Meine Herren, was bedeutet denn aber in Wahrheit Ihre christliche Zivilisation in Afrika? ... Äußerlich Christentum, innerlich und in Wahrheit Prügelstrafe, Weibermisshandlung, Schnapspest, Niedermetzelung mit Feuer und Schwert, mit Säbel und Flinte. Das ist Ihre Kultur. Es handelt sich um ganz gemeine materielle Interessen, ums Geschäftemachen und um nichts weiter!

Zit. nach: Hinz/Patemann/Meier (Hg.), Weiß auf Schwarz, 100 Jahre Einmischung in Afrika. Berlin 1984, S. 121

2. Entnehmt Text [2], wie der Führer der Sozialdemokratischen Partei (SPD) die Kolonialpolitik einschätzt.

Der Wettlauf um Kolonien

Das Konkurrenzdenken unter den größeren Staaten bestimmte von nun an das politische Handeln. Durch Eroberung größerer Gebiete in Afrika und Asien sollte der eigene Einflussbereich ausgedehnt werden. Man wollte Zugangswege offen halten und sich Vorteile in künftigen kriegerischen und wirtschaftlichen Auseinandersetzungen sichern.
Besonders verstärkt wurde die Stellung der Europäer durch die Industrialisierung. Die Maschinenproduktion erhöhte die Wirtschaftskraft. Neue technische Erfindungen und militärische Aufrüstung führten zu einem Vorsprung vor den nicht industrialisierten Staaten.
Hier ist auch ein wichtiger Grund für die Überlegenheitsgefühle der industrialisierten Länder zu suchen, wo nun oft das Wort von der „Überlegenheit der weißen Rasse“ zu hören war.

3. Nennt praktische Beispiele, wie sich die industrielle Überlegenheit auswirken kann; denkt an Geräte, Maschinen, Waffen usw.

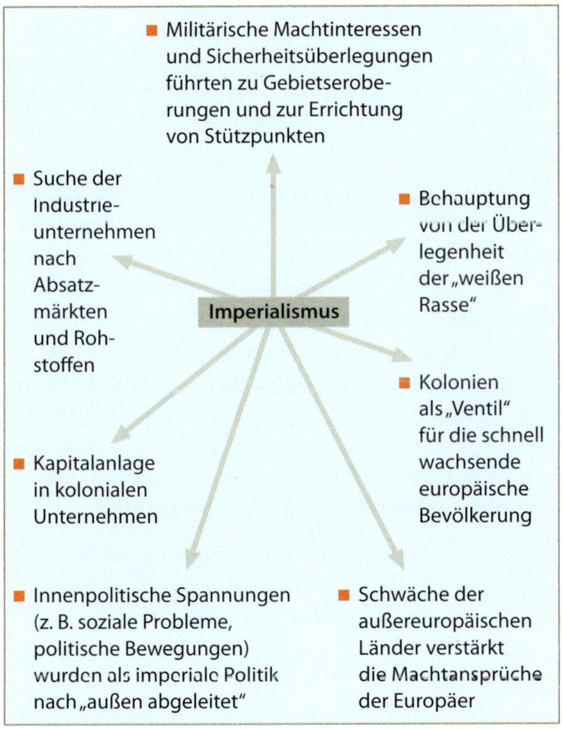

[3] Triebkräfte der imperialistischen Expansion. *Schaubild.*

[4] „Griff nach der Welt“ – *französische Karikatur von Laurian, 1899.* Auf dem Spruchband steht die französische Inschrift des englischen Hosenbandordens: „Ein Schuft, der Böses dabei denkt.“

[5] Deutsche Kolonialtruppen in Deutsch-Ostafrika. *Historische Zeichnung 1894.*

Wählt einen der folgenden Arbeitsaufträge aus:

- Deutet die Karikatur [4]: Welche Befürchtungen drückt sie aus?
- Übertragt das Schaubild [3] ins Heft und prüft, ob ihr alle Punkte verstanden habt.
- In einem Wirtshaus sitzen diskutierende Arbeiter. Notiert einige Schlüsselsätze bzw. Aussprüche zum Thema: „Brauchen wir Kolonien?“

Überlegenheit der weißen Kultur?

[1] Der britische Kolonist Cecil Rhodes als „Koloss von Afrika“. *Karikatur, 1892.*

[3] „Frankreich wird Marokko Kultur, Wohlstand und Frieden bringen können.“ *Karikatur.*

Auf dieser Doppelseite findet ihr einige Hinweise, mit deren Hilfe ihr die Frage der Überschrift leichter beantworten könnt.

1. Beschreibt die Karikatur mithilfe der Methode (auf S. 79).
2. Wertet die Textquellen [2] und [4] aus und arbeitet heraus, welche Eigenschaften den Europäern, welche den Einheimischen zugeschrieben werden.

[2] **Der englische Politiker Cecil Rhodes schrieb 1877:**

Ich behaupte, dass wir die erste Rasse in der Welt sind und es für die Menschheit umso besser ist, je größere Teile der Welt wir bewohnen ... Da [Gott] sich die Englisch sprechende Rasse* offensichtlich zu seinem auserwählten Werkzeug geformt hat ..., so will er daher eines gern von mir getan haben: nämlich so viel von der Karte Afrikas britischrot zu malen wie möglich.

J. Rhodes, hg. v. William T. Stead, The Last Will and Testament of Cecil, London, 1902, S. 58 ff.

[4] **Gabriel Hanotaux, französischer Außenminister:**

Bei der Ausdehnung Frankreichs handelt es sich nicht um Eroberungs- oder Machtpolitik, sondern darum, jenseits der Meere in Landstrichen, die gestern barbarisch waren, die Prinzipien einer Zivilisation zu verbreiten ... Es handelt sich darum, in der Nähe und in der Ferne ebenso viele neue Frankreiche zu schaffen. Es handelt sich darum, unsere Sprache, unsere Sitten, unser Ideal, den französischen und lateinischen Namen ..., zu schützen. ...
Wenn die Kunst, die Literatur, die Sprache, der Geist Galliens nicht ausgesät worden wären, der Rest des Universums wäre unfruchtbar geblieben. Frankreich hat seine geistigen Töchter in alle Winkel des Planeten hinausgesandt.

Zit. nach: Gabriel Hantoux: L'énergie francaise; deutsch in: Wolfgang J. Mommsen: Imperialismus. Hamburg 1977, S. 109

Missionare

Das Leben der Eingeborenen änderte sich nicht nur in wirtschaftlichen Bereichen, sondern auch gesellschaftlich. Missionare wurden in die Kolonien geschickt, um die Einwohner zu bekehren, Krankenhäuser und Schulen zu errichten.

[5] **Weltanschaulicher Hintergrund der Mission im 19. Jahrhundert:**
Die Missionare (waren) von der Einzigartigkeit der europäisch-christlichen Kultur überzeugt und kamen um die Jahrhundertwende mit den Kaufleuten und Kolonisatoren nach Afrika, um die Afrikaner zu bekehren. ... Sie wollten den „finsteren Aberglauben“ mit dem „Licht des Evangeliums“ besiegen. Kolonialbeamte und Kaufleute kamen aus Ländern, die sie zivilisiert und kultiviert nannten. Sie waren am Profit oder an der Macht interessiert. Von diesem Standpunkt aus betrachteten sie die Gebiete Afrikas, die sich Europa angeeignet hatte und deren Menschen sie versklavt hatten ...

Regina und Gerd Riepe: Gott war bei allen Menschen. Afrikanische Religionen, Missio, Aachen 1993. S. 9

Die meisten Kolonisten waren überzeugt davon, dass sie mit der Missionierung der Einheimischen etwas Gutes tun.

[6] **Aus einem Brief einer Kaffeeplantagen-Besitzerin an ihre Mutter in Deutschland (1913):**
... zu den Vorhaltungen manch ahnungsloser Zeitgenossen kann ich nur sagen: Unsere Truppen bringen Recht und Ordnung in das Land, wir Farmer holen aus ungenutztem Boden gute Erträge, unsere Missionsschwestern lehren die schwarzen Kinder den rechten Glauben und unsere Ärzte tun alles, um die bösartigen Tropenkrankheiten auszurotten. Ich weiß nicht, wie man dagegen einen Einwand machen kann ...

(unveröffentlichtes Manuskript, Privatarchiv des Autors)

Rassen/Rassismus: eine Ideologie der Ungleichwertigkeit. Im 19. Jahrhundert entwickelte sich in Europa eine Ideologie, die die Menschen in „Rassen“ einteilt. Diese Rassenlehre unterscheidet die Menschengruppen nach Herkunft, Aussehen, Hautfarbe usw. Mit scheinbar wissenschaftlichen Begründungen wird behauptet, dass es „minderwertige“ und „höherwertige“ Rassen gibt. Zur Zeit des Imperialismus haben die europäischen Mächte versucht, mit dieser Theorie ihre Kolonialpolitik zu rechtfertigen.

[7] Missionsschwester unterrichtet. *Foto.*

Mission und Schule
In den Missionsschulen wurde den afrikanischen Kindern Lesen, Schreiben, Rechnen und das Singen deutscher Lieder beigebracht. Einen wichtigen Teil nahm der Religionsunterricht ein, in dem die Bibel gelesen und erklärt wurde. Insgesamt sollte der Unterricht den Respekt vor der deutschen Kultur fördern und die Kinder zu Verehrern des Kaisers machen.

Wählt einen der folgenden Arbeitsaufträge aus:

- Schreibt einen Bericht, in dem ein afrikanischer Jugendlicher über das Leben im Dorf seit der Ankunft der Missionare berichtet.
- Wertet Text [5] aus, indem ihr darlegt, welche Einstellung zu der Glaubenswelt und Kultur der einheimischen Afrikaner deutlich wird.
- „Mission: pro oder kontra?“. Sammelt Argumente mithilfe der Materialien auf dieser Seite und führt eine Diskussion in der Klasse durch.

Was ihr noch tun könnt ...
- Findet heraus, welche Missionsbestrebungen in der Vergangenheit und heute aus Baden-Württemberg stammen.

WEBCODE: MZ648924-167

Die Aufteilung Afrikas

[1] Afrikakonferenz von 14 europäischen Staaten und den USA 1884/85 in Berlin. *Zeitungsillustration, 1884.*

Verteilungsstreit in Afrika

Es blieb nicht aus, dass verschiedene Nationen Ansprüche auf dieselben Gebiete in Afrika erhoben, z. B. Belgien und Frankreich im Kongo, Portugal und Frankreich in Guinea, England und die Niederlande in Südafrika.

Russland und Japan wollten ihrerseits asiatische Gebiete unter ihre Kontrolle bringen. In dieser Situation versuchte der deutsche Reichskanzler Bismarck, auf der Internationalen Afrikakonferenz 1884/85 in Berlin einen Interessenausgleich zu schaffen.

Die Konferenz brachte unter anderem zwei Ergebnisse, die für die weitere Entwicklung sehr wichtig wurden:

a) Vereinfachte Inbesitznahme:

In Zukunft sollte es genügen, wenn ein Stück Land besetzt und dies den anderen Mächten mitgeteilt würde. Diese Bestimmung löste einen Wettlauf auf noch „freien" Teile überseeischer Länder aus.

b) Radikale Grenzziehung:

Bei der Einigung über strittige Gebiete zog man auf den Landkarten neue Grenzen „mit dem Lineal" – quer durch die Gebiete bestehender Volksgruppen.

Tausch und Verkauf von afrikanischen Gebieten

Wie mit einer Handelsware gingen die Kolonialmächte mit den Gebieten um, die sie sich angeeignet hatten. So ließ beispielsweise Deutschland den Franzosen in Marokko den Vortritt, dafür bekamen sie ein Stück vom Kongo, den sie „ihrem" Kamerun angliederten.

[2] Deutsche und französische Kolonialbeamte legen die Grenze zwischen Französisch-Kongo und Nordkamerun fest. *Illustration, 1890.*

1. Sucht die erwähnten afrikanischen Gebiete auf der Karte (Umschlagklappe hinten) oder in einem Atlas.
2. Notiert mögliche Auswirkungen der willkürlichen Grenzziehungen für die einheimische Bevölkerung.

Umgang mit der einheimischen Bevölkerung

So wie die Kolonialmächte mit den eroberten Gebieten umgingen, so willkürlich verhielten sie sich auch gegenüber der Einheimischen.

Was bedeutet Sozialdarwinismus?
Der Sozialdarwinismus ist eine Ideologie um 1900, die Darwins Lehre von der Evolution durch natürliche Auslese auf die menschliche Gesellschaft anwendet. Doch während Darwin davon gesprochen hatte, dass in der Natur immer die anpassungsfähigere Tier- oder Pflanzenart überlebt („natürliche Selektion"), behaupteten die Vertreter des Sozialdarwinismus, dass unter den menschlichen „Rassen" nur die stärkeren auf Kosten der schwächeren überleben. In dem „Kampf ums Dasein" (struggle for existence) werden nur die Besten, die Stärksten oder Erfolgreichsten überleben (survival of the fittest). Diese Ideologie war weit verbreitet und bildete damals die Grundlage dafür, dass die Europäer sich als scheinbar überlegene weiße „Rasse", als eine Art „Herrenrasse" angesehen haben.

Ein Beispiel aus Südwestafrika

[3] **Brief des Nama-Häuptlings Witbooi an den Häuptling eines anderen Stammes:**
... die Deutschen lassen sich im Gebiet nieder ..., ohne erst um Erlaubnis zu bitten, drängen den Menschen, denen die Gebiete gehören, ihre Gesetze auf, verbieten das freie Herumstreifen auf den Wegen, verbieten ihnen freie Verfügung über ihr eigenes Wasser und über die Weide; sie verbieten den Landeseingeborenen die Jagd auf ihr eigenes Wild.

Quelle: Hendrik Witbooi: Afrika den Afrikanern. Aufzeichnungen eines Nama-Häuptlings. hg. von Wolfgang Reinhard, Berlin/Bonn (Dietz) 1982, S. 132 ff.

Der Herero-Aufstand (1904)
Die unterdrückten Völker, die Herero und die Nama in Südwestafrika, rebellierten gegen die deutsche Herrschaft. Mit großer Brutalität wurden diese Aufstände niedergeschlagen, Männer, Frauen und Kinder in die lebensfeindliche Wüste vertrieben, wo sie dem sicheren Tod ausgesetzt waren. Tausende verhungerten und verdursteten hier. Der Krieg gegen die Herero war ein Völkermord. Ziel der Kolonialtruppen waren nicht nur der Sieg und die Unterwerfung der Gegner, sondern die Vernichtung der einheimischen Bevölkerung.

[4] Soldat mit gefangenen Herero. *Foto, 1904*

[5] **Der Kolonialismus aus afrikanischer Sicht**
Amin Césaire, ein afro-karibischer Schriftsteller und Politiker urteilte über den Kolonialismus: „Der Kolonisator, der im anderen Menschen ein Tier sieht, nur um sich selber ein ruhiges Gewissen zu verschaffen, dieser Kolonisator wird objektiv dahin gebracht, sich selbst in ein Tier zu verwandeln. ... Man erzählt mir von Fortschritt und geheilten Krankheiten. Ich aber spreche von zertretenen Kulturen, ... von Tausenden hingeopferten Menschen ... Ich spreche von Millionen Menschen, denen man geschickt das Zittern, den Kniefall, die Verzweiflung ... eingeprägt hat."

Amin Césaire: Über den Kolonialismus. Wagenbach, Berlin 1968, S. 21–23.

Wählt einen der folgenden Arbeitsaufträge aus:

- Arbeitet aus Quelle [3] heraus, warum die Herero und Nama sich gegen die deutsche Herrschaft auflehnten.
- Analysiert die Quelle [5] und stellt den Standpunkt von Amin Césaire dar.
- Beurteilt das Verhalten der deutschen Kolonialtruppen in Südwestafrika. Berücksichtigt dabei den Text über „Sozialdarwinismus" und die Quelle [5].

Kolonialmacht USA

[1] Amerikanischer Fortschritt.
Gemälde von John Gast, 1872.

Go West! – Kolonisierung in Nordamerika
Die Kolonisierung geschah um 1850 zunächst in den weiten Landgebieten des nordamerikanischen Kontinents. Die Siedlungsgrenzen wurden immer weiter von den ersten Kolonien der Ostküste nach Westen verschoben, die dort einheimischen Indianer verdrängt.
Dabei wurden Millionen von ihnen getötet, starben an eingeschleppten Krankheiten oder wurden vertrieben und ihrer Kultur beraubt.

[2] Indianer und amerikanische Soldaten im Kampf.
Hist. Zeichnung, um 1876.

1. Tauscht euch darüber aus, was ihr über die Indianer Nordamerikas und ihr Schicksal wisst.
2. Beurteilt das Vorgehen der weißen Siedler und Militärs gegen die Indianer.

„Amerika den Amerikanern"
Diese Forderung ist in der sog. Monroe-Doktrin enthalten und geht auf die Rede zur Lage der Nation vom 2. Dezember 1823 zurück. In dieser Rede stellte der US-Präsident James Monroe vor dem Kongress die Grundzüge einer langfristigen Außenpolitik der Vereinigten Staaten dar.
Monroe formulierte die Existenz zweier politischer Sphären. Er betonte folgende Grundsätze:
- Die Vereinigten Staaten von Amerika verzichten auf jegliche politische und militärische Einmischung in Europa.
- Sollte aber ein anderer Staat Kolonialansprüche haben, die auf Gebiete der westlichen Hemisphäre abzielen, würden die Vereinigten Staaten dies als feindliche Handlung verstehen. Als „westliche Hemisphäre" werden der Doppelkontinent Amerika und die umliegenden Inseln bezeichnet.
- Insbesondere sollten die europäischen Mächte, die nunmehr unabhängigen Staaten Lateinamerikas nicht rekolonialisieren.

Was war das Ziel?
Mit der Monroe-Doktrin wollten die USA unmissverständlich deutlich machen, dass sie auf dem Doppelkontinent Amerika keinerlei Einmischung aus Europa und anderen Ländern dulden würden. Außerdem würden die USA selbst auch nicht in die Politik Europas eingreifen. Der Handel sollte das verbindende Element mit dem Rest der Welt sein.

[3] Ausbreitung des amerikanischen Einflusses bis 1917. *Karte.*

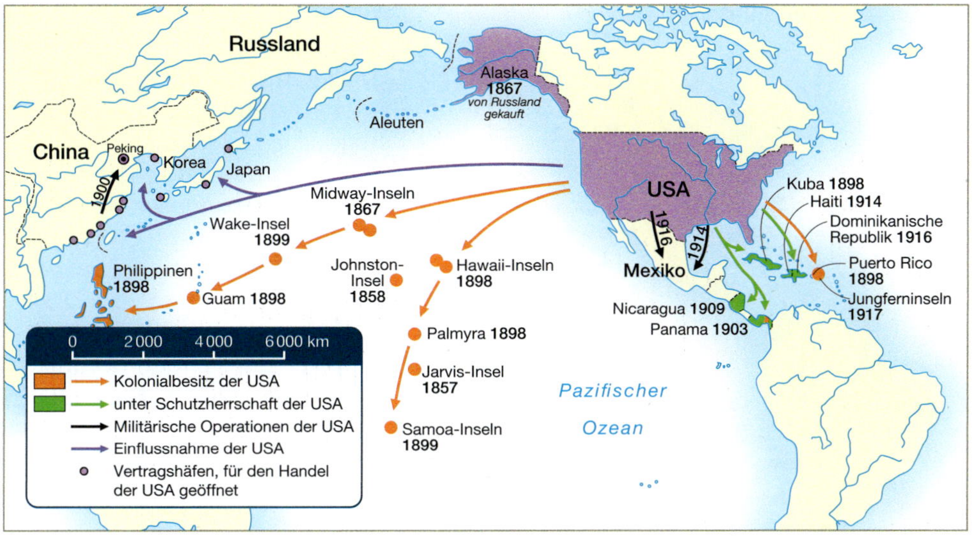

3. Wertet die Karte aus. Welche Gebiete beherrschten die USA im Pazifik und im Karibischen Meer?

Die USA werden Kolonialmacht

Nach und nach geriet ganz Lateinamerika unter US-amerikanischen Einfluss. Kuba und Puerto Rico lagen praktisch vor der amerikanischen Haustür. Besonders die Gegend um den Panamakanal weckte amerikanisches Interesse. Einzelne Länder wehrten sich gegen den mächtigen Nachbarn — andere arbeiteten mit den Vereinigten Staaten zusammen.
Aus militärischen Gründen suchten die USA zusätzliche Stützpunkte im Pazifik, zum Beispiel auf den Philippinen.

„Dollar-Imperialismus"

Die USA fanden heraus, dass man ein Land gar nicht militärisch besetzen musste. Man musste einfach Firmen und Politiker „kaufen". So kauften die USA den überaus wichtigen Panama-Kanal und einen Landstreifen an den Ufern der Regierung von Panama einfach ab. Weil mit dem Einsatz von Geld in die Politik anderer Länder eingegriffen werden konnte, wurde dies „Dollar-Imperialismus" genannt.

„Big stick" – der dicke Knüppel

Der amerikanische Präsident Roosevelt hatte seine Art der Durchsetzung von Interessen so beschrieben: „Speak softly and carry a big stick; you will go far." („Sprich sanft und trage einen großen Knüppel, [dann] wirst du weit kommen.") Mit dem großen Knüppel meinte er die starke militärische Kriegsflotte der USA.

[4] Big Stick-Politik. *Karikatur.*

Wählt einen der folgenden Arbeitsaufträge aus:

- Wertet die Karikatur [4] aus und erklärt die Big-Stick-Politik.
- Stellt die Grundzüge der amerikanischen Außenpolitik um 1850 dar. Geht dabei auf die sog. „Monroe-Doktrin" ein.
- Beurteilt die amerikanische Außenpolitik um 1900.

Spannungen in Europa führen zum Krieg ...

Welche Ursachen führten zum Ersten Weltkrieg?

[1] Karikatur „The Boiling Point" („Der Siedepunkt") (engl. Zeitschrift Punch 1912).
Auf dem Kessel sitzen von links nach rechts: Der Russe, der typische Engländer (John Bull), der Deutsche (mit Pickelhaube) und der Österreicher. Rechts hinten erscheint Zar Ferdinand von Bulgarien.

1. Beschreibt die Karikatur, die 2 Jahre vor dem Ausbruch des Ersten Weltkrieges entstand. Womit wird die politische Situation in Europa verglichen?

Am Vorabend des Krieges

Schon in der Kolonialfrage war deutlich zu spüren gewesen, dass die Konkurrenz der europäischen Mächte zu gefährlichen Verstimmungen geführt hatte.
Die unterschiedlichen Interessen der Großmächte waren auch bei Konflikten auf dem Balkan* deutlich. Die Gefahr von Auseinandersetzungen lag in der Luft ...
Insgesamt war die Atmosphäre in Europa durch drei Hauptprobleme vergiftet – von denen ihr einige schon kennen gelernt habt:

Balkan: Bezeichnung für Südosteuropa, wo viele Völker verschiedener Religionen und Kulturen zusammenleben.

1. Überschätzung der eigenen Nation (Nationalismus)

„Unser Volk ist das beste und stolzeste überhaupt. Wir haben hervorragende Leistungen in Kunst und Technik vollbracht. Unser Charakter ist vorbildlich. Ich glaube, wir sind ausgewählt, Europa und der Welt unsere Kultur zu bringen."

2. Wunsch nach Ausbreitung des eigenen Machtbereiches (Imperialismus)

„Da bin ich mir mit allen Unternehmern einig: wir brauchen billige Rohstoffe und Verkaufschancen für unsere Produkte. Das geht nur, wenn wir anderen zuvorkommen und eigene Kolonien haben. Weg mit Engländern und Franzosen!"

3. Vorrang von gewaltsamen Lösungen durch den Einsatz von Militär (Militärismus)

„Die Politiker reden immer nur. Verhandlungen bringen doch eh' nichts! Wir müssen uns auf die Stärke unserer Waffen verlassen. Nur der Starke setzt sich durch.
Gegner müssen nicht überzeugt, sondern besiegt werden! Dann ist Ruhe! Am besten, wir schlagen als Erste los – dann sind die anderen überrascht und wir haben den Vorteil ..."

2. Beurteilt die Einstellungen der drei Sprecher.
3. Notiert Gründe, warum die Verbindung der drei Denkmuster gefährlich für friedliche Einigungen zwischen verschiedenen Nationen sein wird.

Flottenbau und Aufrüstung

Das Deutsche Reich war seit 1871 schon die stärkste Landmacht Europas. Um Weltmachtpolitik betreiben zu können, wollte Deutschland auch als Seemacht mitreden können. Deshalb machte man große Anstrengungen, neue und größere Kriegsschiffe zu bauen.

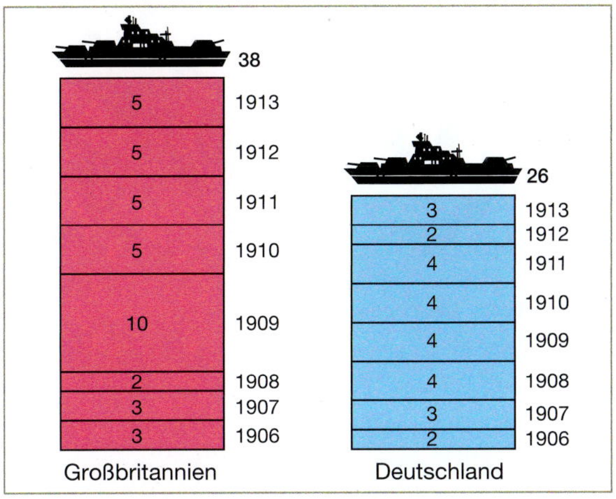

[2] Bau von Kriegsschiffen.

[3] „Wie sollen wir uns da die Hand geben?“ *Karikatur aus dem Simplizissimus, 1912.*

[4] Der Chef des Marineamtes, Admiral von Tirpitz, begründete den Flottenaufbau im Jahre 1900 so:

... Unter den gegebenen Umständen gibt es nur ein Mittel, um Deutschlands Handel und Kolonien zu schützen: Deutschland muss eine Flotte von solcher Stärke haben, dass selbst für die größte Flotte ein Krieg mit ihm ein solches Risiko in sich schließen würde, dass ihre eigene Überlegenheit gefährdet wäre ...

Besonders Großbritannien fühlte sich durch die Flottenpolitik des Deutschen Reiches bedroht. Wollte doch Großbritannien eine Kriegsflotte besitzen, die so groß war, wie die beiden größten Flotten zusammen. Deswegen lieferten sich beide Länder ein kostspieliges Wettrüsten von immer größeren Kriegsschiffen.

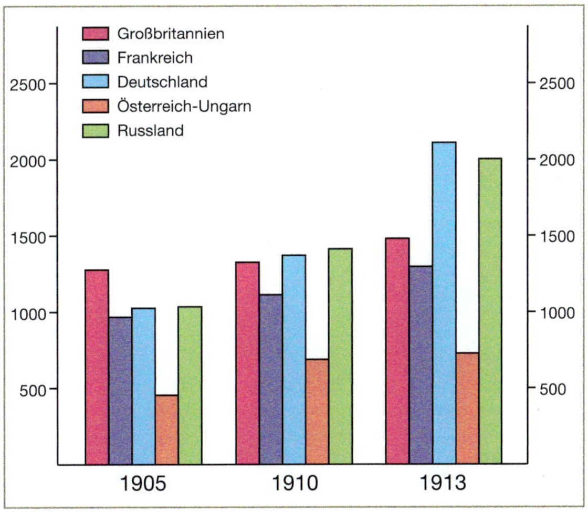

[5] Rüstungsausgaben zwischen 1905 und 1913 (in Mio. Mark). *Diagramm.*

4. Beschreibt anhand von [5] die Entwicklung der Rüstungsausgaben.

Wählt einen der folgenden Arbeitsaufträge aus:

- Wertet die Karikatur „Wie sollen wir uns da die Hand geben?“ aus.
- Schreibt einen Brief an Admiral von Tirpitz aus der Sicht eines Briten, indem ihr auf die Gefahren der deutschen Flottenpolitik hinweist.

Was ihr noch tun könnt ...

- Auf www.marine.de, die heutigen Aufgaben der deutschen Marine recherchieren.

Absicherung für den Kriegsfall

Welche Bündnisse wurden um 1900 in Europa geschlossen?

[1] „Deutschland im europäischen Gleichgewicht“. *Deutsche Postkarte, 1914.*

1. Die Postkarte (1) zeigt eine deutsche Ansicht von der Kräfteverteilung in Europa. Beschreibt die Abbildung und findet heraus, welche Hinweise auf eine mögliche kriegerische Auseinandersetzung zu sehen sind.

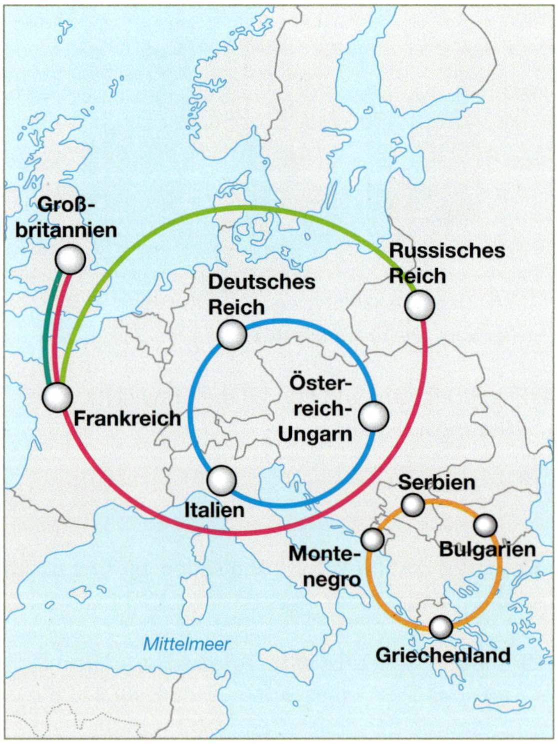

[2] Bündnisse vor 1914. *Karte.*

Komplizierte Bündnisse

Um im Fall einer Auseinandersetzung nicht allein dazustehen, suchten die Staaten nach Verbündeten. In zum Teil geheimen Verträgen versprachen sie sich gegenseitig Hilfe.

So hatte Deutschland Österreich zugesagt, es in seinen Problemen auf dem Balkan uneingeschränkt zu unterstützen. Dort drängten die Völker aber auf die Unabhängigkeit von Österreich.

Heute sieht man die damaligen Gefahren deutlicher:

- die Bündnisverflechtungen waren kompliziert und risikoreich und
- Deutschland geriet immer mehr in die Isolierung.

Diese Lage war für den Frieden in Europa sehr gefährlich.

2. Erklärt anhand von Karte (2), in welcher Lage sich Deutschland vor 1914 befand. Welches Risiko ging von den Bündnissen aus?

Meinungen über einen möglichen Kriegsausbruch

[3] Aus dem Brief des deutschen Eisenbahners Johann P. an seine Familie, 1914

Keine Angst vor dem Krieg und nicht zu übervorsichtig! Wir müssen einen Heldenkampf um unser Dasein führen. Mit Blut und Eisen! Die Entscheidungsschlacht müssen wir gewinnen! Deutsche Brüder in Österreich werden unsere Verbündeten sein. Der Krieg wird wie ein klärendes Gewitter kommen. Erst wenn unsere Feinde am Boden liegen, wird Ruhe und Frieden sein ...

Privatarchiv des Autors

[4] Der amerikanische Oberst E. M. House reiste im Sommer 1914 durch Europa. Er berichtete in einem Brief:

Das ist ein Militarismus, der wahnsinnig geworden ist. Wenn nicht jemand erreichen kann, dass sich andere Einsichten durchsetzen können, wird es eines Tages eine furchtbare Weltkatastrophe geben. Niemand in Europa kann es schaffen. Dafür gibt es zu viel Hass, zu viel Misstrauen.

Propyläen-Weltgeschichte, Bd. 9, Berlin 1960, S. 46.

3. Untersucht den Text [3]. Wie steht der Briefschreiber zum Krieg?
4. Erschließt aus dem Text [4], welche Befürchtungen der Amerikaner hat.

Ist der Frieden noch zu retten?

Aufrüstung und wachsende Kriegsbereitschaft wurden auch in Europa kritisiert. In vielen Ländern meldeten sich Menschen zu Wort, die vor den Gefahren des Krieges warnten. So hatte die Österreicherin Bertha von Suttner schon 1899 ein viel gelesenes Buch veröffentlicht: „Die Waffen nieder!". In Vorträgen versuchten sie und gleich gesinnte Freunde, die europäischen Nationen für eine Politik des Friedens zu gewinnen.

Bertha von Suttner (1843–1914)

In ihrem Buch „Die Waffen nieder!" rief sie die Menschen auf, nicht weiter zu rüsten.
Der Roman wurde in viele Sprachen übersetzt. Sie forderte unermüdlich, dass der Frieden in Europa erhalten bleiben müsse. Bald wurde in Österreich die erste Friedensgesellschaft gegründet. Bertha von Suttner erhielt 1905 für ihre Tätigkeit den Friedensnobelpreis.

[3] Bertha von Suttner und ihr Hauptwerk. *Fotos.*

Die SPD protestiert

Die Arbeiterparteien (in Deutschland die SPD) organisierten große Demonstrationen für den Frieden. Noch kurz vor dem Ausbruch des Krieges erschien die Parteizeitung „Vorwärts!" mit den Überschriften: „Gegen die Kriegshetzer!" und „Wir wollen keinen Krieg!". Genützt hat es aber nichts mehr. Die Regierungen waren auf den Krieg eingestimmt.

Wählt einen der folgenden Arbeitsaufträge aus:

- Schreibt eine Antwort auf den Brief [3]. Begründet euren Standpunkt.
- Entwerft eine kurze Rede, in der ihr die drohende Kriegsgefahr darstellt und für den Frieden werbt.
- Erörtert die Situation in Europa um 1914. Geht dabei auf die Bündnisse der Staaten ein und begründet, ob ein Krieg vermeidbar gewesen wäre.

Das Attentat von Sarajewo

Wie kam es zum Ersten Weltkrieg?

Illustrierte Kronen Zeitung

Die Katastrophe von Sarajewo.

Attentat auf Erzherzog Franz Ferdinand und Herzogin von Hohenberg.

Mit Bombe und Browning.

Der Thronfolger und seine Gemalin ermordet.

Zwei Attentate.

Dem ersten entkommen, dem zweiten erlegen.

Die Attentäter verhaftet.

Von der empörten Menge blutig zugerichtet.

Rückkehr des Kaisers.

Extrablatt der „Kronen Zeitung" 28. 6. 1914

Die Katastrophe von Sarajewo. Attentat auf Franz Ferdinand und Herzogin von Hohenberg. Der Thronfolger und seine Gemahlin wurden ermordet.

Am 28. Juni trafen der österreichisch-ungarische Thronfolger Franz Ferdinand und seine Gemahlin zu einem Besuch in Sarajewo ein. Während einer Stadtrundfahrt wurden der Thronfolger und seine Gemahlin vom bosnischen Studenten Gavrillo Princip mit mehreren Schüssen getötet. Princip wurde noch am Tatort überwältigt und festgenommen.

Nach Recherchen stellte sich heraus, dass hinter dem Attentat eine serbische Geheimorganisation stand. Insiderberichten zufolge wollen Serben und Bosnier nach dem Untergang des Osmanischen Reiches auf der Balkanhalbinsel nicht von den Österreichern beherrscht werden. Ihr Ziel ist, stattdessen die Errichtung eines Großserbischen Reiches durchzusetzen. Die Regierung von Österreich-Ungarn ist nach dem Attentat entschlossen, gegen Serbien vorzugehen.

[1] Das Attentat von Sarajewo. Zeitungsartikel und Lithographie vom Juni 1914. *Collage.*

1. Beschreibt das Bild vom Attentat.
2. Entnehmt dem Artikel, welche Hintergründe das Attentat von Sarajewo hatte.

Radikaler Nationalismus

Einzelne Völker, die im 19. Jahrhundert in Großreichen lebten (wie die Serben in Österreich-Ungarn), entwickelten den Drang nach Selbstbestimmung in einer eigenen Nation. Auch Deutschland war erst 1871 zu einem Reich zusammengewachsen. Es wollte jetzt auch als Einheit wahrgenommen werden.

Das eigentlich verständliche Gefühl für die eigene Nation wurde aber radikal übersteigert. Volksgruppen mit einer anderen Sprache wurden abgewertet.

„Am deutschen Wesen soll die Welt genesen (= gesund werden)!" – war ein Spruch, den deutsche Nationalisten gern benutzten.

Dieser Radikalnationalismus hatte die aggressive Kriegsstimmung in vielen Ländern vorbereitet.

3. Untersucht auf der Karte der Bündnisse (S. 174) durch welches Bündnis sich Serbien abgesichert hat.

Der Krieg wird nicht verhindert

In einer hektischen Atmosphäre kam es nun zu einer „Kettenreaktion" von Kriegserklärungen. Einige Staaten hatten Bedenken, nicht rechtzeitig auf einen Angriff vorbereitet zu sein.

Eine Kette von Kriegserklärungen

28.7.	Kriegserklärung Östereich-Ungarns an Serbien
30.7.	Generalmobilmachung in Russland (unterstützt Serbien)
1.8.	Kriegserklärung Deutschlands an Russland
3.8.	Kriegserklärung Deutschlands an Frankreich
4.8.	Kriegserklärung Englands an Deutschland

[2] Eine „Kettenreaktion" im Sommer 1914. *Zeittafel.*

Kriegsbeginn

Die Ermordung des Erzherzogs war nicht der alleinige Grund, dass sich die Völker Europas in den Weltkrieg stürzten. In Wirklichkeit gab es ein Bündel von Ursachen für den Krieg.

Nationalismus, gegenseitiges Misstrauen, Konkurrenz, Streben nach Überlegenheit und Weltmacht waren einige der Hintergründe.
Die komplizierten Bündnisse und der fehlende Wille zur Verständigung trugen dann dazu bei, dass die europäischen Regierungen 1914 den Kriegseintritt nicht mehr verhinderten.

4. Beurteilt die Lage vor den Kriegserklärungen. Wie hätte man die Probleme anders lösen können?

Die Lüge vom Verteidigungskrieg
Die deutsche Bevölkerung wurde über die Kriegsgründe weitgehend getäuscht. Angeblich war Deutschland ein Krieg von außen aufgezwungen worden. Und nun war es scheinbar nötig, sich mit allen Kräften zu verteidigen. Viele dachten, der Krieg wäre in Kürze leicht und siegreich zu Ende zu bringen.

Freude über den Kriegsbeginn
Überall in Europa jubelten zunächst viele Menschen über den Beginn des Krieges. Junge Männer meldeten sich freiwillig zum Kriegsdienst. Das Vaterland zu verteidigen schien eine Frage der Ehre.

[3] Kriegsfreiwillige in einer deutschen Stadt am 1.8.1914. *Foto.*

Nicht alle jubeln!

[4] **„Augusterlebnis"**
Besonders bei den unteren Schichten und bei der ländlichen Bevölkerung herrschte keineswegs Kriegsbegeisterung, sondern vielmehr Unsicherheit, Furcht und Entsetzen.
Vom siegessicheren nationalen Taumel waren vor allem Großstädter und Studenten ergriffen. Die weit verbreitete Unsicherheit und Angst äußerte sich während der Juli-Krise auch in Anti-Kriegs-Aktionen. In einem Aufruf der SPD-Führung vom 25. Juli hieß es: „Die herrschenden Klassen, die euch im Frieden knebeln, verachten, ausnutzen, wollen euch als Kanonenfutter missbrauchen. Überall muss Gewalthabern in den Ohren klingen: Wir wollen keinen Krieg! Nieder mit dem Kriege! Hoch die internationale Völkerverbrüderung!"

Bauer, Philipp: Augusterlebnis. Bayrische Landeszentrale für politische Bildungsarbeit.

[5] Begeisterung sieht anders aus: eingezogene Reservisten zu Kriegsbeginn. *Foto, 1914.*

5. Analysiert, wie die Kriegsbegeisterung in anderen Bevölkerungsschichten und Parteien wie der SPD empfunden wird .

Wählt einen der folgenden Arbeitsaufträge aus:

- Verfasst als Reporter eine SMS (160 Zeichen), die über den Kriegsausbruch berichtet.
- Erklärt die Kettenreaktion von Kriegserklärungen mithilfe von Text [2].
- Erörtert, wieso besonders Jugendliche und Großstädter den Kriegsbeginn begrüßten – die ländliche Bevölkerung sich aber eher zurückhielt.

Eine neue Form des Krieges

Wie kam es zum Stellungskrieg und zur „Materialschlacht“?
Die „moderne Kriegsführung“ setzte alle Reserven der am Krieg beteiligten Völker ein. Es war ein erster „totaler Krieg“, bei dem erbittert gekämpft wurde. Die Soldaten des Jahres 1914 hatten noch keine Ahnung von dem, was sie an den Fronten in Belgien, Frankreich und Russland erwartete. Ebenso überrascht waren die Frauen und Alten in der Heimat, als sie erstmals verstärkt z. B. bei der Rüstungsproduktion mitarbeiten mussten.

1. Ordnet die Texte A–C den entsprechenden Abbildungen 1–3 zu.
2. Notiert Probleme, die entstehen, wenn ein Krieg an mehreren Fronten gleichzeitig geführt werden muss.

Schützengraben mit englischen Soldaten. *Foto, 1917.*

A Stellungskrieg
Am Anfang hatten die Generäle geglaubt, der Feind könne rasch überrannt werden. Als der Vormarsch aber ins Stocken geriet, mussten sich die Soldaten in „Stellungen“ eingraben. In den Gräben versuchten sie, die Beschießung mit Granaten zu überleben. Immer wieder mussten sie aus den Gräben heraus zum „Sturmangriff“ losrennen – oft genug in den sicheren Tod.

Ein deutsches U-Boot. *Foto um 1916.*

B Krieg der Volkswirtschaften
Damit der Nachschub an Kriegsmaterial (Waffen, Uniformen, Verpflegung, Medikamente) funktionieren konnte, mussten die Krieg führenden Länder alle Kräfte anspannen. Wer mit der Produktion für die gigantische Vernichtungsmaschinerie nicht nachkam, würde zwangläufig verlieren.

Kanonen- und Munitionsfabrik. *Foto um 1915.*

C Technik und Rüstungsindustrie
Wissenschaft und Technik hatten neue Waffen entwickelt: Riesenkanonen (Artillerie), Maschinengewehre, Flammenwerfer, erste Panzer (Tanks), Unterseeboote und Bombenflugzeuge. Besonders grausam aber war der Einsatz von Giftgas, das zu Erstickung und Erblindung führte. Aufgrund der technischen Möglichkeiten und der auf Hochtouren arbeitenden Rüstungsindustrie kam es jetzt zu gigantischen Materialschlachten.

[1] Das Gesicht des Krieges. *Fotos, 1915–1918.*

[2] Deutsche Soldaten in einem Schützengraben an der Westfront, 1915. *Foto.*

3. Lasst die Texte und Bilder dieser Seite auf euch wirken. Wertet sie aus und achtet dabei auf folgende Fragen:
- Was wird beschrieben? Was wird abgebildet?
- Welche Schicksale werden sichtbar?

[3] **Brief eines jungen Soldaten an seine Familie, November 1914. Geschrieben ein Vierteljahr nach Kriegsbeginn:**

Ihr könnt euch ja gar nicht ausmalen, wie so ein Schlachtfeld aussieht ..., dass so viel viehische Barbarei und unsägliches Elend möglich ist. Schritt für Schritt muss erstritten werden, alle hundert Meter ein Schützengraben, und überall Tote, reihenweise! Alle Bäume zerschossen, die ganze Erde metertief zerwühlt von schwersten Geschossen, und dann wieder Tierleichen und zerschossene Häuser und Kirchen, nicht, nicht auch nur annähernd noch brauchbar! Und jede Truppe, die zur Unterstützung vorgeht, muss kilometerweit durch dieses Chaos hindurch, durch Leichengestank und durch das riesige Massengrab.

Kriegsbriefe gefallener Studenten, München 1928, S. 90.

[5] Verwundete Soldaten an der Front. *Foto, 1916.*

[4] **Telegramm des Prinzen Joachim von Preußen nach seiner Verwundung an der Ostfront: 9. September 1914**

Durch Gottes Gnade war es mir vergönnt, ... für unser geliebtes Vaterland verwundet zu werden. Du kannst dir denken, wie stolz ich bin. Das Eiserne Kreuz zweiter Klasse wird mich stets an diesen schönsten Tag meines Lebens erinnern.

Innenansicht des Krieges, hrsg. v. Ernst Johann, München (dtv) 1973, S. 38.

Wählt einen der folgenden Arbeitsaufträge aus:

- Erklärt den Begriff „Stellungskrieg" schriftlich.
- Schreibt einen Kommentar zum Telegramm des preußischen Prinzen in (4)
- Beurteilt die Bedeutung der Wirtschaft und Industrie zur Führung eines Krieges.

WEBCODE: MZ648924-179

Wahlseite Kriegsinvaliden

1. Informiert euch auf dieser Seite über die Kriegsinvaliden im und nach dem Ersten Weltkrieg.
2. Präsentiert anschließend eure Ergebnisse in der Klasse.

[1] Kriegsversehrter. *Foto, um 1920.*

Als der Krieg 1918 endete, gab es in Deutschland rund 2,7 Millionen körperlich und psychisch versehrte Kriegsteilnehmer. Die Nachkriegszeit war geprägt vom Anblick von Entstellten und Verstümmelten mit Prothesen.

Dass überhaupt so viele Soldaten in die Heimat zurückkehrten, lag am durchorganisierten Sanitätswesen zur Versorgung der Verwundeten. Schon unmittelbar hinter der Front waren Verbandsplätze aufgebaut, in denen Ärzte und Krankenpfleger die Erstversorgung übernahmen. Im dahinter gelegenen Feldlazarett wurden die Wunden desinfiziert und verbunden, bevor die Verwundeten dann in Kriegslazarette verlegt wurden. Hier wurden die Schwerstverletzten gepflegt und es wurde versucht, mit Operationen die schweren Verletzungen zu korrigieren.

In keinem Krieg zuvor wurden so viele Menschen verletzt oder getötet. Nach dem Krieg konnte man in den Straßen der Städte Kriegsinvaliden sehen. Sie waren blind oder hatten Arme oder Beine verloren. Viele mussten betteln, um zu überleben.

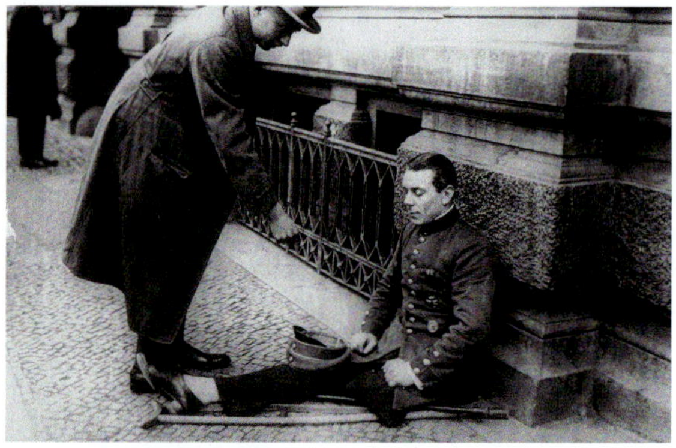

[2] Betteln, um zu überleben. *Foto, um 1920.*

Wer kümmerte sich um die Kriegsversehrten?

Die Kriegsbeschädigtenfürsorge wurde in Deutschland ab 1920 gesetzlich geregelt.

Der Grundgedanke dabei war, den Versehrten eine Geldentschädigung durch Renten zu gewähren und ihnen die Rückkehr in das Arbeitsleben zu ermöglichen. Der Anspruch der Beschädigten auf Heilbehandlung stand im Vordergrund des Gesetzes. Den Kriegsversehrten als Arbeitnehmer und nicht als „Almosenempfänger“ zu betrachten, diese Ansicht hatte insbesondere der Berliner Orthopäde **Konrad Biesalski** propagiert. Er charakterisierte seinen Ansatz mit dem Ausspruch: „Nicht ein einzelner Fuß soll behandelt werden, sondern ein ganzer Mensch!“

[3] **Biesalski sagte in diesem Zusammenhang: in einer Rede:**

Der Krüppel* soll erwerbsfähig, kurz gesagt, aus einem Almosenempfänger ein Steuerzahler, ... aus einem unsozialen ein soziales Mitglied der menschlichen Gesellschaft werden.

Biesalski, 1909

Krüppel: Der Begriff wird heute nicht mehr benutzt; wir würden dazu heute „körperlich beeinträchtigt“ oder „Versehrter“ sagen.

Tipp für die Erarbeitung und Präsentation

– Beschreibt anhand der Bilder und der Texte, wie es vielen Soldaten mit ihren Kriegsverletzungen erging.

Wahlseite

Frauen im Ersten Weltkrieg

1. Informiert euch auf dieser Seite über die Rolle der Frau im Ersten Weltkrieg.
2. Präsentiert anschließend eure Ergebnisse in der Klasse.

Frauen erhalten die Familie

Ungefähr 800 000 Männer wurden allein als Soldaten für die Kriegsführung gebraucht. Ihre Arbeitsplätze in Industrie, Landwirtschaft und im Staatsdienst blieben zunächst unbesetzt. Die Frauen blieben zurück und waren nun allein für den Haushalt, den Hof und die Kinder verantwortlich. Der Staat half diesen Frauen, indem er den Sold der Männer an sie auszahlte. Dieser reichte aber oftmals nicht aus.

Die durch den Einzug der Männer in den Krieg frei gewordenen Arbeitsplätze wurden teilweise durch Dienstverpflichtung der Frauen neu besetzt. Die Frauen sahen die Chance auf ein eigenes Einkommen, Gleichberechtigung und Unabhängigkeit. Frauen ersetzten nun die Männer in Berufen, die ihnen zuvor nicht zugetraut wurden. Jedoch erhielten die Frauen für die gleiche Arbeit der Männer bis zu 40 Prozent weniger Lohn; Überstunden wurden nicht bezahlt, obwohl Arbeiterinnen in der Rüstungs-, Munitions- und Stahlindustrie bis zu 13 Stunden täglich unter Lebensgefahr arbeiteten. Unfälle und Krankheiten waren die Folge.

Einsatz an der Front

Frauen arbeiteten zunehmend auch in der Krankenpflege und im Sanitätsdienst. Die ausgebildete Krankenschwestern reichten bald nicht mehr aus, weshalb das Rote Kreuz interessierte Frauen in Kursen für die Pflegearbeit in Lazaretten und Feldkrankenhäusern an der Front ausbildete. Der Einsatz an der Front erfolgte auf freiwilliger Basis.

Und nach dem Krieg?

Die Frauen hatten in den Kriegsjahren von 1914 bis 1918 harte Arbeit zu leisten. Auch die Lebensmittelversorgung war schlecht. Essen und Brennmaterial zu beschaffen, machte zusätzlich Arbeit. Mit ihrem Einsatz traten die Frauen aber den Beweis an, dass der Ausschluss von bestimmten Berufen und ihre Benachteiligung im öffentlichen Leben – etwa beim Wahlrecht – völlig zu Unrecht bestanden. Es blieb auch nicht aus, dass die Frauen ein neues Selbstbewusstsein entwickelten. Mancher Kriegsheimkehrer hatte Schwierigkeiten, sich auf die neue Situation in der Familie einzustellen.

[1] Frauen in einem deutschen Rüstungsbetrieb. *Foto, 1917.*

[2] **Auf einer Frauentagsversammlung im März 1918 sagte die Frauenrechtlerin Adelheid Popp:**

Zum Wählen zu dumm – aber zur Arbeitspflicht für das Kriegsführen gescheit genug ... Als Männerersatz haben die Frauen überall Verwendung gefunden, wo menschliche Arbeit gebraucht wird. Schweres und Unmenschliches haben die arbeitenden Frauen im Krieg erduldet. Die hergebrachten Redensarten aber von der Frau, die ins Haus gehöre, könnte man endlich aufgeben.

zitiert nach: Die Arbeiter: Lebensformen, Alltag und Kultur von der Frühindustrialisierung bis ... Hrsg. von R. Wolfgang, München (Beck) 1986. S. 438

Tipps für die Erarbeitung und Präsentation

- Erklärt den Einsatz der Frauen während des Krieges.
- Entwerft ein Protestplakat, indem ihr darauf aufmerksam macht, was die Frauen während des Krieges geleistet haben und wie dafür ihre Situation nach dem Krieg wieder ist.

Wahlseite

Lebensmittelversorgung

1. Informiert euch auf dieser Seite über die Lebensmittelversorgung im Ersten Weltkrieg.
2. Präsentiert anschließend eure Ergebnisse in der Klasse.

[1] Lebensmittelversorgung im Ersten Weltkrieg, 1914/1918; Deutsches Reich. *Postkarte.*

[2] Esst Kartoffeln!

Es ist bekannt, dass wir glücklicherweise noch reichlich Kartoffeln haben. Es ist aber jetzt die Zeit, wo sie durch Auskeimen schwinden und durch Fäulnis verderben. Zwar werden mit allen verfügbaren Vorrichtungen Dauervorräte hergestellt, aber das genügt nicht; um nicht kostbare Nährmittel vergehen zu lassen, müssen jetzt viele Kartoffeln frisch verzehrt werden. Wenn wir zum Abendessen Kartoffeln kochen, sparen wir an Brot, also an Getreide, dieses aber ist haltbar und wird eine wertvolle Reserve für den Winter.

Hannoverscher Kurier, 15. Juli 1915. In: Praxis Geschichte 3/1995, S. 15

Lebensmittelknappheit

Kein kriegsführendes Land hatte Vorbereitungen für einen langen Krieg getroffen. Somit wurden die Lebensmittel schon in den ersten Kriegsmonaten knapp. Extrem schlechte Ernten führten zu Höchstpreisen und somit zur staatlichen Kürzung von Lebensmittelrationen. Hierzu gab der Staat Lebensmittelkarten aus.

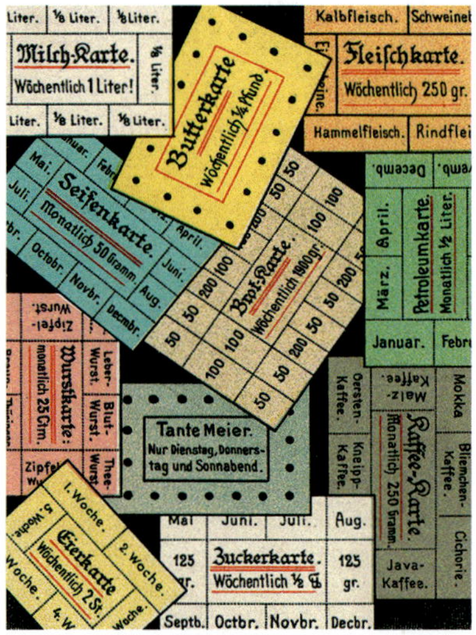

[3] Lebensmittelkarten aus dem Ersten Weltkrieg. *Foto, 1916.*

[4] Essensausgabe für bedürftige Menschen. *Foto, 1916.*

Im Winter 1916/17 erreichte die miserable Lebensmittelversorgung ihren Höhepunkt. Als Ersatz für das Grundnahrungsmittel „Kartoffel“ wurden rationierte Kohl- und Steckrüben verteilt, weshalb dieser Winter auch als Kohlrübenwinter bekannt ist. Im Frühjahr 1917 sank auch noch die Getreideernte auf die Hälfte ihres Ertrages aufgrund fehlender Arbeitskräfte, Mangel an Dünger und Zugtieren. Zwischen den Jahren 1914–1918 starben in Deutschland 750 000 Menschen an Hunger und Unterversorgung.

Tipps für die Erarbeitung und Präsentation
- Gestaltet eine Wandzeitung zum Thema „Lebensmittelknappheit“.
- Sucht zur Gestaltung weitere Lebensmittelmarken und Kriegsrezepte.

Wahlseite Kinderalltag um 1915

1. Informiert euch auf dieser Seite über den Alltag der Kinder während des Ersten Weltkriegs.
2. Präsentiert anschließend eure Ergebnisse in der Klasse.

Kriegserziehung

Erstmals während eines Krieges wurden nicht nur die Soldaten für den Krieg mobilisiert, sondern auch die daheim gebliebenen Frauen, Jugendlichen und insbesondere Kinder. Die **Mobilisierung** erfolgte in den Schulen, in Jugendbüchern und sogar bei Kinderspielen.

[1] Kinder in Uniformen. *Foto, 1915.*

Schulbücher als Propagandamittel

Damit die Lehrer den Krieg auch mithilfe von Schulbüchern behandeln konnten, wurden ab 1915 **Schulbücher mit Kriegsinhalten** in der Schule eingeführt.

[2] **Mathematikaufgaben aus einem Kriegs-Rechenbuch, F. Göhrs und G. Lücke 1915**

– Ein Schützengraben ist oben 1 m, unten 0,6 m breit, 1,10 m tief. Wieviel Fuder Erde zu $1^1/_2\,m^3$ muss eine Kompagnie ausheben, um sich einen Schützengraben von 150 m Länge zu machen?
– Angenommen jeder Deutsche isst dreimal am Tag Brot und spart nun jedes Mal 6 g, die er sonst verkrümelte oder abschnitt. Wieviel Ersparnis brächte das jährlich im Deutschen Reich?

Göhrs/Lücke: Kriegs-Rechenbuch. Leipzig, 1917. In: Zit. nach Knoch. Menschen, S. 104 ff.

[3] **Auszug aus einem Schullesebuch einer Berliner Gemeinschaftsschule:**

Mein Baukasten.
Ich spiele jeden Tag mit meinem Baukasten. Da stelle ich die Hölzer in Reihen auf. Das sind dann die Soldaten. Nun wird Krieg gemacht. Ich hole meine Kanone herzu und schieße – bum! bum! die Soldaten alle über den Haufen.

Friedrich, Ernst: Krieg dem Kriege. 2004, S. 44

[4] Illustration aus einem Kriegs-Bilderbuch, *um 1915.*

Tipp für die Erarbeitung
Ihr könnt beim Lesen die Schritte des Textknackers anwenden. Was habt ihr über die Kriegspropaganda für Kinder erfahren?

Tipp für die Präsentation
– Erstellt ein Plakat, auf dem ihr euren Mitschülern den Alltag der Kinder um 1915 darstellt. Nutzt die Quellen aus dem Schulbuch.

Das Ende und die Folgen des Krieges

Wie endete der Erste Weltkrieg?

[1] Versenkung der Lusitania. *Gemälde.*

[2] US-Truppen auf dem Weg zur Front. *Foto, 1917*

Deutscher U-Boot-Krieg
Die deutsche Marine hatte sich zum Ziel gesetzt, die britische Übermacht an Schiffen durch U-Boot-Angriffe auszugleichen. Feindliche Kriegs- und Handelsschiffe sollten über und unter Wasser angegriffen werden. Gleichzeitig wollte man die britische Insel vom Nachschub abschneiden und die gegen Deutschland verhängte Blockade brechen.
Im Mai 1915 versenkte ein deutsches U-Boot das Passagierschiff „Lusitania", was 1198 Menschen das Leben kostete.
Weil sich unter den Passagieren auch 128 Amerikaner befanden, protestierte die US-Regierung scharf und drohte mit „Konsequenzen". Die deutsche Regierung rechtfertigte ihr Vorgehen mit dem Argument, die Lusitania habe Waffen und Sprengstoff an Bord gehabt und sei deshalb zu Recht versenkt worden.
Die Folge: die USA hatten schon länger den Gegnern Deutschland nahe gestanden und sie mit Waffen und Material beliefert. Nach der Versenkung der Lusitania entwickelte sich nun eine offene Gegnerschaft zum Deutschen Kaiserreich.

1. Tragt zusammen, was ihr über U-Boote gehört habt. Welche besonderen Gefahren entstanden durch den Einsatz dieser Waffe für die Angegriffenen und die Angreifer?

Der europäische Krieg wird ein „Weltkrieg"
Als Deutschland 1917 den zuvor eingeschränkten U-Boot-Krieg wieder aufnahm, erklärten nun auch die USA und eine Reihe von weiteren Staaten (unter anderem: südamerikanische Staaten und China) dem Deutschen Reich den Krieg.
Jetzt wurde der Konflikt tatsächlich zum Weltkrieg. Große Mengen an Material und frischen Truppen wurden in die Schlacht geworfen. Deutschland aber hatte dem kaum noch etwas entgegenzusetzen. Mit letzter Kraft versuchten die Kriegsparteien, ihre Kriegsziele zu erreichen und die Entscheidung zu erzwingen.

Der amerikanische Friedensplan
Am Beginn des Jahres 1918 verkündete der Präsident Wilson einen Friedensplan mit 14 Punkten. Die deutsch-österreichische Seite fand zwar vieles daran auszusetzen. Als die Oberste Heeresleitung aber einsehen musste, dass der Krieg verloren gehen würde, lenkte sie ein.
Nun wollten die Sieger aber von den ursprünglichen Bedingungen nichts mehr wissen. Deutschland sollte bedingungslos kapitulieren, das heißt, seine Niederlage eingestehen und die Kämpfe einstellen.

2. Beurteilt die Forderung nach bedingungsloser Kapitulation. Nennt mögliche Gründe für die Härte der Forderung.

Die Kapitulation
Als die deutsche Niederlage besiegelt war, kam es zur Unterzeichnung der Kapitulation. In einem französischen Eisenbahnwaggon trafen die Spitzen der Krieg führenden Parteien zusammen. (10. Nov. 18)

[3] Unterzeichnung des Waffenstillstands in Compiègne: von links nach rechts: Admiral Vanselow, Graf Oberndorff, General v. Winterfeldt (mit Helm), Captain Marriott (brit. Marine) Matthias Erzberger (Führer der deutschen Delegation, hinter dem Tisch) Marschall Foch (stehend) und General Weygand. *Gemälde.*

3. Analysiert das Bild. Wie sind die deutschen Unterhändler dargestellt? Wie der französische Oberbefehlshaber Foch? Welche Nationalität hat vermutlich der Maler?

Die Suche nach Sündenböcken
Ein Beispiel für das Verdrängen eigener Verantwortung war der „Generalquartiermeister" Ludendorff. Obwohl er stets entschiedener Kriegs-Befürworter war, versucht er am Kriegsende, anderen die Schuld zuzuweisen und sich als besonnener Mann darzustellen. Die Niederlage versucht er den gemäßigten bzw. demokratischen Politikern in die Schuhe zu schieben.

[4] **Aus Oberstleutnant v. Thaers Tagebuch**
Ich habe Seine Majestät gebeten, jetzt auch diejenigen Kreise an die Regierung zu bringen, denen wir es in der Hauptsache zu danken haben, dass wir soweit gekommen sind. ... Die sollen nun den Frieden schließen, der jetzt geschlossen werden muss. Sie sollten die Suppe jetzt essen, die sie uns eingebrockt haben!

Quelle: A.v.Thaer: Generalstabsdienst an der Front und in der OHL. Göttingen 1958

[5] **Nach dem Krieg rechtfertigt er sich so:**
Das Schicksal des deutschen Volkes war mir für ein Glücksspiel zu hoch. Der Krieg war zu beendigen.

Ludendorf: „Kriegserinnerungen" 1919; intern: S. 388, Der Erste WK

Die militärischen Kreise hatten sich bis zum Schluss für die Weiterführung des Krieges engagiert. Unterlegenen Gegnern (Russland 1917) hatten sie harte, demütigende Bedingungen auferlegt. Mit der sich nun abzeichnenden deutschen Niederlage wollten sie aber nicht in Verbindung gebracht werden. Deshalb suchten sie nach Schuldigen auf der zivilen Seite: bei Politikern, die gegen den Krieg eintraten, bei streikenden Arbeitern, unzufriedenen Soldaten und der hungernden Bevölkerung insgesamt.

Eine schreckliche Bilanz
Als die Waffen endlich schwiegen, fiel der Blick auf die Verluste an Menschen, die entweder zu Tode kamen oder mit Verwundungen leben mussten:

Tote:	8,5 Millionen
Verwundete:	21,2 Millionen
Gefangene/Vermisste:	7,7 Millionen

Die Auswirkungen des Ersten Weltkriegs waren aber noch viel weitreichender und bitterer als zunächst gedacht:
- der Hass der Nachbarvölker aufeinander war eher heftiger geworden,
- die deutsche Niederlage (und ihre fehlende Aufarbeitung) führte zu Vergeltungsabsichten.

Wählt einen der folgenden Arbeitsaufträge aus:

- Fasst Ursachen und Ergebnis des Ersten Weltkrieges mit eigenen Worten zusammen.
- Schreibt eine kurze Reportage über den Waffenstillstand.
- Entwerft eine Szene: ehemalige Frontsoldaten sitzen zusammen. Sie reden über den Krieg und die Folgen.

Methode Kriegsdenkmäler untersuchen

1. Betrachtet [1] und überlegt, was Auftraggeber und ausführender Künstler möglicherweise ausdrücken wollten (Haltung der Figur, blockartiger Aufbau).
2. Überlegt und notiert, welche Unterschiede zwischen einem privaten Grabmal und einem offiziellen Kriegerdenkmal bestehen.

Steinerne Zeugen des Krieges

An vielen Orten in Nordrhein-Westfalen wurden nach den Weltkriegen offizielle Denkmäler für die getöteten Soldaten oder Zivilisten errichtet. Sicher gibt es Beispiele in eurem Ort oder in der Nachbargemeinde.

3. Erarbeitet aus dem Text [2], welche Bedeutung Kriegerdenkmäler heute für uns haben können.
4. Untersucht mithilfe von [3] und den methodischen Schritten auf der folgenden Seite
   - Kriegerdenkmäler in eurer Nachbarschaft,
   - die abgebildeten Beispiele dieser Doppelseite.

[1] Kriegerdenkmal in Stutensee-Staffort (Landkreis Karlsruhe). *Foto.*

[2] **Die staatliche Denkmalpflege erklärt die Bedeutung von Kriegerehrenmalen:**

Kriegerehrenmale sind Zeugnisse im Sinne von Mahn- und Verehrungsstätten. Sie geben Kunde von Zeiten kriegerischer Auseinandersetzung in Verbindung mit der Trauer für die Gefallenen. Häufig sind Ehrenmale mit Sinn- und Losungssprüchen versehen, die Ausdruck der jeweiligen Zeit sind und Rückschlüsse auf Nationalbewusstsein, politisches Verhalten oder Geschichtsbewusstsein allgemein zulassen. So können die Losungen der kaiserlichen Zeit für uns heute mahnende Hinweise sein, weil daraus klar wird, welchen zum Teil falschen Idealen junge Menschen zum Opfer gefallen sind.

Westfälisches Amt für Denkmalpflege, 1987. Zit. in: Potente, Kriegerdenkmal Buldern, Dülmen 1992, S. 8.

Stichworte zum besseren Verständnis von Kriegerdenkmälern

Grund der Errichtung:
- Grabmäler auf Schlachtfeldern
- Orte der Erinnerung und Ehrentafeln in den Heimatorten der getöteten Soldaten (und Zivilisten)
- Andenken an Tote und Trost für Hinterbliebene
- dem Soldatentod nachträglich Sinn verleihen („Helden“, „Opfermut“, „gestorben, damit wir leben ...“ usw., d. h. aus Soldaten Helden machen)
- Botschaft für die nachfolgende Generation („Vorbild“, „Mahnung“, „Lehre“ usw.)

Gestaltungselemente:
- Materialien (schwere Werkstoffe sollen kraftvoll kriegerisch und dauerhaft [„ewig“] wirken)
- Skulpturen (Menschen in verschiedenen Haltungen: trotzig, aufrecht, sterbend, tot, trauernd)
- kriegerische Symbole (Adler, Stahlhelme, Waffen)
- Inschriften (Texte, Sprüche)
- Umgebung (Blumen, Mauern, Leuchter usw.)

Bei der Untersuchung eines bestimmten Denkmals helfen euch folgende Schritte:

1. Schritt: Bestandsaufnahme

- Beschreibung des Denkmals mithilfe von [2] und des Textes?
- „Botschaften“ an die Nachwelt
- Wann und von wem wurde es errichtet? (Anmerkung: an eine Dokumentation denken, z. B. Fotos, Zeichnungen usw.)
- Gestaltungselemente

2. Schritt: Auskünfte einholen

- Warum wurde das Denkmal errichtet?
- Wer ist heute verantwortlich? Wer pflegt es?
- Wer organisiert Gedenkfeiern?
- Meinungen anderer erkunden: Schützen- oder Kriegerverein

3. Schritt: Bewertung

- Was habt ihr über die bei der Errichtung oder heute wichtigen Motive und Gefühle erfahren?
- Hat sich etwas in der Einstellung geändert?
- Was denkt ihr über die Aussage des Denkmals?

[3] Kriegerdenkmal in Ulm. *Foto.*

Was ihr noch tun könnt ...

- eigene Entwürfe für ein Kriegerdenkmal zeichnen oder modellieren
- Überlegt, ob es nicht ein „Friedensdenkmal“sein könnte.
- eine Umfrage zu einem aktuelle Thema durchführen, wobei es um ein Denkmal in eurem Heimatort geht

[4] Kriegerdenkmal. *Foto.*

Geschichte aktiv

Denkt auch daran, euer Portfolio zu führen:
- schöne Ergebnisse in Text und Bild sammeln,
- Lernerfahrungen zum Thema „Erster Weltkrieg“ notieren.

1. Projektvorschlag „denkmal aktiv“

Seit einigen Jahren gibt es das Projekt „denkmal aktiv – Kulturerbe macht Schule“, ein Schulförderprogramm der Deutschen Stiftung Denkmalschutz.

- ▶ Informiert euch auf der Seite www.denkmal-aktiv.de über dieses Projekt.
- ▶ Achtet besonders auf Projekte, die sich auf die Kaiserzeit und den Ersten Weltkrieg beziehen (Gebäude, Museen, Waffensammlungen usw.).
- ▶ Forscht nach, ob in eurem Ort Spuren aus der Zeit zwischen 1871 und 1918 zu finden sind. Erstellt eventuell eine Foto-Dokumentation.

denkmal aktiv
Kulturerbe macht Schule

Das Schulprogramm der Deutschen Stiftung Denkmalschutz

2. Kochrezept aus dem Ersten Weltkrieg zum Nachkochen

Haferflockenauflauf

Zutaten:
3/4 l Milch
150 g Haferflocken
Salz und Zucker
1 Ei
Apfelmus
Gewürze: entweder Zitronenschale oder Vanille

Zubereitung:
Die Milch zusammen mit den Haferflocken und etwas Salz und Zucker gar kochen. Wenn der Haferflockenbrei abgekühlt ist, gibt man das Ei und das Gewürz hinzu. Anschließend wird alles in eine Form gegeben und das Apfelmus über den Haferflockenbrei verteilt. Nun kommt die Form für 45 Minuten bei 180 °C in den Backofen.
Guten Appetit!

3. Buch lesen, Film anschauen

- ▶ Der Roman „Im Westen nichts Neues“ von Erich Maria Remarque schildert die Ereignisse des Ersten Weltkrieges aus der Sicht des jungen Soldaten Paul Bäumer.
  Der Roman wurde auch verfilmt. Die erste Verfilmung, eine US-Produktion aus dem Jahr 1930, wurde mit dem Oscar-Preis ausgezeichnet.

Das kann ich

[1] „So kolonisiert der Engländer“ *Karikatur (Ausschnitt)*

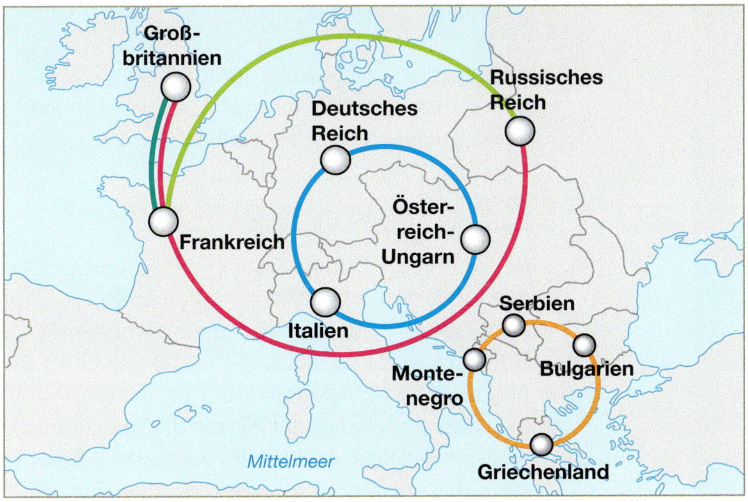

[2] Europäische Bündnissysteme vor dem Ersten Weltkrieg. Der Dreibund zerbrach 1915 mit dem Kriegseintritt Italiens auf der Seite von Großbritannien, Russland und Frankreich. *Karte.*

[3] Folgen des Krieges: Kriegerdenkmal Gutach, Kreis Memmingen *Relief.*

Fragekompetenz

1. Vergleicht eure Fragen vom Beginn des Kapitels. Sind sie beantwortet worden? Was muss noch geklärt werden?

Methodenkompetenz

2. Wertet die Karikatur [1] aus. Wie wird der Umgang mit den Einheimischen aus den Kolonien dargestellt?
3. Analysiert das Foto des Kriegerdenkmals [3]. Was soll ausgedrückt werden?

Orientierungskompetenz

4. Beurteilt, welche Gefahr die Konkurrenz zwischen den Kolonialmächten für den Frieden hatte.

Sachkompetenz

5. Erklärt, warum die verschiedenen Bündnisse zwischen den europäischen Staaten mitverantwortlich für den Ersten Weltkrieg waren.
6. Erklärt die Begriffe „Materialschlacht“ und „Industrialisierung des Krieges“.
7. Nennt/notiert Auswirkungen des Krieges auf die Soldaten und den Alltag der Menschen in der Heimat.

Reflexionskompetenz

8. Zu Beginn des Ersten Weltkriegs wird immer von der Kriegsbegeisterung junger Leute gesprochen. Vergleicht damit den Text [3] auf Seite 179. Welche Tatsache vermittelt er?
9. Fasst zusammen, welche Erkenntnisse ihr aus der Beschäftigung mit dem Ersten Weltkrieg gezogen habt.

Gewusst wie – Methoden im Überblick

Die Wahlseiten

In jedem Kapitel findet ihr **Wahlseiten**. Sie sollen von euch selbstständig bearbeitet werden: allein, mit einem Partner oder in Gruppenarbeit.
Ihr findet auf diesen Seiten unten in dem gelben Balken Tipps für die Erarbeitung und für die Präsentation.

1. Schritt: Thema auswählen

- Blättert die Seiten kurz durch und überlegt, welche Einzelseite euch am meisten interessiert. Wählt diese aus.

2. Schritt: Allein oder mit anderen arbeiten?

- Entscheidet, ob ihr in Gruppen- oder Partnerarbeit zusammenarbeiten wollt oder euch lieber allein mit der Seite beschäftigt.

3. Schritt: Wichtigste Punkte herausarbeiten

- Betrachtet die Bilder und lest die Texte. Lasst euch von den Arbeitsvorschlägen anregen.
- Klärt offene Fragen, notiert die wichtigsten Inhaltspunkte.
- Notiert einen „Merksatz" für die Klasse.
- Entscheidet, wie ihr der Klasse die Bilder zeigen wollt (Hinweis auf die Seite, auf der das Bild steht; eigene Zeichnungen; Folien für den Overhead-Projektor usw.).

4. Schritt: Ergebnisse vorstellen

- Entscheidet euch, wie ihr der Klasse eure Ergebnisse präsentieren wollt:
  - □ als kleinen Vortrag (Dauer 3–5 Minuten)
  - □ als erfundene Zeitungsreportage
  - □ als kurzes Theater- oder Rollenspiel
  - □ als Wandzeitung usw.

Textquellen erschließen

Folgende Fragen werden euch helfen, nicht nur Kolumbus' Schriften, sondern auch andere Augenzeugenberichte zu verstehen und auszuwerten, wie z. B. Reiseberichte, Lebenserinnerungen, Tagebücher oder Briefe.

1. Schritt Fragen zu Verfasser und Veröffentlichung

- Welche Informationen haben wir über den Verfasser?
- Wurde der Text sofort aufgeschrieben oder erst Jahre später?
- Wann wurde der Text erstmals veröffentlicht und wo (Erscheinungsjahr und -ort)?

2. Schritt Adressaten des Berichts

- Wurde der Bericht für private Zwecke geschrieben oder war von Anfang an eine Veröffentlichung geplant?
- An wen richtet sich der Text (Privatperson, Amtsperson/Autorität, bestimmte Zielgruppe)?

3. Schritt Fragen zum Text

- Wovon wird berichtet? (Wer? Wo? Wann? Was? Wie? Warum?)
- Welche unbekannten Wörter müsst ihr im Fremdwörterlexikon nachschlagen?
- Wie kann man den Text gliedern?
- Welche Widersprüche, einseitige Beurteilungen oder Übertreibungen sind enthalten?
- Wie lassen sich die Widersprüche erklären?

4. Schritt Auswertung/Interpretation

- Welche Absichten verfolgte der Verfasser mit seinem Bericht?
- Benötigt man zusätzliches Material, um den Bericht zu verstehen und einzuordnen?

Primär- und Sekundärtexte

Geschichtliche Ereignisse werden berichtet und bewertet. In älteren Quellen finden wir oft Berichte über historische Ereignisse. Sie können von Augenzeugen stammen oder Berichte vom Hörensagen wiedergeben. Nicht selten sind Berichte auch absichtlich so verfasst, dass sie den Interessen der Auftraggeber dienen. Diese Überlieferungen nennen wir Primärtexte oder historische Quellen, weil sie „aus erster Hand" sind und meistens direkte, ursprüngliche Berichte enthalten. Viele Jahre später beziehen sich Historiker oder andere Wissenschaftler auf diese Berichte und bewerten sie. Immer stellt sich aber die Frage:
Wie war es wirklich? Welche Einschätzung ist näher an der Wahrheit? Historiker, Forscher und Journalisten untersuchen und bewerten Quellen. Diese Texte, die „aus zweiter Hand" sind, nennen wir Sekundärtexte oder Darstellungen.

1. Schritt: Jeden Text einzeln erschließen

Verfasser, Art des Textes, Datum und Ort, Inhalt (Wovon handelt der Text?), Schwerpunkte

2. Schritt: Glaubwürdigkeit prüfen

- Wer ist näher am Geschehen? (Augenzeuge?) Wer berichtet nur aus zweiter Hand oder vom Hörensagen? Wie groß ist der zeitliche Abstand zu dem Ereignis?
- Welche Version kommt der Wahrheit am nächsten? Geht es um Tatsachen oder gibt es auch Bewertungen?

3. Schritt: Aussagen vergleichen

- Stimmen die Aussagen überein? Gibt es Unterschiede, z. B. in der Bewertung?
- Wer berichtet/schreibt mit welcher Absicht?

4. Schritt: Ergebnisse formulieren

- Was habt ihr festgestellt?
- Hilft der Sekundärtext beim Einordnen der Ereignisse? Bleiben Unklarheiten oder offene Fragen, die noch geklärt werden müssen?

Karikaturen deuten

Eine Karikatur beschreibt nicht nur, sondern urteilt. Um verstanden zu werden, bedienen sich Karikaturisten bestimmter Stilmittel. Dazu gehört häufig die Übertreibung, z. B. von körperlichen Eigenschaften bestimmter Personen (übergroße Ohren, lange Nasen usw.). Oft werden historische Personen, Figuren aus Märchen oder Tiere als Symbolfiguren herangezogen, um eine Sache zu veranschaulichen.

1. Schritt: Beobachten

Betrachtet die Karikatur so genau wie möglich und notiert euren ersten Eindruck.

2. Schritt: Beschreibung

Beschreibt so genau wie möglich, was (Personen, Tiere, Gegenstände) und wie es abgebildet ist (z. B. Mimik, Gestik). Was geschieht? Wird eine Handlung deutlich? Welche Texte gehören zum Bild?

3. Schritt: Deutung

Welche Bedeutung haben die abgebildeten Personen, Tiere oder Gegenstände? Welche Bedeutung hat die Handlung?

4. Schritt: Einordnung

Auf welche Situation oder Ereignisse beziehen sich die Aussagen der Karikatur?

5. Schritt: Wertung

Welche Position bezieht die Karikatur zum Thema? Wie seht ihr das Problem?

Fotos auswerten

Die frühe Fotografie ist selbst ein „Kind“ der Industrialisierung. Um 1835 gelang es dem Maler Louis Daguerre, auf lichtempfindlichen Kupferplatten aufgenommene Bilder dauerhaft zu fixieren. Auf dieser Basis wurde die Fotografie weiterentwickelt.

1. Schritt: Bedingungen klären

- Wer hat fotografiert (Fotograf/Fotokünstler, Amateur/Privatperson; in wessen Auftrag)?
- Wann wurde die Fotografie gemacht (Datum, Tages-/Jahreszeit, Anlass)?
- Wo wurde fotografiert (Innenraum: Atelier oder „normales“ Umfeld; Außenaufnahme)?
- Wie wurde fotografiert (Blickwinkel: Augenhöhe, von unten/oben; oder Weitwinkelaufnahme)?
- Sind Bearbeitungen erkennbar oder zu vermuten (Fotomontage, Retusche, Kolorierung)?

2. Schritt: Motiv beschreiben

- Was ist dargestellt (Personen, Gegenstände/Gebäude, Landschaft)?
- Ist ein Thema erkennbar?
- Welche Bildteile sind vorhanden und wie sind sie aufeinander bezogen (z. B. Personengruppen, Personen und Gegenstände/im Vorder-/Hintergrund, im Mittelfeld ...)?
- Welche Einzelheiten sind für meine Fragestellung wichtig?

3. Schritt: Bildaussage deuten

- Welche Gesamtaussage macht das Bild?
- Wie genau informiert es über die eigene Fragestellung?
- Wird die Aussage durch Vergleich mit anderen Abbildungen bestätigt, ergänzt oder widerlegt?
- Welche Zusatzinformationen sind nötig?
- Welche Absicht ist erkennbar?
- Was soll gezeigt, was verborgen werden?

Politische Dichtung

Viele Künstler möchten das Publikum nicht nur unterhalten, sondern auch Botschaften oder Einsichten vermitteln. Sie üben Kritik an herrschenden Zuständen.
Die Werke enthalten häufig politische Aussagen über gesellschaftliche Zustände, die Politik der Regierenden oder Verstöße gegen Menschenrechte.
Die folgenden Arbeitsschritte können euch helfen, politische Dichtung zu verstehen:

1. Schritt: Text in den geschichtlichen Zusammenhang einordnen

- Welche Hinweise zum Leben des Dichters sind wichtig?
- In welcher Zeit ist das Werk entstanden? Welche politischen und gesellschaftlichen Zustände waren damals vorherrschend?

2. Schritt: Textinhalt erschließen

- Welche Wörter sind unbekannt und müssen nachgeschlagen werden?
- In welche Sinneinheiten ist der Text gegliedert?
- Welche allgemeinen Probleme werden angesprochen?
- Welche Einzelheiten sind wichtig?
- Welche geschichtlichen Hintergründe sind zum Verständnis des Textes wichtig?

3. Schritt: Politische Ziele und Absichten klären

- Wer sind die Adressaten/Leser des Textes?
- Gegen wen richten sich einzelne Aussagen?
- Mit welchen sprachlichen Mitteln wendet sich der Autor gegen seine Gegner?
- Welche Wirkung soll erzielt werden?

4. Schritt: Text kritisch bewerten

- Ist die im Text geübte Kritik berechtigt?
- Sind die sprachlichen Mittel verständlich und geeignet, die beabsichtigte Wirkung zu erzielen?

Denkmäler untersuchen

An vielen Orten in Deutschland wurden nach den Weltkriegen offizielle Denkmäler für die getöteten Soldaten oder Zivilisten errichtet. Sicher gibt es Beispiele in eurem Ort oder in der Nachbargemeinde.
Bei der Untersuchung eines Denkmals helfen euch folgende Schritte:

1. Schritt: Bestandsaufnahme

- Beschreibung des Denkmals
- „Botschaften" an die Nachwelt
- Wann und von wem wurde es errichtet? (Anmerkung: an eine Dokumentation denken, z. B. Fotos, Zeichnungen usw.)
- Gestaltungselemente

2. Schritt: Auskünfte einholen

- Warum wurde das Denkmal errichtet?
- Wer ist heute verantwortlich? Wer pflegt es?
- Wer organisiert Gedenkfeiern?
- Meinungen anderer erkunden: Schützen- oder Kriegerverein

3. Schritt: Bewertung

- Was habt ihr über die bei der Errichtung oder heute wichtigen Motive und Gefühle erfahren?
- Hat sich etwas in der Einstellung geändert?
- Was denkt ihr über die Aussage des Denkmals?

Lexikon

A

Abendland: Das „Abendland“ (oder der Okzident) liegt geografisch gesehen im Westen Europas. Es gehören die Länder Italien, Frankreich, England, Deutschland und die Iberische Halbinsel dazu. Der Begriff „Abendland“ ergab sich aus der antiken und mittelalterlichen Vorstellung von Europa als dem westlichsten, der untergehenden Abendsonne am nächsten gelegenen Erdteil. Das ihm entsprechende Gegenteil ist daher das „Morgenland“ oder der Orient.

Abgeordnete: Die Abgeordneten werden vom Volk gewählt, um dessen Interessen im Bundestag zu vertreten.

Absolutismus: Bezeichnung für die Epoche im 17. und 18. Jahrhundert, in der Ludwig XIV. und seine Regierungsform in Europa als Vorbild galten. Der Monarch besaß die uneingeschränkte Herrschaftsgewalt. Er regierte nach den von ihm erlassenen Gesetzen und forderte von allen Untertanen unbedingten Gehorsam.

Antike: Zeitabschnitt des Altertums im Mittelmeerraum (etwa von 1200 v. Chr. bis 600 n. Chr.).

Azteken: Hochkultur in Mittelamerika, deren Kultur von den spanischen Eroberern 1521 zerstört wurde.

Aufklärung: Bewegung von Philosophen und Naturwissenschaftlern vor allem in Frankreich nach 1650, die dazu auffordern, nur das als wahr anzunehmen, was man nachprüfen kann; gegenüber dem alles kontrollierenden König fordern sie Freiheit der Gedanken. Sie fordern die Menschen auf, selbst zu denken und nichts ungeprüft zu glauben.

B

Ballhaus: Ein Ballhaus war ein Gebäude, in dem Ballspiele durchgeführt wurden („Ball“ also nicht im später erweiterten Sinne des „Tanzens“). Im Ballhaus von Versailles wurde ein Vorläufer vom Tennis gespielt.

Bastille: Die „Bastille“ (aus dem Französischen = kleine Bastion – also ein vorgezogener Verteidigungspunkt für eine Festung) war ursprünglich eine Burg im Osten von Paris und hatte die Funktion eines Stadttores zum Schutz gegen den Angriff englischer Truppen. Seit der Zeit Ludwigs XIII. wurde sie als Gefängnis genutzt.

Burschenschaft: Das Wort „Bursche“ leitet sich von dem alten Wort „Burse“ ab. Das Wort „Burse“ bedeutete „Student“. Der Begriff „Burschenschaft“ war im 18. und zu Beginn des 19. Jahrhundert eine allgemeine Bezeichnung für „Studentengemeinschaften“.

D

da Vinci, Leonardo: Gelehrter, der von 1452 bis 1519 lebte; geboren wurde er in Anchiano, einem kleinen italienischen Ort in der Nähe der Stadt „Vinci“ (*da Vinci* = aus Vinci) in der Toskana. Er war Maler und Erfinder. Sein wohl berühmtestes Gemälde ist die Mona Lisa.

Deutscher Zollverein: Der Deutsche Zollverein trat am 1. 1. 1834 in Kraft. Ziel des Zollvereins war eine Vereinheitlichung von unterschiedlichen Abgaben (Zöllen), die an den Grenzen der 35 Länder des Deutschen Bundes zu entrichten waren. Bei einem Transport von Königsberg nach Köln wurde die Ware vor Gründung des Deutschen Zollvereins achtzigmal kontrolliert.

E

Eisenindustrie: In den Betrieben der Eisenindustrie werden Produkte aus Gusseisen (Roheisen) hergestellt. Aus dem Eisen wiederum kann Stahl gewonnen werden, der eine höhere Qualität als Eisen hat (aus Stahl werden z. B. Schiffe und Autos hergestellt).

Exekutive: Bezeichnung für die ausführende Gewalt (Regierung und ihre Behörden) in einem Staat. In demokratischen Staaten gibt es daneben die Legislative, das Parlament, für die Gesetzgebung und die Judikative, die Gerichte, für die Rechtsprechung.

F

Flotte: „Flotte“ bezeichnet ganz allgemein eine größere Anzahl von Schiffen in der Handelsschifffahrt oder beim Militär (= Marine). Im engeren Sinne wird unter „Flotte“ beim Militär die Gesamtheit der verfügbaren Kampfschiffe verstanden.

G

Gasmaske: Atemschutzmaske, die gegen Atemgifte schützen soll; die erste Gasmaske (mit einem Kohlefilter) wurde 1915 erfunden. Im Ersten Weltkrieg gab es auch Gasmasken für Pferde, denn Pferde spielten bei diesem Krieg noch eine große Rolle.

H

Humanismus: Lebensanschauung, die von Gelehrten im Zeitalter der Renaissance vertreten wurde. Die Humanisten traten für eine umfassende Bildung des Menschen ein.

I

Imperialismus: (von lat.: *imperare* = herrschen) Bestreben eines Staates, seine Herrschaft auf andere Länder auszudehnen. Die Zeit, in der europäische Mächte nach 1870 bis 1918 Weltreiche errichten wollten, wird „Zeitalter des Imperialismus“ genannt.

J

Jakobiner: Jakobiner waren Mitglieder einer wichtigen politischen Organisation zur Zeit der Französischen Revolution. Die Jakobiner wollten die Monarchie (das Königtum) abschaffen und mit Gewalt die Gleichheit aller Franzosen durchsetzen. Sie fanden in ärmeren gesellschaftlichen Kreisen große Unterstützung. Ihr Name leitet sich von ihrem Versammlungsort ab, dem Kloster Saint-Jacques in Paris.

K

Klerus: Gesamtheit aller Angehörigen des (katholischen) Priesterstandes; Angehörige des Klerus werden auch als „Kleriker“ bezeichnet.

Kolonien, Kolonisation: (von lat.: *colonia* = Pflanzstadt) Eine Kolonie ist ein abhängiges, in der Regel überseeisches Gebiet eines Staates, in dem sich dessen Angehörige niedergelassen und die eingesessene Bevölkerung unterworfen haben. Unter Kolonialismus versteht man eine Politik, die sich Rohstoffe, Absatzmärkte und Siedlungsgebiete durch Eroberung und Aneignung von Kolonien zu verschaffen sucht. Diese seit dem 15. Jahrhundert von vielen europäischen Staaten verfolgte Politik diente in erster Linie dazu, die eigene Macht zu vergrößern.

Kreuzzug: Kreuzzüge sind die Feldzüge der christlichen Völker des Abendlandes zwischen dem 11. und 13. Jahrhundert aus religiösen Gründen. Zum Ersten Kreuzzug rief Papst Urban III. im Jahre 1095 auf. Die Kreuzfahrer sollten das Heilige Land aus der Hand der „Ungläubigen“ befreien.

L

Leibeigenschaft: Eine vom Mittelalter bis zur frühen Neuzeit weit verbreitete persönliche Verfügungsbefugnis eines Leibherrn über einen Leibeigenen (Leibeigene durften z. B. nur mit Genehmigung ihres Leibherrn heiraten). Im Gegensatz zu Sklaven waren Leibeigene keine handelsfähige Ware, konnten aber vererbt oder freigelassen werden.

M

Morgenland: Morgenland (oder Orient) werden die Erdteile genannt, die von Europa aus betrachtet im (Süd-)Osten, also in Richtung der aufgehenden Sonne liegen. Heute nennt man das Gebiet meist Naher Osten.

N

Nationalstaat: In der Frühen Neuzeit entstand in England und Frankreich ein einheitlicher Nationalstaat: Der König herrschte mithilfe einer zentralen Verwaltung, eines zentralen Gerichtswesens und einer Versammlung der Stände einheitlich über den gesamten Staat. Dadurch bildete sich eine Gemeinschaft von Untertanen gleicher Sprache und Kultur: die Nation. In Deutschland wurde erst 1871 ein Nationalstaat gegründet, später als bei den meisten Nachbarstaaten.

P

Pilger: stammt vom lateinischen Wort *peregrinus* (oder *peregrinari*, „in der Fremde sein“) ab. Wortwörtlich ist der Pilger einer, der *„per agrum“*, also von „über Land“, von jenseits des *„ager romanus“* kommt. In diesem Sinne ist „Fremdling“ eine angemessene Übersetzung des Begriffes. Pilger sind Menschen, die eine längere Reise, meist aus religiösem Antrieb, unternehmen, z. B. nach Jerusalem.

Pogrom: (von russ.: Verwüstung) Planmäßige und gewaltsame Ausschreitungen, v. a. gegen Juden. Bereits im Mittelalter im Zusammenhang mit dem Ersten Kreuzzug (1095/96) kam es schon zur Verfolgung und Tötung von Juden. Die Angriffe auf jüdische Gemeinden in Europa wiederholten sich auch in der Zeit nach den Kreuzzügen. Zu schweren antijüdischen Pogromen kam es nach 1881 in Russland, der Ukraine, in Polen und Rumänien. Der Begriff bezeichnet auch die staatlich organisierte Judenverfolgung während des Nationalsozialismus. Einen Höhepunkt stellte das reichsweite Pogrom in der Nacht vom 9. auf den 10. 11. 1938 dar, das von den Nationalsozialisten verharmlosend „Reichskristallnacht“ genannt wurde.

R

Reform: Eine Reform bezeichnet in der Politik eine Neuordnung oder Verbesserung von bestehenden Verhältnissen. Sie findet geplant und ohne Anwendung von Gewalt statt.

Reformation: (von lat.: *reformatio* = Wiederherstellung, Erneuerung) Erneuerungsbewegung Martin Luthers; die Reformation bezeichnet heute die kirchlichen Veränderungen, die nach 1517 zur Gründung evangelischer Kirchen in Europa führten.

Renaissance: (von ital.: *rinascita* = Wiedergeburt) Bezeichnung für die Zeit am Ende des Mittelalters, in der in Wissenschaft und Kunst die Schriften sowie Kunstwerke der griechischen und römischen Antike „wieder-entdeckt" wurden und großen Einfluss auf das Denken sowie Fühlen der Menschen hatten.

Revolution: Der meist gewaltsame Umsturz einer bestehenden politischen und gesellschaftlichen Ordnung.

Rousseau, Jean-Jacques: Rousseau wurde 1712 in Genf (heutige Schweiz) geboren und verstarb 1778 in der Nähe von Paris. Er war Schriftsteller, Naturforscher und Komponist. Mit seinen Gedanken zur Aufklärung gilt er als ein Wegbereiter der Französischen Revolution. Berühmt wurde er mit seinen Schriften zur Erziehung der Kinder und seinen politischen Schriften, in denen er die Durchsetzung der Gleichheit aller Menschen forderte.

S

Sozialgesetzgebung: Auf Reichskanzler Otto von Bismarcks Initiative hin wurden gegen Ende des 19. Jahrhunderts mehrere Gesetze zur Verbesserung der Lebens- und Arbeitsbedingungen der Arbeiter verabschiedet. Mit den Kranken-, Unfall- und Altersversicherungen sollte die soziale Not der Arbeiter gemindert werden.

Stellungskrieg: Im Gegensatz zum Bewegungskrieg eine Form der Kriegsführung, die durch sich kaum verändernde Frontverläufe geprägt ist. Vor allem an der Somme, bei Verdun und Ypern tobte im Ersten Weltkrieg jahrelang ein verlustreicher, aber ergebnisloser Kampf zwischen den gegnerischen Armeen, die sich in Schützengräben festgesetzt hatten.

Streik: Arbeitnehmer legen gemeinsam ihre Arbeit nieder, um den Arbeitgeber zu Verbesserungen der Arbeitsbedingungen oder Lohnerhöhungen zu bewegen.

T

Toleranz: Eine Haltung, die Ansichten und Handlungen Andersdenkender anerkennt und gelten lässt.

V

Verfassung: Eine Verfassung bestimmt die grundlegende Ordnung eines Staates, die Aufgaben und Rechte seiner Organe sowie die Rechte und Pflichten der Bürger. Seit dem 18. Jahrhundert forderte man, dass die Regeln schriftlich niedergelegt würden. Die heutige Verfassung der Bundesrepublik Deutschland ist das Grundgesetz.

Versailler Vertrag: Der Friedensvertrag von Versailles (Versailler Vertrag) beendete (1919) den Ersten Weltkrieg zwischen Deutschland und seinen Gegnern. Es wurden Regelungen durchgesetzt, die sich als Belastungen für den neuen Staat erwiesen.

W

Waffenstillstand: Bei einem Waffenstillstand legen die kriegführenden Parteien die Waffen nieder. Danach erfolgt meist der Friedensschluss.

Operatoren

Anforderungsbereich I

Operator	Beschreibung
beschreiben	Sachverhalte schlüssig wiedergeben
nennen	Sachverhalte in knapper Form anführen
zusammenfassen	Informationen aus vorgegebenen Materialien oder Kenntnisse auf wesentliche Aspekte reduziert in eigenen Worten formulieren

Anforderungsbereich II

Operator	Beschreibung
analysieren	Materialien oder Sachverhalte systematisch untersuchen und auswerten
begründen	Aussagen (zum Beispiel eine Behauptung, eine Position) durch Argumente stützen, die durch Beispiele oder andere Belege untermauert werden
charakterisieren	Sachverhalte mit ihren typischen Merkmalen und in ihren Grundzügen bestimmen
darstellen	Sachverhalte strukturiert und zusammenhängend verdeutlichen
ein-, zuordnen	Sachverhalte schlüssig in einen vorgegebenen Zusammenhang stellen
erklären	Sachverhalte schlüssig aus Kenntnissen in einen Zusammenhang stellen (zum Beispiel Theorie, Modell, Gesetz, Regel, Funktions-, Entwicklungs- und/oder Kausalzusammenhang)
erläutern	Sachverhalte mit Beispielen oder Belegen veranschaulichen
erstellen	Sachverhalte (insbesondere in grafischer Form) unter Verwendung fachsprachlicher Begriffe strukturiert aufzeigen
herausarbeiten	Sachverhalte unter bestimmten Gesichtspunkten aus vorgegebenem Material entnehmen, wiedergeben und/oder gegebenenfalls berechnen
vergleichen	Vergleichskriterien festlegen, Gemeinsamkeiten und Unterschiede gewichtend einander gegenüberstellen sowie ein Ergebnis formulieren

Anforderungsbereich III

Operator	Beschreibung
beurteilen	Aussagen, Vorschläge oder Maßnahmen untersuchen, die dabei zugrunde gelegten Kriterien benennen und ein begründetes Sachurteil formulieren
bewerten	Aussagen, Vorschläge oder Maßnahmen beurteilen, ein begründetes Werturteil formulieren und die dabei zugrunde gelegten Wertmaßstäbe offenlegen
entwickeln	zu einer vorgegebenen oder selbst entworfenen Problemstellung einen begründeten Lösungsvorschlag entwerfen
erörtern	zu einer vorgegebenen These oder Problemstellung durch Abwägen von Pro- und Kontra-Argumenten ein begründetes Ergebnis formulieren
gestalten	zu einer vorgegebenen oder selbst entworfenen Problemstellung ein Produkt rollen- beziehungsweise adressatenorientiert herstellen
überprüfen	Aussagen, Vorschläge oder Maßnahmen an Sachverhalten auf ihre sachliche Richtigkeit hin untersuchen und ein begründetes Ergebnis formulieren

Bildquellennachweis

2 (1) picture-alliance/maxppp; 2 (4) bpk; 3 (1) akg-images; 3 (2) Fotolia/Antonio Gravante; 3 (3) picture-alliance; 3 (4) ullstein bild – ullstein bild; 6 (2) Cornelsen/Peter Wirtz, Dormagen; 6 (3) Martina Quill, Esslingen; 8 ob. re./ob. li. akg-images; 9 ob. li. akg-images; 9 ob. Mi. Bridgeman Images; 9 ob. re. Kommunalarchiv Herford/Stadtarchiv Herford; 11 (3) akg-images; 13 (1) © epd-bild/Rainer Oettel; 14 (1) akg-images; 15 (4) akg-images; 18 (1–3) akg-images; 20 (2) picture alliance/Hajo Dietz; 23 (3) Interfoto/Toni Schneiders; 24 (1) akg-images; 25 (3) INTERFOTO/Sammlung Rauch; 27 (1) akg-images/British Library; 27 (3) Bridgeman/Giraudon; 27 (4) bridgeman images; 28 (1) bridgeman images; 28 (2) akg-images; 29 (1) Kommunalarchiv – Stadtarchiv Herford; 30 (2) Mauritus Images; 31 (3) akg-images; 31 (4) INTERFOTO/Bildarchiv Hansmann; 32 (1) Süddeutsche Zeitung Photo/Jose Giribas; 33 (3) akg-images/Israel Talby; 33 (4) akg/Bible Land Pictures; 33 (5) Shutterstock/Alexandra Lande; 34 (1) picture-alliance/maxppp; 34 (2) akg-images; 37 (3) re. picture-alliance; 37 (3) li. akg-images/bilwissedition; 38 (2) culture-images/United Archives; 41 (1) akg-images; 41 (3) culture-images/United Archives; Auftakt 42 akg images/Science Photo Library; 44 (1) re./li. akg-images; 45 (5) Fotolia/ pure-life-pictures; 45 (6) ddp images; 45 (7) Colourbox; 47 (1–2) li. akg-images; 48 (1) Shutterstock/ribeiroantonio; 49 (4) akg-images; 49 (5) bridgeman images; 49 (6) Mauritius Images © MARKA/Alamy Stock Photo; 50 (2) Tim Graham/robertharding/laif; 50 (3) INTERFOTO/Granger, NYC; 51 (Collage, 2–6, außer 3) Fotolia; 51 (4, Nr. 3) akg-images (Vase); 52 (1) akg-images/Metropolitan Museum of Art, New York; 53 (4) Fotolia (Collage); 53 (5) bridgeman images; 53 (6) akg-images; 54 (1) ddp images; 54 (2), 68 Shutterstock/AnnyMore; 57 (3) Your Photo Today/Jelena Peric Ducke; 61 (1) bpk/Hermann Buresch; 63 (4) Interfoto/© The Granger Collection, New York/The Granger Collection; 63 (5) akg-images/Erich Lessing; 64 (1) Albertina Museum, Wien/www.albertina.at; 64 (3) akg-images; 65 (5) © epd-bild/akg-images; 68 re. TESSLOFF VERLAG, Ragnar Tessloff GmbH & Co. KG, Nürnberg; Auftakt 70 Süddeutsche Zeitung Photo/Rue des Archives; 72 (1) akg-images; 72 (4) bpk; 73 (7) mauritius images/alamy stock photo/Louise Heusinkveld; 73 (6) bpk; 74 (1) Bridgeman Giraudon; 74 (2) akg-images; 74 (3) Wdh. von 84 (2) 74 (4) akg-images; 74 (5) akg-images; 76 (1) bpk/RMN – Grand Palais/Gérard Blot; 77 (3) Staatliche Schlösser und Gärten Baden-Württemberg/ Achim Mende; 77 (4–5) akg-images; 78 (1) ddp images/United Archives; 79 (1–2) akg-images; 80 (1) culture-images/Photo12; 80 (3) bridgeman images; 81 (4) akg-images/Joseph Martin; 81 (5) ddp images; 81 (6) ddp images/United Archives; 82 (1) bridgeman images; 82 (2) picture-alliance/akg-images; 82 (3) Interfoto/Sammlung Rauch; 84 (1) akg-images/Jean-Claude Varga; 84 (2) akg-images; 85 (3) akg-images; 85 (6) li. akg-images; 85 (6) re. akg-images; 86 (1) akg/North Wind Picture Archives; 86 (3) imago stock&people; 87 (5) epd-bild/Peter Williams; 87 ob. re. Amnesty International; 87 (7) dpa; 88 (1) Interfoto; 88 (2) akg-images; 89 (2) akg-images; 89 (3) akg-images/ Erich Lessing; 90 (2–3) akg-images; 91 (1) bpk | RMN – Grand Palais | René-Gabriel Ojéda; 92 (1) akg-images; 92 (2) bpk; 94 un. akg-images/Erich Lessing; 94 Mi. akg/De Agostini Picture Lib.; 94 ob. Verlag Freies Geistesleben und Urachhaus GmbH, Stuttgart; Auftakt; 95 (4) akg-images 96 akg-images; 98 (1) picture-alliance/akg-images; 99 (3) bpk | Hamburger Kunsthalle | Elke Walford; 99 (4) akg-images; 102 (1) bpk/Hermann Buresch; 103 (3) bpk; 103 re. akg-images; 104 (1) akg-images; 105 (3) akg-images; 105 (4) bpk; 106 (1–2) akg-images; 107 (3) bpk; 107 (5) bridgeman images; 108 (1) akg-images; 108 (3) ddp images; 109 (1) bpk/Theodor Prümm; 110 (1) bpk; 111 (3) akg-images; 112 (1) bpk/Dietmar Katz; 113 (3/5) akg-images; 114 (1) akg-images; 114 (2) bpk/Dietmar Katz; 115 (5) INTERFOTO/Granger, NYC; 116 (1) akg-images; 116 (3–4) bpk; 117 (5) akg-images; 117 (6) picture-alliance/dpa; 118 (1) akg-images; 120 (2–3) akg-images; 121 (2) akg-images; 122 (2) akg-images; 123 (2) picture-alliance; 124 Mi. picture-alliance/IMAGNO/Gerhard Trumler; 125 (2) akg-images; Auftakt 126 bpk; 128 (1–2) akg-images; 128 (3) ddp images; 129 (4) ddp images; 129 (5) bpk; 129 (6) mauritius images/© bilwissedition Ltd. & Co. KG/Alamy Stock Photo; 132 (2) Arkivi@akpool GmbH; 132 (3) Eisenbahnmuseum Mulhouse, Doris Lochert AP; 133 (4) EISENBAHNMUSEUM – MULHOUSE; 134 (1) INTERFOTO/Oliver J. Graf; 134 (2) bpk; 135 (4) bpk-images/adoc-photos; 135 (3) li./re. bpk; 136 (1) INTERFOTO/TV-Yesterday; 136 (3) picture-alliance/dpa; 137 (5) akg-images; 137 mauritius images/alamy stock; 138 (1) bpk/Coll. Marc Walter/adoc-photos; 138 (2) SZ Photo/Süddeutsche Zeitung Photo; 139 (4) akg-images; 139 (5) INTERFOTO/Alinari; 141 (1) Shutterstock/Everett Historical; 141 (2–4) bpk; 141 (5) ddp/INTERTOPICS/PictureLux; 142 (1) akg-images; 143 (3) INTERFOTO/Sammlung Rauch; 144 (1) Historisches Archiv Krupp, Essen; 145 (1) INTERFOTO/Sammlung Rauch; 145 (2) INTERFOTO/Oliver J. Graf; 146 (1) akg/Science Photo Library; 146 (2–3) Shutterstock/Everett Historical; 146 (4) bpk; 147 (1) action press/ ullstein – Archiv Gerstenberg; 147 (2) action press/ ullstein – Archiv Gerstenberg; 147 (3) INTERFOTO/HERMANN HISTORICA GmbH; 148 (1) akg-images; 149 (2) picture-alliance/dpa; 149 (3) bpk; 150 (1) akg-images; 150 (2) re./li. akg-images; 151 (3) laif/Dominik Butzmann; 152 (1) INTERFOTO/Granger, NYC; 152 (3) bpk/Dietmar Katz; 153 (4) akg-images; 154 (1) Fotolia/www.ChristianSchwier.de; 154 un. re. ddp images; 155 (1) bpk; 155 (2) akg-images; 155 (3) akg-images; 156 ob. imago sportfotodienst/imago stock&people; 157 ob. akg-images; 157 Mi. bpk; 157 un. picture-alliance/dpa; Auftakt 158 ob. bpk; Auftakt un. 158 akg-images; Auftakt 159 ob. re. picture alliance/dpa; Auftakt 159 ob. Mauritius images © Amoret Tanner/Alamy Stock Photo; 160 (1) INTERFOTO/TV-Yesterday; 160 (2) bpk | Deutsches Historisches Museum | Arne Psille; 160 (3) © Stockfood/RHPL; 160 (4) PantherMedia/Volker Rauch; 160 (5) bridgeman images; 160 (6) Fotolia/mates; 160 (7) akg-images; 161 ob. (3, 2) bpk/I. M. Santos; 161 ob. (3, 3) bpk/Walter Dobbertin; 161 ob. (1,3) bpk; 161 ob. (3,4) Vintage Germany; 164 (1) bpk-images; 165 (3) Uwe Rogal, Berlin; 165 (4) ullstein bild – Archiv Gerstenberg; 165 (5) imago sportfotodienst/imago

stock&people; 166 (1) picture-alliance/maxppp; 166 (3) picture-alliance/HIP/The Print Collector; 167 (7) SZ-Photo/Scherl; 168 (1) bpk-images; 168 (2) akg-images; 169 (4) ullstein bild; 170 (1) mauritius images/alamy stock photo/Pictorial Press Ltd; 170 (2) bridgeman images; 171 (4) INTERFOTO/Granger, NYC; 172 (1) imago stock&people/United Archives International; 173 (3) bpk / Kunstbibliothek, SMB; 174 (1) Österreichische Nationalbibliothek, Wien; 175 (3) li./re. © epd-bild/akg-images; 176 ob. re. akg-images/De Agostini Picture; 176 ob. li. akg-images; 177 (3) akg-images; 177 (5) Scherl/Süddeutsche Zeitung Photo; 178 Nr. 1 dpa Picture-Alliance/dpa/IG Metall; 178 Nr. 2 dpa Picture-Alliance/picture-alliance/dpa – Bildarchiv/ dpa; 178 Nr. 3 akg-images; 179 (2) SZ Photo/Süddeutsche Zeitung Photo; 179 (5) Scherl/Süddeutsche Zeitung Photo; 180 (1) picture-alliance; 180 (3) picture alliance/akg-images; 181 (1) akg-images; 182 (1) Deutsches Historisches Museum, Berlin; 182 (3) bpk; 182 (4) Scherl/Süddeutsche Zeitung Photo; 183 (1) action press/ullstein – Archiv Gerstenberg; 183 (4) bpk/Staatsbibliothek zu Berlin; 184 (1) akg-images; 184 (2) SZ Photo/Scherl; 185 (3) bpk; 186 (1) VISUM/Gustavo Alabiso; 187 (3) F1online; 187 (4) Peter Brokemper, Köln; 188 (1) picture-alliance; 188 (2) imago; 188 (3) „denkmal aktiv – Kulturerbe macht Schule“ Deutsche Stiftung Denkmalschutz, Bonn; 189 (1) bpk/Kunstbibliothek, SMB, VG Bild-Kunst, Bonn 2017; 189 (2) picture alliance/Rolf Haid; 190 un. Cornelsen/Peter Wirtz, Dormagen; 192 ob. akg-images; 193 un. Topic Media.

Grafiken/Illustrationen/Karten:
Cornelsen/Klaus Becker: 19 (4), 22 (1); Cornelsen/Thomas Binder, Magdeburg: 2 (2–3), 10 re. (Bauer), 12 re., 16 (1, beide Figuren), 17 (3), 17 (5), 21 (komplett), 23 (5), 23 (6), 30, 33 (2), 35 (6), 38 (4), 39 (5–6), 40 ob. re. (Buch), 44 (2), 56 (1), 57, 59 (komplett), 60 (komplett), 62 (1–2), 65 (4), 68, 94, 104 (2), 111 (4), 124, 172 re., 188; Cornelsen/Dr. Volkhard Binder, Berlin: 22 (2), 30, 33 (2). Cornelsen/Carlos Borrell Eiköter, Berlin: 38 (1), 50 (1), 58, 66 (1), 67, 93 (3–4), 100 (1–2), 110 (2), 120 (1), 121 (1), 122 (1), 123 (1), 130 (1), 160 un. li., 162 (1), 171 (3), 174 (2); Cornelsen/Elisabeth Galas, Bad Breisig: 14 (2), 16 (2), 27 (2), 35 (4), 41 (2), 46 (1), 51 (5), 52 (3), 55 (3), 76 (2), 83 (6), 132 (1), 173 (2), 173 (5); Cornelsen/Wolfgang Mattern, Bochum: 48 (2–3); Cornelsen/Carsten Märtin, Oldenburg: 5, Cornelsen/Skip G. Langkafel, Falkensee/Carlos Borrell Eiköter, Berlin: 100 (1–2), 110 (2), Cornelsen/Dieter Stade, Hemmingen: 63 (3), 119 (5); Cornelsen/Joana Stratmann, Berlin: 26; Cornelsen/Michael Teßmer, Hamburg: Auftakt 8, 10 (1) re.; Cornelsen/Hans Wunderlich, Berlin: 20 (1).

Projektleitung: Dr. Uwe Andrae
Redaktion: Terezia Petö
Grafik: Thomas Binder, Magdeburg; Dieter Stade, Hemmingen; Elisabeth Galas, Bad Breisig
Karten: Carlos Borrell, Dr. Volkhard Binder, Berlin
Bildassistenz: Franziska Becker, Christina Sandig
Bildrecherche und Webcodes: Patrick Lenz
Layoutkonzept: Ulrike Kuhr; Corinna Babylon, Berlin auf Basis eines Entwurfs von Buchgestaltung+, Berlin
Umschlaggestaltung: Rosendahl Berlin
Technische Umsetzung: tiff.any GmbH, Berlin/Uwe Rogal

www.cornelsen.de

Soweit in diesem Lehrwerk Personen fotografisch abgebildet sind und ihnen von der Redaktion fiktive Namen, Berufe, Dialoge und Ähnliches zugeordnet oder diese Personen in bestimmte Kontexte gesetzt werden, dienen diese Zuordnungen und Darstellungen ausschließlich der Veranschaulichung und dem besseren Verständnis des Inhalts.

Die Links zu externen Webseiten Dritter, die in diesem Lehrwerk angegeben sind, wurden vor Drucklegung sorgfältig geprüft. Der Verlag übernimmt keine Gewähr für die Aktualität und den Inhalt dieser Seiten oder solcher, die mit ihnen verlinkt sind.

1. Auflage, 2. Druck 2017

Alle Drucke dieser Auflage sind inhaltlich unverändert und können im Unterricht nebeneinander verwendet werden.

© 2017 Cornelsen Verlag GmbH, Berlin

Das Werk und seine Teile sind urheberrechtlich geschützt.
Jede Nutzung in anderen als den gesetzlich zugelassenen Fällen bedarf der vorherigen schriftlichen Einwilligung des Verlages.
Hinweis zu den §§ 46, 52 a UrhG: Weder das Werk noch seine Teile dürfen ohne eine solche Einwilligung eingescannt und in ein Netzwerk eingestellt oder sonst öffentlich zugänglich gemacht werden.

Dies gilt auch für Intranets von Schulen und sonstigen Bildungseinrichtungen.

Druck: Firmengruppe APPL, aprinta Druck, Wemding

ISBN 978-3-06-064892-4 (Schülerbuch)
ISBN 978-3-06-065215-0 (E-Book)

PEFC
PEFC/04-32-0928

PEFC zertifiziert
Dieses Produkt stammt aus nachhaltig bewirtschafteten Wäldern und kontrollierten Quellen.

www.pefc.de

Karte, Industrialisierung in Baden-Württemberg im 19. Jahrhundert

Industrie in Baden-Württemberg bis um 1900:
- Salzbergwerk
- Maschinenbau, Metallverarbeitung
- Chemieindustrie
- Textilindustrie
- Lederverarbeitung
- Holz, Möbel
- Papierherstellung
- Baustoffe, Zement
- Keramik, Porzellan, Glas
- Schmuck, Uhren, Spielwaren
- Nahrungs- und Genussmittel
- Tabak

Eisenbahnnetz bis 1900:
- Strecke 1840 – 1854 eröffnet
- Strecke 1855 – 1864 eröffnet
- Strecke 1865 – 1874 eröffnet
- Strecke 1875 – 1900 eröffnet

Städte um 1900:
- über 100 000 Einwohner
- 50 000 – 100 000 Einwohner
- 10 000 – 50 000 Einwohner
- unter 10 000 Einwohner

Ländergrenzen im Deutschen Reich 1900
Staatsgrenzen 1900

Die Flächenfarben zeigen die politische Gliederung im Deutschen Reich 1900.

heutige Grenze des Bundeslandes Baden-Württemberg

Europa vor dem Ersten Weltkrieg 1914
Bergen
KGR.
Kristiania
NORWEGEN
KGR.
Glasgow
Ulster
Belfast
GROSSBRITANNIEN
UND IRLAND
Dublin
Irland
Liverpool
Manchester
Plymouth
London
Nordsee
KGR.
Kopenhagen
DÄNEMARK
Helgoland
(1890 deutsch)
KGR.
NIEDERLANDE
Amsterdam
Rhein
Elbe
Hamburg
Hannover
KGR.
Brüssel
BELGIEN
Köln
GHZM.
LUXEMBG.
Frankfurt
Metz
Dresden
KAISER-
REICH
München
Kanalinseln
(brit.)
Brest
Paris
ATLANTISCHER
OZEAN
Loire
REP.
FRANKREICH
Bordeaux
Lyon
Bern
FSM.
LIECHT.
SCHWEIZ
Tirol
Trient
Mailand
Po
Venedig
KGR. ITALIEN
REP. SAN
MARINO
Marseille
FSM.
MONACO
Korsika
Sardinien
Rom
Neapel
Palermo
Sizilien
Bilbao
Ebro
Porto
REP. PORTUGAL
KGR.
Madrid
Tajo
SPANIEN
REP.
ANDORRA
Barcelona
Lissabon
Sevilla
Balearen
Gibraltar
(brit.)
Tanger
(internat.
Gebiet)
Spanisch-
Marokko
Casablanca
Marokko
(franz. Oberhoheit)
Algier
Algerien
(Teil Frankreichs)
Tunis
Tunesien
(franz. Oberhoheit)
Südterritorien
Habsburger Monarchie bis 1918
Im Reichsrat vertretene Königreiche
und Länder (Zisleithanien)
Länder der Ungarischen Krone
(Transleithanien)
Bosnien und Herzegowina
(Gemeinsame Herrschaft)
Staatsgrenze
Innerstaatliche Grenze
Städte 1912
über 1 000 000 Einwohner
unter 1 000 000 Einwohner
Kgr. Königreich
Ghzm. Großherzogtum
Gfsm. Großfürstentum
Fsm. Fürstentum
Rep. Republik

Der Textknacker

Beim Lesen und Verstehen von Texten hilft der Textknacker.

1. Schritt: Vor dem Lesen

Bilder beim Text helfen mir, den Text besser zu verstehen.
Die Überschrift sagt mir etwas über den Inhalt des Textes.

- Ich sehe mir die Bilder an.
- Ich lese die Überschrift.

Worum konnte es in dem Text gehen?

2. Schritt: Das erste Lesen

Ein Text hat Absätze. Was in einem Absatz steht, gehört zusammen.
Die Schlüsselwörter im Text sind besonders wichtig.
Einige Wörter werden unter dem Text erklärt.

- Ich zähle die Absätze.
- Ich lese die hervorgehobenen Schlüsselwörter.
- Ich lese die Worterklärungen.

Was weiß ich jetzt?

3. Schritt: Den Text genau lesen

Erst der ganze Text sagt mir, worum es geht.
Ich lese den ganzen Text – Absatz für Absatz.

Was habe ich erfahren?

4. Schritt: Nach dem Lesen

Ich habe den ganzen Text gelesen.

- Ich schreibe zu jedem Absatz etwas auf.
- Ich schreibe die wesentlichen Informationen auf.
- Ich schreibe auf, was für mich wichtig ist.

Karte, Afrika um 1914